躁动的帝国

THE UNTOLD HISTORY OF THE UNITED STATES

[美]奥利弗·斯通　彼得·库茨尼克 —— 著

[美]苏珊·坎贝尔·巴尔托[illegible] —— 改编

[illegible] 译

洞悉未来国际大势，必须读懂世界霸主的战争[illegible]

不为人知的美国历史

图文版

UNTOLD HISTORY OF THE [UNITE]D STATES

新世界出版社
NEW WORLD PRESS

北京版权保护中心引进书版权合同登记号：图字01-2019-0396号

图书在版编目（CIP）数据

躁动的帝国：不为人知的美国历史：图文版 / (美)奥利弗·斯通，(美)彼得·库茨尼克著；(美)苏珊·坎贝尔·巴尔托莱利改编；谭怡琦译. -- 北京：新世界出版社，2019.6

书名原文：The Untold History of the United States

ISBN 978-7-5104-6736-3

Ⅰ.①躁… Ⅱ.①奥… ②彼… ③苏… ④谭… Ⅲ.①美国－历史－研究 Ⅳ.①K712

中国版本图书馆 CIP 数据核字 (2019) 第 042727 号

躁动的帝国

作　　者：[美]奥利弗·斯通（Oliver Stone）　彼得·库茨尼克（Peter Kuznick）
改 编 者：[美]苏珊·坎贝尔·巴尔托莱利（Susan Campbell Bartoletti）
译　　者：谭怡琦
策　　划：中资海派
执行策划：黄　河　　桂　林
责任编辑：周　帆
特约编辑：羊桓汶辛　林　晖　刘雷霞
责任校对：宣　慧
责任印制：王宝根　汪勋辽
出版发行：新世界出版社
社　　址：北京西城区百万庄大街24号（100037）
发 行 部：(010) 6899 5968　(010) 6899 8705（传真）
总 编 室：(010) 6899 5424　(010) 6832 6679（传真）
http：//www.nwp.cn　　http：//www.nwp.com.cn
版 权 部：+8610 6899 6306
版权部电子信箱：frank@nwp.com.cn
印　　刷：深圳市福圣印刷有限公司
经　　销：新华书店
开　　本：787mm × 1092mm　1/16
字　　数：300 千字　　印　张：22
版　　次：2019 年 6 月第 1 版　　2019 年 10 月第 2 次印刷
书　　号：ISBN 978-7-5104-6736-3
定　　价：59.80 元

致中国读者信

To My Readers in China,

Let us never forget that the first histories were written to preserve from decay the memory of man. May it be an accurate History! As memory is the slender thread of our civilization.

致我的中国读者们：

让我们铭记，历史首次被书写的目的是为了保存人类的记忆。

因为记忆是串联人类文明的细绳，我们希望能呈现给大家一段真实的历史！

奥利弗·斯通

奥利弗·斯通语录

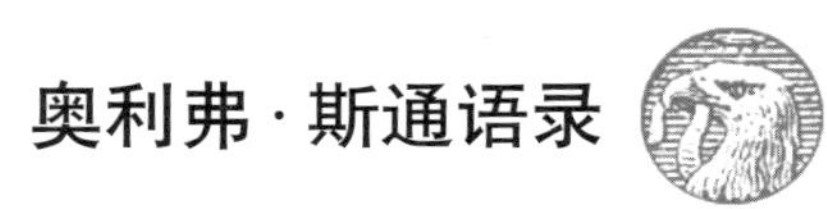

我们曾自以为是世界的中心，但事实并非如此。因此，我希望用一种前所未有的方式来讲述美国历史。在本书中，你会找到许多问题的答案，也会萌生许多新的问题。

在本书介绍的人物中，有建立功业却鲜为人知的人，有因坚守信仰而受尽苦难的人，也有穷不思变而泯于史册的人。我们将拆穿一些你深信不疑的英雄人物，我们绝无恶意，只是重申史实。正因为我们怀念已逝的美好事物，所以才想要创造一个更加美好的未来……

奥利弗·斯通简介

奥斯卡最佳导演奥利弗·斯通
获奖纪录片风靡中国

“老愤青”奥利弗·斯通是美国杰出的电影导演和编剧，与史蒂文·斯皮尔伯格、昆汀·塔伦蒂诺齐名。其电影多为政治或战争题材，其中《野战排》《生于七月四日》《天与地》三部越战题材作品被誉为“越战三部曲”。

他曾经参加过越战并负伤，因而在其电影中注重利用暴力进行对社会的反思。这点与著名导演昆汀·塔伦蒂诺恰恰相反，后者的作品崇尚暴力美学，暴力的目的往往只是娱乐观众。

《午夜快车》(*Midnight Express*)
1979 年获得奥斯卡最佳改编剧本奖

主演：
布拉德·戴维斯（Brad Davis）
迈克尔·西蒙（Michael K.Simmons）

《野战排》（*Platoon*）
1987 年获得奥斯卡最佳导演奖

主演：查理・辛（Charlie Sheen）
威廉・达福（Willem Dafoe）

《生于七月四日》（*Born on the Fourth of July*）
1990 年获得奥斯卡最佳导演奖

主演：汤姆・克鲁斯（Tom Cruise）
雷蒙德・J. 巴里（Raymond J.Barry）

《不为人知的美国历史》
（*The Untold History of the United States*）

《躁动的帝国：不为人知的美国历史》为此纪录片的书籍版。
2013 年获得第 16 届上海国际电影节“终身成就奖”。

奥利弗·斯通的作品获得过众多殊荣，包括：

第 16 届上海国际电影节在“向大师致敬单元”特别设立“奥利弗·斯通影展”。奥利弗·斯通曾在 1993 年担任第 1 届上海国际电影节评委，当时其作品《刺杀肯尼迪》曾在上海放映。

时隔 20 年，“奥利弗·斯通影展”成为“向大师致敬单元”的重头戏，播放了《野蛮人》《亚历山大大帝》《华尔街》《不为人知的美国历史》等作品。奥利弗·斯通至今活跃于影坛，导演了电影《斯诺登》（2016）和播放量过亿的纪录片《普金访谈录》（2017）。

其中纪录片《不为人知的美国历史》阐述了另类的左翼史观，在很大程度上调整和扩大了人们的历史视角，揭露了美国在国际外交政策上许多鲜为人知的真相。

奥利弗·斯通与彼得·库茨尼克合著的《躁动的帝国：不为人知的美国历史》一经推出，在美国引起极大轰动，虽然招致一些右翼人士的攻击，但是绝大部分美国读者认同这样一部修正史，并在亚马逊给予五星好评。该书也迅速蹿上亚马逊畅销书排行榜。

苏珊·坎贝尔·巴尔托莱利简介 

苏珊·坎贝尔·巴尔托莱利是一位优秀的美国青年文学作家，在此之前曾是一名教师。她为年轻读者创作了众多优秀诗歌、短篇故事、小说和非虚构类散文文学，并以非虚构类散文文学创作而知名，也因此获得了数十项相关的荣誉和奖项，其中包括纽伯瑞荣誉奖章、罗伯特·F. 赛伯特奖、金风筝奖和简·亚当斯儿童图书奖等。

苏珊·坎贝尔·巴尔托莱利的作品包括《他们自称三K党：一个美国恐怖组织的诞生》（*They Called Themselves the KKK: The Birth of an American Terrorist Group*）、《无畏男孩》（*The Boy Who Dared*）、《罢工的孩子们！》（*Kids on Strike!*）和《希特勒青年团：在希特勒的阴影下成长》（*Hitler Youth: Growing Up in Hitler's Shadow*）等。

巴尔托莱利在众多文科硕士和美术硕士项目中教授写作课程，并受邀成为亮点基金会（Highlights Foundation）的研讨会领导人。

权威推荐 

《科克斯书评》（*Kirkus Reviews*）

斯通和库茨尼克揭露了“美国历史的黑暗一面”，还指出了一些鲜少出现在教科书上的历史转折点和惊险故事。

马丁·舍温

普利策奖得主、《奥本海默传》（*American Prometheus*）合著者

奥利弗·斯通和彼得·库茨尼克的《躁动的帝国：不为人知的美国历史》是21世纪最重要的历史著作。

里奇·帕廷顿

《里奇的选择》（*Richie's Picks*）作者

比起其他藏书，本书中富有见地的分析和修正主义理论让我震撼不已。阅读本书后，我对美国历史的看法有了很大改变。本书对美国的荣耀和道德权威提出大胆质疑，揭示了许多教科书不可能告诉你的历史真相。

劳伦斯·惠特纳

和平运动研究专家、《统一世界或毁灭世界》（*One World or None*）作者

本书聚焦美国鲜为人知的历史和当政者面临的抉择。奥利弗·斯通和彼得·库茨尼克对民族主义所谓的历史论述进行了批判。他们提醒我们，除非美国鼓足勇气面对现实，否则永远只能生活在幻想之中。

卡罗琳·艾森博格

《一分为二》（*Drawing the Line*）作者

很多书描述过美国干涉他国和进行军事侵略的具体事件，但主流历史观点仍然没有受到影响，仍然坚持认为美国是一个“不可缺少”的国家，全世界的人民和国家都仰仗美国维护和平和捍卫自由。本书的杰出贡献之一就是打破这种成见，让读者重新定义美国在世界舞台上的角色……每个读到这本书的人都会学到一些新知识，并且审视很多已成定论的观点。

劳埃德·C. 加德纳

《通往塔利尔广场的道路》（*The Road to Tahrir Square*）作者

奥利弗·斯通和彼得·库茨尼克做到了很多人认为不可能做到的事情。他们描述了 20 世纪美国的政治历史，清晰地描绘美国如何通过有所意图的决策发展成一个帝国，即使在不同党派当政时他们也从未放弃捍卫帝国权益。本书精彩地阐述了不为人知的美国历史。

布鲁斯·卡明斯

著名朝鲜战争史专家、《朝鲜战争》（*The Korean War*）作者

这是一部很有思辨性和吸引力的作品。它大胆、清晰地描述了美国历史和维系美帝国的基础，是同类书中里程碑式的巨著。本书描述的重要历史以民为本，旨在维护人民利益，更应推而广之。

罗伯特·杰·利夫顿

国际著名政治心理学家、《思想变革和全能主义心理学》（*Thought Reform and the Psychology of Totalism*）作者

作者大胆地回顾了美国历史上最为惨痛的一段经历。他们对于核威胁的论述尤其发人深省。他们指出，我们曾经差点利用自己发明的技术毁灭整个人类，这种荒诞令人震撼。借用启蒙运动的格言："勇于求知"，我们从本书中学到的知识将成为智慧的源泉。

玛乔丽·科恩

《牛仔共和国》（*Cowboy Republic*）作者

本书是我们这个时代最重要的著作之一。奥利弗·斯通和彼得·库茨尼克纠正了大众误解，我们以前总认为美国一直是促进世界进步的重要力量。他们记录了美国帝国主义的严重后果、美国犯下的战争恶行。当美国人准备毫不犹豫地接受美国唯我独尊的见解时，这本书给人们泼了盆冷水。

杰夫·马德里克

经济政策分析员、《收购美国》（*Taking America*）作者

如果我们不知道美国的过去就无法掌控它的未来。在本书中，奥利弗·斯通和彼得·库茨尼克揭开了20世纪美国历史的层层神秘面纱。有人会感到惊讶，有人会觉得愤怒。大部分人会相信国家能变得更美好，尤其是年轻人，这样我们才能在21世纪继续前进。

道格拉斯·布林克利

《纽约时报》畅销书《大洪水》（*The Great Deluge*）作者

本书勇敢地揭开了外交政策的神秘面纱，深入剖析了美国丑陋的军国主义……你的书架上应该放一本如此生动的左派读物。

玛丽莲·杨

《越南战争》（*The Vietnam War*）作者

库茨尼克和斯通充满激情地讲述了美国的一段秘史，披露了美国唯我独尊和主导全球行为所带来的灾难性后果。这本书思路清晰、文字优美、论证全面，绝对让你手不释卷。

丹尼尔·埃尔斯伯格

美国前军事分析师、“五角大楼文件泄密案”当事人

美国左翼历史学家霍华德·津恩肯定会喜欢这本关于“美利坚帝国人民历史”的书。读起来让人欲罢不能，实在精彩绝伦，堪称一流杰作！

比尔·梅尔（“彪马叔”）

美国著名时政脱口秀主持人

终于盼来了一本敢于挑战美国近代史公认版本的秘史。这是近百年来最具颠覆性的图书之一。

加尔·阿尔佩罗维茨

《原子外交》（*Atomic Diplomacy*）作者

庄重对待历史的人们应直面书中意义深远的挑战，而不是刻意回避或是试图诋毁。斯通和库茨尼克不仅提出尖锐的问题，还回答了这些问题。

洪　晃

中国互动媒体集团 CEO、《世界都市 iLOOK》杂志出版人兼主编

美国导演斯通在上海电影节放映了他刚完成的纪录片，讲述了美国历史中的一些谎言和真相，很受中国观众欢迎。有人说：“你应该拍中国历史。”斯通说：“不，你们应该自己拍。”

《外滩画报》

作者揭示，真正令日本投降的原因不是原子弹而是苏联宣布对日本作战，因为苏联红军令日本人闻风丧胆。而杜鲁门之所以同意使用原子弹也不是为了逼日本投降，而是为了向苏联示威，以此主导战后世界格局。此类精彩的“大翻案”在本书中还有很多。

中国新闻网

对于自己出书和拍摄纪录片致力于还原美国现代史的举动，斯通介绍说：“布什政府感觉到，回到美国帝国主义原点进行思考十分重要，而这个原点正是原子弹爆炸。”

改编者序

当得知要我改编奥利弗·斯通和彼得·库茨尼克合著的《躁动的帝国》时，我非常兴奋。我明白，为了完成这项任务，我必须做好准备，全力以赴。

由于要将原书改编为更适合广大人群阅读的轻松读物，本书的出炉并没有采取惯常做法。在本书中，你不仅会看到原版中分享的一些精彩语句与观点、事实与结论及一些令人印象深刻的话题，还会读到本次新增添的内容。这些内容既有对某些领域更深入的探索，也包括一些更精彩的奇闻轶事，但同时力图保留原版的神韵特色。此外，本书还增添了很多珍贵图片。

在改编过程中，我怀着极大的喜悦不断提醒自己，历史和记忆的韵律是如此流畅优美，是如此相似。它们逶迤腾挪、奔流不息；它们聚集能量，不断向前。历史如同一次荡气回肠的旅程。通过本书，我试图尽可能多地将这份能量保留并传递下去。

长期以来，我一直被历史黑暗的一面深深吸引。在平时的工作中，我经常在历史中寻找那些被边缘化的或者未被记录的、不为人知的神秘故事，尤其是那些与美国宪法格格不入、与我们国家的使命背道而驰的故事。这些故事经常让人思绪万千，难以自拔。

点亮黑暗中的灯火，我们便能驱散黑暗。

心怀巨大的希望，我们便能揭露真相。

历史赋予我灵感。它帮我找到了楷模，它让我看到了我想成为的那类人，也让我看到了我不想成为的那类人。

在改编本书期间，曾任国家青年文学大使的凯特琳·帕特森曾经说过的一句话常在我耳畔回响：“尽管真相令人不安，但它终究是最有力的慰藉。”

苏珊·坎贝尔·巴尔托莱利

作者序

作为在世界舞台上叱咤风云的超级大国，美国的历史中既有傲人的成就，也有令人失望的败笔。本书中，我们要探讨的是后者，即美国历史上不为人知的黑暗故事。

我们不会将美国的历史从古至今一一叙述，这是一项不可能完成的工作。我们也不会将焦点聚集于美国已经取得的宏伟业绩上。图书馆里到处都是赞颂美国伟大业绩的书籍，学校课堂上也不乏对美国成就的吹嘘。

相反，我们的焦点在于这个国家在历史上是如何背叛了它的使命和宪法的理想。我们坚信，随着我们进入 21 世纪及更远的未来，仍有时间来改正这些错误。

你是否有过这样的疑虑：

为什么美国的军事基地遍布全球，且数量据悉已经近千个？为什么美国的军费开支几乎等于世界其他国家的总和？

为什么在没有受到任何国家即刻威胁的情况下，美国的数千枚核弹头也时刻处于待命状态？

为什么美国的贫富差距比任何发达国家的都要大？

为什么美国是唯一没有实现全民医保的发达国家？

为什么全球最富有的85个人拥有的财富比35亿穷人拥有的财富之和还要多？

为什么在美国极少数富人就可以操纵国内政治、外交政策和媒体，而广大公民所拥有的政治权利和生活水平却在不断下降？

为什么美国1%的富人拥有的财富比90%的穷人还要多？

为什么美国政府会做出那些能让开国元勋和早期领导者都惊骇万分的全民监视、滥用职权、限制公民自由和侵犯个人隐私的行为？

为什么与其他工业发达的民主国家相比，加入工会的美国工人所占的比例更低？

为什么非裔美国人和拉丁美洲移民及其后裔在美国一直都遭到种族歧视？

为什么在美国那些贪图个人利益之人要比善良、宽容、慷慨、通情达理和团结友爱之人更加有权有势？

为什么对于广大美国人而言，建设一个完全不同于现今的更加美好的社会如此之难？

你是否期望过有人能带领美国重回正轨？当你阅读这本书时，你会看到一些人正在为这一事业拼尽全力。有时候，他们更像是力挽狂澜的英雄。你也将了解他们参与的社会活动。与此同时，你会看到一些拒绝改变，最终以悲剧收尾的人。你将发现，以美国的社会力量和社会条件，很难实现渐进式的改革。

以上问题不过是我们在本书中提及的冰山一角。尽管我们不指望能在一本书中对这些问题予以全盘解答，但我们希望将相关的历史背景以不同面目更精彩地呈现出来，以便你自己能够据此进行深入探讨。

奥利弗·斯通

彼得·库茨尼克

目 录

导 读

第一部分　帝国源起　战争是笔大生意

第二部分　新政开启　罗斯福与军火商的拉锯战

第三部分 二战争雄 谁真正打败了德国?

导 读

作为一国元首，威尔逊竟然对奉行种族主义的三 K 党大加赞赏。这种根深蒂固的种族歧视思想又会如何影响美国及其人民的命运？面对政府和资本家串通一气的残酷镇压，美国工人与农民的革命之路该何去何从……

1

真相与谎言

用闪电书写历史

一个国家的诞生

1915 年，美国白宫。在二楼的中央大厅里，一把把椅子成行排列开来。大厅内窗帘紧闭，煤气灯也调暗了。一台电影放映机发出了“咔嗒”的声音，紧接着呼呼地转动起来，在远处的墙壁上投下一束光，犹如独眼巨人硕大的眼睛。

美国第 28 任总统伍德罗·威尔逊，与他的内阁成员及他们的家人聚在一起，观看了美国历史上首部在白宫放映的电影。这部电影由美国电影之父 D.W. 格里菲斯执导，片名为《一个国家的诞生》（*The Birth of a Nation*）。这部黑白默片长达 3 小时，整部电影没有对白，演员们用手势表达他们想说的内容。在关键时刻，会插入字幕对相关场景进行解释。简而言之，《一个国家的诞生》是个无言的故事。

伍德罗·威尔逊和当天晚上的其他观影者也不需要语言交流。他们对电影背景、人物和情节了如指掌，也很清楚电影里的正反派角色。

这部影片是根据南方白人浸信会牧师托马斯·狄克森的小说《同族人：三 K 党的历史传奇》（*The Clansman: An Historical Romance of the Ku Klux*

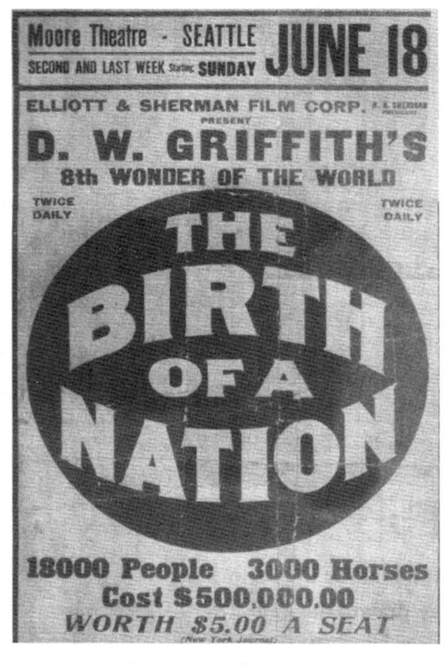

电影《一个国家的诞生》海报。

Klan）（以下简称《同族人》）改编而成。带着严重的种族偏见，狄克森讲述了从战前南方、南北战争到林肯遇刺、重建时期以及三 K 党一步步崛起的故事。

在《同族人》中，英勇的三 K 党人策马疾驰，从好色的黑人魔爪中拯救出无助的南方白人女子。

狄克森称，他的小说所讲述的是“三 K 党密谋推翻重建政府的真实故事”。然而事实恰好与此相悖，美国总统此时此刻正在一国之都观看这部影片。

三 K 党的真相

那些关于美国重建时期和三 K 党的真实记录，让我们看到了一个截然不同的故事：1866 年，即内战结束一年后，三 K 党在田纳西州成立，不久其势力席卷整个南方。三 K 党宣称，为了维持白人的至上地位，他们将使用暴力，甚至不惜侵犯他人的公民权利。

三 K 党攻击和杀害的对象不仅包括那些敢于直言的黑人，还包括那些使用合法权利谋生、买地、入学以及根据个人意愿做礼拜和投票的黑人（1870 年，美国宪法第十五修正案授予全国黑人投票的权利）。他们甚至攻击和杀害了支持黑人权利的白人，以及不按照三 K 党意志投票的白人。

三 K 党的第一波暴动浪潮从 1866 年一直持续到 1871 年，席卷了整个南方。在此期间，联邦政府曾派出军队逮捕三 K 党徒，恢复了南方和平。之后，美国参议员和众议员组成的联合委员会对三 K 党进行了为期 8 个月的调查，收集了关于三 K 党徒罪行的证词，然后举行审判并做出判决。

一切为时已晚。大部分被捕的三 K 党徒仅被处以小额罚金或者受到最轻判决，有的获得缓刑，有的只是得到一个警告而已，指控被撤销也是司空见惯的事情。一些三 K 党徒闻风而逃，企图躲避惩罚，还有许多三 K 党徒不久便获释。

1871 年，联邦政府成功粉碎了三 K 党组织，但这并未化解白人至上主义者的偏见。他们仍然执迷不悟，妄图控制选举权，甚至掌握非裔美国人的生杀大权。到了 20 世纪 20 年代，针对外籍移民的三 K 党势力卷土重来，并在 1960 年的民权运动中再露端倪。

狄克森的小说和格里菲斯的电影不仅对三 K 党徒野蛮残暴的事实视而不见，反而将其描绘为正义凛然的白袍骑士：他们是为了将南方白人，尤其是“孤独无助”的白人女性从种族暴力和他们所谓的“黑人统治”中拯救出来，才“无可奈何”地选择了控制执法权。

然而，这是一段被歪曲的历史，南方的白人女性并非羸弱不堪。她们在丈夫、父亲或者儿子征战沙场的时候，独立挑起管理生意和经营农场的重任，彰显了女性身体和情感上的强大力量。

事实上，“黑人统治”或者重获自由和权利的非裔美国人即将支配并统治美国白人的观念，仅存在于恐慌的白人的疯狂想象中，或者只不过是一些美国黑人徒然神往的理想，后者渴望美国的等级制度发生更多根本性的改变。

《一个国家的诞生》在洛杉矶试映后，于 1915 年 3 月 3 日在纽约自由剧院上映，剧院场场爆满。于是，

两名化装后的三 K 党成员。

这部广受欢迎的电影迅速在全国各个影院上线。然而，那些观影后的非裔美国人无不为此感到痛心疾首，因为电影中描述的那些重获自由的人们，极可能是他们的父母或者祖父母，现在却被丑化成目无法纪、愚昧无知而且道德败坏、好色淫荡的残暴之人。

美国有色人种进步协会（NAACP）对这部电影提出强烈抗议。协会将电影中众多卑鄙的谎言一一列举出来，试图以此告知公众，黑人在内战中的处境事实上极为悲惨。

尽管有抗议和教育活动，尽管该影片是对历史真相的公然漠视，但它还是成为一部非常卖座的电影。

1915 年，一群南方白人受到这部电影的启发，登上佐治亚州亚特兰大附近石头山的顶峰，焚烧了一座十字架[①]。在燃烧的烈焰中，早在 1871 年就解体的三 K 党死灰复燃。三 K 党利用这部电影的号召力重新招兵买马，很快，他们的党徒遍布美国各地，极盛时期的党徒数量竟达 500 万之众。三 K 党的第二波暴动很快拉开了序幕。他们在全美发起一场以维护白人至上理念为宗旨的新战斗。他们把自己描述为亲基督教派、亲美兄弟派。而这一次，他们憎恨的对象不仅包括天主教徒、犹太教徒、移民者，甚至自由主义者、接受福利救济者和工会也都位列其中。

仅在 1915 年，就有 56 名黑人和 13 名白人被三 K 党私刑处死，其中包括 5 位女性。

总统的背叛

伍德罗·威尔逊坐在黑暗的中央大厅中，看着已经播到最后一幕的《一个国家的诞生》。在最后的场景中，三 K 党徒们威风凛凛地骑在马上，从

① 历史学家认为，三 K 党焚烧十字架的做法效仿了 14 世纪苏格兰人的做法。苏格兰人在战争前常以焚烧十字架作为集结兵力的象征。——译者注（除特别说明外，本书的其余注解均为译者注。）

一群腐败堕落的联邦士兵的魔爪中救出一个贫穷的白人家庭。他们从被解放的奴隶手中抢来枪，在投票箱前阻挠黑人投票。三K党徒们相信，以这种方法，他们为南卡罗来纳州重新带来了和平。电影最后的字幕是这样显示的：信仰自由不忘团结，个人独立不忘整体，注重眼前不忘未来。

“呼呼－咔嗒”，放映机转盘上的胶片放至最后一帧，电影至此落下帷幕。这时，自然有人询问总统观影后的感想。据报道称，威尔逊满腔热情地评论道：“历史好像瞬间被照亮了。我唯一的遗憾就是这一切居然是真的。”

然而，事实并非如此。一切都是子虚乌有。

这样一部将诸多错误信息伪装成事实的电影，究竟是如何明目张胆地走进白宫的？或许更令人感到不安的是，为什么作为美国总统、一个拥有霍普金斯大学博士学位，并且当过普林斯顿大学校长的人，会如此轻易地相信电影中的历史观？

事实上，《同族人》的作者托马斯·狄克森是威尔逊的密友。出于对密友的支持，威尔逊总统在白宫播放了《一个国家的诞生》。威尔逊也是一位著作等身的历史学家，他的作品包括1902年出版的长达五卷的《美国人民史》(*A History of the American People*)，以及1913年出版的《新自由》(*The New Freedom*)，后者在其竞选总统的过程中发挥了重要作用。

毫无疑问，《一个国家的诞生》讲述的故事唤起了威尔逊思想中根深蒂固的南方传统思想。1856年，威尔逊出生在弗吉尼亚州的一个牧师家庭，在佐治亚州和南卡罗来纳州长大。到他长大成人时，他已清楚地感受到战争的恐怖。南北战争造成双方至少75万名士兵死亡和100万士兵伤残。

和他的南方祖辈们一样，威尔逊长大后，对战争的结果及其带来的根本性变化深感痛心。究其原因，无非是根据法律规定，那些被解放的黑奴将获得投票权，并得到与其原来主人一样平等的保护。

在总统竞选中，威尔逊承诺会支持美国黑人获得公平待遇。“如果我当选美国总统，他们可以完全相信我会公平处理所有事情，帮助发展黑人的权益。”

但在大多数非裔美国人眼中，在完成就职典礼后，威尔逊就背叛了他的承诺。1876 年的《吉姆·克劳法》（*Jim Crow Laws*）将黑人从白人中隔离出来，而威尔逊的想法与其不谋而合，他也鼓励实施种族隔离。尽管联邦政府机构并没有隔离黑人雇员和白人雇员，他们在超过 15 年的时间里一直在同一个办公室并肩工作，但是威尔逊却默许邮政总局办公室、财政部和美国海军实行种族隔离办公，自助食堂和休息室也实行了隔离。申请联邦政府职位的人无一例外都必须提交照片，以方便知晓每一位申请人的种族。

非裔美国人领袖对这种赤裸裸的歧视勃然大怒，强烈要求威尔逊停止种族隔离行为。威尔逊回应说：“这绝不是反对黑人的运动。我由衷地相信，这样做符合他们的利益。隔离不是对他们的羞辱，而是帮助他们更好地生活。你们这样的绅士也应当如此看待。”

小说《同族人》和电影《一个国家的诞生》皆扭曲了种族关系的历史，并重构了一个令威尔逊在内的大多数人深信不疑的故事。最终，威尔逊潜在的白人至上的信仰极可能影响了他的国内政策。

威尔逊及其拥护者、其他少数白人对《一个国家的诞生》中所讲的故事信以为真，他们认为电影里讲述的故事必然取材于真实事件。历史就是讲故事。一般而言，故事是由胜利者书写的。但在这个例子中，即使南方在内战中战败，南方各州仍在历史中拥有强大的话语权，并且在种族方面误导美国人民长达 150 年之久。对于美国政府后来赋予白人特权及剥夺美国黑人公民权的行为，这段历史也起到了推波助澜的作用。

2

革命湍流

资本家挥之不去的噩梦

当美国在经济大萧条的困境之中举步维艰时，大西洋彼岸的法国巴黎已吹响了工人起义的号角，这让在水深火热中挣扎生存的美国工人和农民似乎看到了未来的曙光。而在经历了政府和资本家串通一气的残酷镇压、罢工一波三折的情况下，一个与“巴黎公社”类似的“美国公社”能如愿建立吗？美国工人与农民的革命之路又该何去何从？

对革命的痛恨深深影响了伍德罗·威尔逊的政治观点。他反对激进的变革，包括以任何形式进行的、可能会颠覆社会基本结构的变革。1889 年，威尔逊写道：“政治上，任何激进的新理论都不可能安全地推行，也不可能取得任何有价值的成果……除非采取循序渐进式的方式。”他喜欢美国独立战争，因为在他看来这根本算不上一场革命。但是他又非常藐视颠覆了法国社会的法国大革命。在他看来，改革应该一小步一小步地慢慢进行。出于同样的原因，威尔逊反对工人罢工和农民起义。他将同情心更多地给予了商人和温和的改革者。

工人和农民清楚地知道，罢工和起义可以帮助他们争取到更高的报酬以及更舒适的工作环境。事实上，纵观 19 世纪最后 30 年的动荡历史，也的确如此。

巴黎公社捅破了青天

在那个时代，没有任何革命会比1871年那场横扫巴黎的革命更加激进。1870年，法国向普鲁士宣战。事实证明，法国军队根本不是普鲁士军队的对手，普鲁士军队迅速包围了巴黎。唯恐自身性命不保的法国官员纷纷逃离巴黎，并在附近的凡尔赛另起炉灶。

旧政府走了，巴黎市民只能依靠自己解决问题。最终，他们选举产生了一个名为“巴黎公社”的新政府。毫无疑问，这在全世界范围内都将是一场前所未有的实验。

以往的政府几乎总是富人和权贵的利益代言人，最优先考虑的问题是捍卫私人财产权和维持社会秩序，而巴黎公社反其道行之，它由劳动人民管理，符合工人和穷人的利益。它实行了一些绝大多数政府永远都不会考虑的改革，包括一些肯定会被威尔逊斥责为革命性的、不道德的改革。

巴黎公社为工人们的孩子建立了免费学校，这在当时是一个非常了不起的举动。更令人感到不可思议的是，学校不仅对男孩开放，还接纳女孩。

新政府将公务员的高薪削减到社会工人的平均水平。它回收空置房屋，将其分给无家可归的穷人；没收闲置厂房，将其交给联合工会（由联合起来要求更高薪资和更好的工作环境的工人组成），让工会成员共同经营、共享利润，这使得企业雇主无法通过惯用的削减薪资手段来惩罚工人；新政府还要求教会和政府完全分离。与此同时，前政府一直韬光养晦，等待时机重返巴黎。它无法容忍一个蔑视私人财产权的激进政府取得成功。如果巴黎公社取得成功，那么全世界的工人都可能争相效仿。1871年5月下旬，凡尔赛军队入侵巴黎。

巴黎的工人们，也就是巴黎公社的社员们，尽管英勇奋战，但他们在武器装备方面处于劣势。经过73天的顽强抗争，巴黎公社宣告失败。倒在900个凡尔赛士兵尸体旁边的是20 000 ～ 25 000名巴黎工人。即便如此，这场起义也将一直活在全世界工人的记忆和想象里，包括美国工人。

随后，一位德国犹太人，即于1848年撰写了著名的《共产党宣言》(*The Communist Manifesto*) 的杰出革命思想家卡尔·马克思，高度赞扬了巴黎公社，说他们“捅破了青天”。

对有些人而言，巴黎公社不是梦想，而是噩梦。美国的资本家，即那些坐拥工厂、银行和大农场的富人，一想到巴黎工人们的所作所为，都会感受到后脊梁冒出一股股寒气。他们只能暗自祈祷同样的事情千万不要在美国发生。

然而，他们心里再清楚不过，如果美国工人和农民忍饥挨饿、穷困潦倒，或者遭受到残酷的虐待，那么同样的事情也很有可能在美国发生。这只不过是时间问题。

抗议的声音

1865年，南北战争结束，这为美国经济的快速增长和社会改革扫清了道路。新工厂如雨后春笋般纷纷涌现。城市中的新面孔随处可见，其中许多来自农村，还有来自其他国家的移民，他们告别了亲朋好友，离开故土，迁移到美国，试图在此寻找更美好的未来。刚刚获得自由的黑人奴隶也开始努力创造新的生活。他们尽情地呼吸着自由的空气，但无论走到哪里，新的障碍总会源源不断地出现。

1873年，美国的经济环境急转直下，经济大萧条迅速席卷全国。不景气的经济与艰难困苦的生活总是相伴而生，对劳动人民而言更是如此。失业工人数量激增，在职者薪酬也遭到减半。许多人开始忍饥挨饿，还有很多人失去了土地和家园。

这次经济大萧条并非第一次发生，当然也不会是最后一次。而每一场经济萧条的发生，都有其不幸的规律：1819年、1837年、1857年、1873年、

1883 年、1893 年、1920 年和 1929 年。其中几次萧条甚至持续多年。

1873 年的大萧条让经济陷入失控状态。即使是在南北战争后大大刺激了经济增长的铁路运输行业，也没能逃过萧条的影响。铁路所有者决定削减工人薪水，以保证自己仍然可以赚得盆满钵满。

时至 1877 年夏天，工人们终于忍无可忍。他们领着微薄的薪水，却被强迫长时间工作，有部分工人每天要工作 18 个小时，而他们微不足道的报酬有时却要推延数月才能拿到。

1877 年 7 月 11 日，B&O 铁路公司宣布工人的薪水将再次被削减 10%。愤怒的工人走到西弗吉尼亚州的铁轨中间，拦截了火车，从而中断了从巴尔的摩到中西部的货物运输。

1877 年的铁路大罢工开始了。铁路工人离开工作岗位，拒绝作业，直到雇主能够恢复他们应得的工资。

将枪口对准自己的公民

罢工运动沿着铁路线向全国各地蔓延，工人们的母亲和妻子也纷纷加入抗议队伍。当地政府召集警察和民兵恢复秩序，但收效甚微。社会团体支持罢工活动，因为他们清楚，工人们有充足的理由拒绝工作。还有一部分民兵也与罢工队伍，与工人站在同一阵线。“我们大部分人都很清楚，长时间的工作和低微的薪水意味着什么。”一位官员说，“任何旨在解决前一问题或者后一问题的运动，都会获得我们的同情和支持。尽管我们是民兵，但我们首先是劳动工人。”

铁路行业之外的工人们同样处于水深火热之中。他们大规模地聚集在一起，表现出强大的团结力量。一些参加过内战的工人武装起来，如果迫不得已，他们将再次投入战斗。各行各业的工人们纷纷通过罢工来反抗他们的老板。

西弗吉尼亚州政府和B&O铁路公司的老板们担心抗议活动会大规模爆发，因此要求拉瑟福德·伯查德·海斯总统派出联邦军队镇压罢工运动。铁路主曾在1876年激烈的总统大选中慷慨出手，帮助海斯入主白宫，对此海斯感激至深，因此同意了铁路主的请求。

这是美国历史上第二次在和平时期召集联邦军队，只是这次他们要对付的是遵纪守法的美国公民。

冲突并没有就此画上句号。马里兰州州长派遣本州警卫部队支援西弗吉尼亚州的联邦军队。获悉罢工即将遭到残酷镇压的消息后，上千名工人涌入巴尔的摩的卡姆登火车站，试图阻止军队登上火车。

随着越来越多的联邦军队在总统的指令下蜂拥而出，这座城市瞬间成为硝烟弥漫的战场。1877年7月23日，双方达成了一个临时性和平协议。当时已经有13人被杀死，50人受伤。

华盛顿特区的《国家共和报》(*National Republican*) 发表了一篇标题为“美国公社”的文章，该文章评论称：“摆在眼前的事实是，共产主义思想在美国的煤矿、工厂和铁路工人中广受欢迎。”

工人们开始发问，为什么有些人拥有更多的财富和权力？扩大的贫富差距似乎正在破坏作为美国核心价值的共和信仰。

巨大的贫富差距的确动摇了美国民主思想的基础。对于大多数农民和工人而言，让他们感到深恶痛绝的是，为什么国家权力被掌握

《莱斯利新闻画报》(*Frank Leslie's Illustrated Newspaper*) 1877年8月11日的报纸版面展示了铁路大罢工的各种场景。

在少数银行家和工厂主以及和他们具有共同利益关系，只会例行公事般盖公章的立法者和法官的手中？

诗人沃尔特·惠特曼歌颂了美国的进步，同时称资本主义的残酷性是“一种反民主的疾病和畸形暴政”。

美国诗人沃尔特·惠特曼捕捉到了人民的情绪，他将资本主义的残酷性描述为“一种反民主的疾病和畸形暴政”。美国经历的如1873年的经济大萧条，只会让不公平现象更加显而易见。类似的冲突在整个美国范围内都有爆发。在匹兹堡，军队朝群众开枪，导致10 ~ 20人死亡，被激怒的人们随即破坏了11.5英里[①]长的铁路车厢。

在圣路易斯，工厂工人、矿工、汽船船员、钢铁工人和其他工人纷纷离开岗位，加入铁路工人的大罢工活动。圣路易斯的当地报纸《圣路易斯共和党报》（*The St. Louis Republican*）评论说：“称其为一场罢工是错误的，它是一场劳动革命。”

1877年的铁路大罢工及随后的全国性罢工活动让企业主和政府官员备感不安，他们担心美国工人会追随巴黎革命者的道路，开启另一场颠覆整个社会的变革。

① 1英里 ≈1.61公里，下同。——编者注

3

躁动的前夜

为未来寻找出口

美梦很畅销，由谁来实现？

1888 年，爱德华·贝拉米发表了小说《回顾》(*Looking Backward*)。作品一经问世便激起美国读者的想象力。这本书赋予人们憧憬：未来世界也许会变得更好。它引起了读者的共鸣，尤其是在一个富人和穷人彼此争斗不休十多年的国家里。

小说《回顾》中的故事发生在 1887 年。主人公朱利安·韦斯特是一位普通的波士顿市民，为了解决失眠问题，朱利安接受了催眠术，不料因此陷入长时间的睡眠。当朱利安再次醒来时，时间已经到了公元 2000 年。他睁开双眼，开始重新认识眼前这个崭新的世界。这是一个怎样的世界？

在 1887 年的世界中，少数人吞噬了越来越多的财富，愤怒的工人群起反抗，而罢工运动引起不断的破坏与骚乱。与之截然不同的是，在 2000 年的新世界中，所有人都能和平共处。大家不再为生活必需品争个你死我活，而是平均分配工人和农民的劳动成果，通过共同协作来解决问题。所有人不论身份和职业都领取同样的薪水。真正激励他们努力工作的不是金钱，而是同胞的欣赏，以及因出色的工作和为社会所做的贡献而带来的个人满足感。此时，贫穷已经被彻底消除。

朱利安欣然适应了眼前的新世界，甚至还爱上了一名女子，而这名女子的曾祖母竟然是他在1887年时的未婚妻。但好景不长，有一天，当他再次醒来的时候，沮丧地发现自己回到了1887年。这时，眼前所有的一切在他看来都是错误的。他试图向别人解释，现在忍受的饥饿、贫穷和痛苦都是没有必要的，有更好的方法令所有人的生活更快乐、更满足，但没有人愿意听他的话。

幸运的是，朱利安又一次在2000年醒来，那次重回1887年的经历对他来说就像一场噩梦。

贝拉米的这部著作被视作乌托邦小说。它构造了一个根本不存在的世界，目的是向读者展示一个有可能存在的新世界。它鼓励人们想象，这个世界应当真正地成为怎样的世界。小说最引人注目的地方是它受到了空前的欢迎。

的确，在整个19世纪，除了《汤姆叔叔的小屋》（*Uncle Tom's Cabin*）之外，没有任何一部小说的销量能与《回顾》匹敌。人们极度渴望改变，贝拉米则为他们描绘了一种可能的美好愿景，这无疑让他们重燃希望。

资本家也会做出“彻底的投降”？

回顾美国19世纪80年代的历史，改革者艾达·塔贝尔女士将其称为“滴血的80年代”。当然这个十年并非如字面意义那样血腥，而是工人们对社会的公平性提出质疑：社会对新兴企业和银行精英等富裕群体的偏爱，远远超过占主体地位的工人和农民。

人们开始寻找改变现状的方法。19世纪80年代，一个新的劳工联盟异军突起，即劳工骑士团。这个团体试图团结同一地区的所有劳动人民，

◤ 铁路大亨杰伊·古尔德是1892年美国最富有的十大富翁之一。

组成一个庞大的联盟。几乎所有人都受邀加入这个团体，且不受种族、性别或出生地的限制。只有银行家、投机者、律师、赌徒和酒类销售人员被拒之门外。对于想要进入这个联盟的商人，则需要对其逐一进行评估。

劳工骑士团的口号是“一人受苦，全体分忧”。他们不信任资本主义制度，呼吁和平改革。

1885年，杰伊·古尔德铁路公司的工人展开大罢工，长达1.5万英里的铁路网随之陷入瘫痪，引起全民瞩目。但在靠残酷剥削致富的强盗资本家之中，古尔德并非泛泛之辈。他自称能“花钱让全美国一半的工人干掉另一半工人”，他或许是美国最遭人痛恨的人了。令整个美国震惊的是，古尔德竟然接受了劳工骑士团提出的要求。商报《布拉德斯特里特》(*Bradstreet*）称这是一次史无前例的“彻底的投降”。

劳工骑士团成员的数量在全国范围内暴增。1885年7月1日，骑士团成员的统计人数为10.3万人，一年后这一数字激增至70万，并且可能一直增长下去。工人们相信，他们发现了一条斗争的道路，并且取得了胜利。

秣市广场大屠杀

1886年5月发生在芝加哥的“秣市惨案”给改革运动带来毁灭性打击。1886年5月1日，全国工人高喊“8小时工作制”口号举行了罢工运动。过去，工人们一直要求减少工作时长，现在终于为这一目标的实现展开实际行动。

芝加哥工人在全国的工人运动中也许是最激进的分子，在罢工队伍中也有不少无政府主义者。这些无政府主义者认为工人必须保护自己，必要时甚至需要武装自己以反抗军队和警察。在芝加哥的这次罢工运动中，数以万计的工人们参与了要求 8 小时工作制的示威游行。1886 年 5 月 3 日，芝加哥警察朝罢工队伍开枪，造成数人死亡。

罢工工人被杀害的消息如同野火般迅速在芝加哥蔓延。劳工领导人立即对此事做出反应，他们通过印制报纸、发放传单鼓励工人们团结一致，反对老板和当地的警察。其中一则报道内容如下：

> 工人们，武装起来！！！老板们派出了他们的猎犬——警察，今天下午，他们在工厂杀害了你们的弟兄。他们之所以狠下杀手，是因为这些可怜的工人与你一样有勇气，想反抗老板至上的权力……我们呼吁你们，武装起来！

第二天晚上，即 5 月 4 日晚，抗议者们聚集在芝加哥市木材和肉类加工区中心的秣市广场上召集大会，抗议政府的暴行。由于许多演讲者已经因前一天引起的杀戮和要求 8 小时工作制被判处死刑，当晚不足 3 000 人的集会显得风平浪静。芝加哥市市长坐在观众席上，当他意识到现场没有暴力威胁后，指示警察局局长解散手下。之后，一场突如其来的暴风雨让大多数人提前回了家。当最后一位演讲者的演讲即将结束时，现场只有几百位抗议者，180 名警察突然出现在广场上，并要求每一个抗议者离开。此时，一枚炸弹突然爆炸，造成 7 名警察死亡，66 人受伤。没有人知道是谁投下了炸弹。警察们乱作一团，开始盲目地朝人群开枪，最终造成 3 人死亡，数十人受伤。

一位警察局的官员向《芝加哥论坛报》（*Chicago Tribune*）透露："不

少警察是被同伴的左轮手枪所伤……每个人只顾自己逃命，一些人跑到两三个街区之外，剩下的人射光了自己手枪中的所有子弹，然而大部分子弹射进了同伴的身体。”

这起事件发生后，整个国家都陷入恐慌。全国各地的报纸纷纷为此敲响警钟。《芝加哥论坛报》呼吁国会将肇事者驱逐出境并限制移民，阻止“外国野蛮人和他们威力不容小觑的炸弹以及无政府主义的企图”对美国造成威胁。这一切在美国最著名的劳工领导人琼斯妈妈（Mother Jones）看来，更像是“这个城市疯了”。

此后，各个地方的工人、工会、移民者和改革者皆成为被打击的目标，相继遭到迫害。这就是美国历史上第一次“红色恐慌”（Red Scare）：一场以“背信弃义”和“煽动暴乱”为名对所有改革者进行诽谤和打击的大规模运动。

伤亡最为严重的是劳工骑士团。即使是那些向来反对暴力、主张和平变革的骑士团成员，也被政府视为最大的威胁。骑士团的会议被破坏，成员被工厂解雇，还被列入黑名单。骑士团的领导人遭到威胁，甚至面临监禁。资本家们胜利了，至少当时如此。

个人贪欲 vs 牺牲小我

同样，农民阶层的不满情绪也十分普遍，尤其是 19 世纪 80 年代的农民协会和 19 世纪 90 年代人民党的组织者们，对自己目前所处的境况极为不满。1892 年，人民党在美国内布拉斯加州的奥马哈市举行了第一次全国代表会议，在会上他们宣称：“数百万劳工的辛苦成果遭到明目张胆的盗窃，最后变成仅为极少数人所持有的巨大财富。”

和骑士团一样，人民党旗帜鲜明地指出生产阶层（农民和工人）与以他人劳动为生的寄生者（银行家和投机者）之间的区别。

◤ 1886 年 5 月 4 日芝加哥秣市广场骚乱。当局利用警察被打死这一事件，不仅镇压了事件中的无政府主义者，而且给劳工骑士团沉重一击。不久，美国当局对激进运动的镇压席卷全国。

虽然人民党的呼声仅限于美国南部和中西部的部分地区，但他们仍在 1892 年的总统大选中获得了 9%的选票。人民党赢得 5 个中西部州的支持，选举出超过 1 500 名候选者，包括 3 位州长、5 位参议员和 10 位众议员。1894 年，人民党的选票翻倍。农民和工人一样，也在寻求改变。

那些如饥似渴地拜读贝拉米的小说《回顾》的人，大部分属于中产阶级。他们甚至质疑：以满足个人贪欲为动力的个体，是否真的能创造出一个更美好的社会？在 1877 年的铁路大罢工中，美国的中产阶级选择站在铁路工人一边。

来自各行各业的人们，包括工人、农民和中产阶级，都在强烈地要求改变。随着新世纪的来临，未来看似一片光明。

第一部分

帝国源起　战争是笔大生意

一战之前，美国是欠 60 亿美元的债务国，战后却为何摇身一变成为贷出 100 亿美元的债权国，稳稳地坐上最富有国家的交椅？与美国的钱包同时膨胀的，还有它追逐全球霸权的野心，但在英、法等老牌帝国面前，总统威尔逊及其美国资本家们最终能否得偿所愿？

4

金玉其外

帝国扩张之路的开端

内战的硝烟逐渐散去后，美国的经济得以蓬勃发展并迅速扩张，因此这一时期也被称为“镀金时代”（Gilded Age）。企业家累积了大量财富，其中最著名的包括石油大亨约翰·洛克菲勒、钢铁大王安德鲁·卡内基和控制了多个行业的银行家 J.P. 摩根。有些强盗资本家则通过冷酷且不择手段的商业买卖富甲一方，如詹姆斯·菲斯克（美国金融家，股票投机商）和杰伊·古尔德。

富有资本家在整个人口中仅占极少数。1890 年，美国有 1 200 万个家庭，大部分家庭（约 1 100 万）平均每年挣 380 美元。他们当中许多人是外来移民，住着廉价的公寓，在工厂、手工作坊、矿厂和血汗工厂里从事着极为辛苦且报酬微薄的工作。

然而，经济危机的阴云逐渐在人们头顶上方聚集，焦虑和不安开始蔓延。1893 年 5 月 5 日的“黑色星期五”引发了美国史上最严重的经济危机，并且持续达 5 年之久。短短几个月内，400 万工人失去了工作，失业率迅速攀升至 20%。

全国上下对此次经济危机的根源进行了激烈的讨论。有人认为，1893 年的这场经济危机是由过度生产造成的。为了解决这个问题，一些

◤ 1890 年，约 91 % 的美国家庭年收入 380 美元，其中收入最低的是外来移民，他们的生活条件极其恶劣。为了维持生计，许多家庭不得不让孩子也参加工作。

批评家们提出，美国现在需要更多的海外市场来消化这些逐渐累积的过剩产品。

社会学家、工会主义者和改革者则认为 1893 年经济危机的根源在于消费不足。他们提出了各种办法来解决经济问题。他们建议，企业主应该聘请更多的工人并支付他们的基本生活工资，如此一来，工人们便能够消费得起美国的农场和工厂所生产的产品。

不过赞成这项提议的资本家寥寥无几。资本家们想要的是廉价的劳动力、国外广阔的市场和源源不尽的自然资源。为了达到这个目的，他们操纵着美国，参与到了足以让整个国家产生实质性改变的国际事务中去。

“一场辉煌的小战争”

美国资本家希望能够从其他国家购买廉价的原材料，并用上国外更为廉价的劳动力。然而在此之前，他们需要美国政府建立一支以蒸汽为动力的现代化海军部队，并在全球范围内建立供应海军部队需求的军事基地。

马克·吐温曾讥讽说："每一个人的目的都是变成有钱人。可以的话，不择手段；不得已的话，用正当手段。"

美国政府实现了他们的愿望。1889 年，美国强行占领了太平洋帕果帕果岛的港口，并在 1890—1896 年建立了一支新式海军部队。帕果帕果仅仅是一个开始。接着，美国将目标瞄准夏威夷岛[①]。1893 年，美国的蔗糖种植主推翻了夏威夷的君主统治，迫使利留卡拉尼女王退位，并让菠萝大亨詹姆斯·多尔的堂弟斯坦福·多尔取而代之。

1898 年，美国成功占领夏威夷岛，总统威廉·麦金莱激动地将这一侵占行为解释为"奉天命而为"。1898 年 4 月 25 日，美国以帮助古巴摆脱西班牙暴政为由，向西班牙宣战。战争的号角也在万里以外的菲律宾首都马尼拉吹响，这座城市是西班牙的残余殖民地之一。5 月 1 日，海军准将乔治·杜威一举击溃西班牙舰队。

一位反帝国主义者写道："杜威将军几乎兵不血刃就夺取了马尼拉，美国也因此丢掉了不殖民的传统。"

这场战争就是著名的美西战争，历时 3 个月便结束了。根据当时美国国务卿约翰·海伊的说法，这是"一场辉煌的小战争"。

并非所有人都认为美国打了一场漂亮仗。1898 年 6 月 15 日，反帝国主义同盟试图阻止美国吞并菲律宾和波多黎各岛（西班牙另一块殖民地），该同盟成员包括一些知名人士，如安德鲁·卡内基、克莱伦斯·丹诺[②]、

① 此时的夏威夷岛是由夏威夷女王统治的一个太平洋王国。

② 克莱伦斯·丹诺被认为是美国历史上最伟大的辩护律师。

美西战争中，上校西奥多·罗斯福带领名为“狂野骑士”的部队，并获得战争英雄的称誉。

马克·吐温、简·亚当斯①、威廉·詹姆斯②、威廉·迪恩·豪威尔斯③和塞缪尔·龚帕斯④。然而，当时的美国民众已被美军打着正义的旗号取得的节节胜利冲昏了头脑，满脑子都是战争的荣耀，这种反帝的努力反而显得不那么合乎时宜了。

当战争的硝烟慢慢散去，美国开始迈向海外帝国的征程。它侵占了夏威夷，从西班牙手中夺取了波多黎各岛、太平洋的关岛及菲律宾，菲律宾成为美国舰队征战亚洲的完美补给站。

麦金莱就战后菲律宾的处置问题一度很动摇。1898 年的《巴黎和约》（*The Treaty of Paris*）将波多黎各岛割让给美国，使美国成为古巴的庇佑国，并明确美国可以向西班牙支付 2 000 万美元换取菲律宾的管辖权。

1898 年 12 月 10 日，随着西班牙君主接受《巴黎和约》，这场战争已

① 简·亚当斯是美国第一位获得诺贝尔和平奖的女性。

② 威廉·詹姆斯是美国心理学之父。

③ 威廉·迪恩·豪威尔斯，小说家、文学批评家、美国现实主义文学奠基人。

④ 塞缪尔·龚帕斯是美国工会领导人之一。

经结束。然而直到 4 个月后，《巴黎和约》才被批准生效，原因在于美国参议院曾就和约的意义进行了一场激烈的辩论，不少参议员担心美国向国外的扩张会使它成为帝国，正如昔日的西班牙一样。1899 年 4 月 11 日，参议院在经过一番激烈的讨论后，最终以超过三分之二的投票通过了《巴黎和约》。

麦金莱在白宫中夜复一夜地踱来踱去，并向“万能的上帝”祈求指引。几经踌躇，他最终选择了吞并这些岛屿，理由是要抓住这个使世界上的“野蛮”民族得到开化的机会。而英国诗人拉迪亚德·吉卜林则称那些“野蛮民族”为“白人的负担”①。

“欲要统治，必先征服”

菲律宾人在艾米利奥·阿奎纳多的领导下，一直在反抗西班牙的统治。他们天真地以为美国会帮助他们获得民族独立。1899 年 1 月 23 日，菲律宾人起草宪法、建立共和国，阿奎纳多担任总统。

1899 年 2 月 4 日，美国军队对马尼拉开火。而美国报纸则报道，菲律宾人率先朝手无寸铁的美国士兵开火，发动无端的恶意攻击，造成 22 名士兵死亡，125 ～ 200 人受伤。事实上，菲律宾人的死伤要更多，达到千人以上。

各大报纸纷纷预言，菲律宾的攻击会使美国国内开拓帝国主义事业的呼声更高，并强烈要求美国参议院通过用于结束战争的《巴黎和约》。《纽约世界报》（*The New York World*）评论道，“（菲律宾人要）突然地、毫无防备地直面一个真实的帝国。欲要统治，必先征服。欲要征服，必有杀戮。”

巨大的舆论压力迫使和约的反对者转而支持军队。来自俄亥俄州的国

①“白人的负担”是英国诗人拉迪亚德·吉卜林的作品。诗作最初在 1899 年发表，刊登于流行杂志《麦克卢尔》（*McClure's*）之上，标题为“美国与菲律宾群岛”。吉卜林借作品含蓄地警告英国人，进行对外扩张将会付出代价。但是，美国的帝国主义者却认为吉卜林是在描述帝国主义的特征，将向外扩张视为高贵举措。

1899 年 1 月，美国《冰球》杂志刊登了一幅漫画。漫画内容是美国像训孩子一样训斥菲律宾、夏威夷、波多黎各和古巴，讽刺了美国的帝国主义行径和不断推进的粗暴的外交政策。坐在后排的孩子读着标有美国各州州名的课本。坐在远处角落的是美国原住民的孩子，他们把课本拿反了。还有个孩子站在标有“开放门户”的门口，他是个中国人。漫画左上方的角落里是个非洲小孩，他正在给教室擦玻璃。教室后面的黑板上写着：“接受统治理论上是件好事，但现实中很难做到。不管服从与否，大英帝国都要对它的殖民地进行管理。必须以大力推动人类文明进程为要务，等不到他们同意了。不管服与不服，美国必须对它的新领地进行统治，直到他们有能力管理自己。”

会议员查尔斯·格罗夫纳将军称：“他们已经朝我们的驻地开火，还杀害了我们的士兵。誓死复仇的呼声一浪高过一浪。”

来自马萨诸塞州的参议员乔治·福瑞斯比·霍尔警告说：“（美国会借此成为）诉诸武力的庸俗陈腐的帝国，实行殖民扩张和殖民压迫，高高在上的统治阶级会一直压迫其他被统治阶级。”

霍尔后来评论说：“（美国）不仅粉碎了菲律宾人建立的共和政体，剥夺了他们的民族独立，还建立起一个在美国军事权力统治下违背菲律宾人意愿的政府。”对于这种菲律宾民族独立的侵犯行为，议员理查德·佩蒂格鲁将其称为“本世纪最大的一起国际性犯罪”。

菲律宾人民团结一致地支持反美武装力量，他们积极地为反美武装

◤ 美国士兵骑马走在菲律宾马洛洛斯的街道上。

◤ 被杀害的菲律宾人的尸体。

人员提供食物和住所，而部分美国殖民者则以极其残忍的手段对此进行镇压。

在一次伏击战后，劳埃德·惠顿将军下令摧毁了方圆 12 英里范围内的所有城镇，并杀害了所有居民。

在一次突袭中，菲律宾反抗军对驻守在萨马岛巴兰嘎镇的美军发起了进攻，74 名美国士兵中有 54 名死亡，美军随后采取了疯狂的报复行动。雅各布·史密斯上校命令他的军队对岛上 10 岁以上男子格杀勿论，使萨马变成“一座悲凉的荒岛”。

一些美军士兵欣然接受长官之命。一个士兵在家书中愤然写道：“我们怀着满腔的复仇之火，想要杀光所有的‘鬼崽子’。我们就像猎兔子一样把他们打了个稀巴烂。”美国士兵还将成千上万的菲律宾人赶进集中营。

来自印第安纳州的参议员阿尔伯特·贝弗里奇热情地支持美国吞并菲律宾，他曾赶赴菲律宾实地勘察当地情况。

而在华盛顿，参议院和其他人都对贝弗里奇的观点十分看重。1900 年 1 月上旬，贝弗里奇发表了一篇激烈的演说，使这场演说成为有史以来对美国的帝国主义政策作出的最华美、最直白、最沙文主义的辩护：

> 菲律宾永远是我们的……这个岛国是所有海洋中最后一片未被征服的土地……从今往后，我们最大的贸易对象必然是亚洲。整个太平洋都属于我们。欧洲国家将生产越来越多的殖民地必需品，而不是让殖民地代为生产。我们应该到哪里寻找我们剩余产品的消费者呢？广袤的地球回答了这个问题。中国是我们天然的消费者……菲律宾是我们打开东方大门必要的基石。
>
> 未来的大多数战争将源于商业冲突，因此，拥有统治太平洋的力量就等同于拥有统治世界的力量。而控制了菲律宾，这股力量将永远归属于美国……

> 上帝选择了美国人民作为最终领导世界复兴的代言人。这是美国的神圣使命，它承载着每个人可能拥有的所有利益、荣耀和幸福。受上帝之托，我们是世界进步、公正与和平的守护者，上帝对我们评价说："你们表现出了忠诚，我便将众多事务都交与你们处置。"

对总统麦金莱而言，最大的奖励是构想中的中国市场。日本和欧洲列强已将中国划为特定投资区域，但中国人民并不欢迎这些想要统治他们的外来民族，或者想要将他们基督教化的传教士。

中国的民族主义者则对所有的外来统治进行了反抗。1900 年，以农民为主的民族主义者发动了一场大规模的起义活动——义和团运动，他们试图将外来侵略者和传教士赶出中国。麦金莱派出 5 000 个美国士兵，加入八国联军的侵华阵营，共同镇压如火如荼的义和团运动。

真正发生在菲律宾的事情

时逢美国总统大选，在位的共和党人威廉·麦金莱总统与民主党候选人威廉·詹宁斯·布莱恩对总统之位展开了角逐。在竞选展开的同时，美军逐渐陷于中国、古巴和菲律宾的战争泥沼。

在 1900 年 7 月举行的民主党全国代表大会中，布莱恩将总统竞选称为"民主和财阀（控制政府的富人）政治"之间的战役。布莱恩曾用洪亮的男中音引述托马斯·杰斐逊的话，对帝国主义进行了慷慨激昂的抨击："如果说还有一条高于一切并深植于每一位美国人心中的原则，那就是，我们绝不实行对外侵略。"

作为社会民主党的候选人，社会学家尤金·德布斯也参加了总统竞选。他评价共和党的演说是"占主导地位的资产阶级的自鸣得意"，民主党的演说是"中产阶级的哀叹和悲鸣"，而社会民主党的演说则是"对资本主

在1900年美国总统大选中，共和党候选人威廉·麦金莱（左）是美国帝国主义政策的支持者和美国东部权势集团的坚定拥护者。其对手是民主党候选人威廉·詹宁斯·布莱恩（右），一个美国中西部的平民主义者，公开的反帝人士。随着麦金莱获胜，布莱恩对美国帝国主义的警告也无人理会。

义制度的控诉”。根据德布斯的观点，社会民主党代表着“被剥削的工人阶级的阶级意识和政治行动”，并主张“生产和分配的集体所有制”。

1900年11月，以麦金莱和布莱恩为首的美国大选落下帷幕。威廉·麦金莱和他的副总统候选人——战争英雄西奥多·罗斯福，以微弱优势赢得了选举。投票民众选择了麦金莱和他的顾问们描绘的帝国道路，而德布斯差点儿放弃了参加投票。

德布斯在一次竞选演说中称：“为了自由而在投票中失败总比为了薪水而在投票中胜出要好得多。”

选举后不久，关于菲律宾的一些新闻报道逐渐传播到美国。报纸刊载了美国士兵对菲律宾人进行谋杀、强奸和折磨等骇人的消息。

1901年11月，《费城公共基石报》（*Philadelphia Public Ledger*）报道了美国士兵对菲律宾人犯下的暴行：

> 我们的军人是如此冷酷无情，无论是对10岁以上的男子，还是女人和孩子、囚犯和俘虏、叛军和疑犯，统统赶尽杀绝。为了“让他们说话”，我们的士兵朝他们灌盐水。他们将举手投降的俘虏带到一座桥上，在没有任何证据证明他们是暴民的情况下，将他们挨个儿射杀，然后将布满弹孔的尸体扔入河中，任其顺水漂流，以此恐吓岸边旁观的菲律宾人。

《奥马哈世界先驱报》（*Omaha World-Herald*）刊登了一位士兵对“水刑”的描述：

> 我们让他们仰面躺下，派两名士兵分别压住他们的手和脚，然后用一根圆棍子撑开他们的嘴巴，往嘴巴和鼻子猛灌一桶水。如果他们仍不屈服，就接着灌第二桶水。他们的肚子会像蟾蜍一样隆起。我只能说，这是一种非常可怕的刑罚。

1901年9月6日，麦金莱总统被刺杀，并在8天后不治而亡，他的副总统西奥多·罗斯福成了第26任美国总统。此后，美国在菲律宾的战争又持续了10个月之久。

1902年6月，罗斯福宣布在菲律宾的战争全部结束。

在美菲战争中，美军派遣的兵力达到12.6万人，其中4 374人没能活着回到美国。菲律宾的伤亡情况更为惨重，多达2万名游击队员和超过20万平民失去了生命，不计其数的人死于霍乱。

美国辩称，他们为落后地区的人们传播了文明，这不啻是种自我安慰。这样的文明未免代价过于高昂——战争费用高达4亿美元。作为唯一去过菲律宾的参议员，贝弗里奇认为这笔钱花得值。但是贝弗里奇低估了国家为战争付出的真正代价，这个由乔治·华盛顿和托马斯·杰斐逊创立的国家，

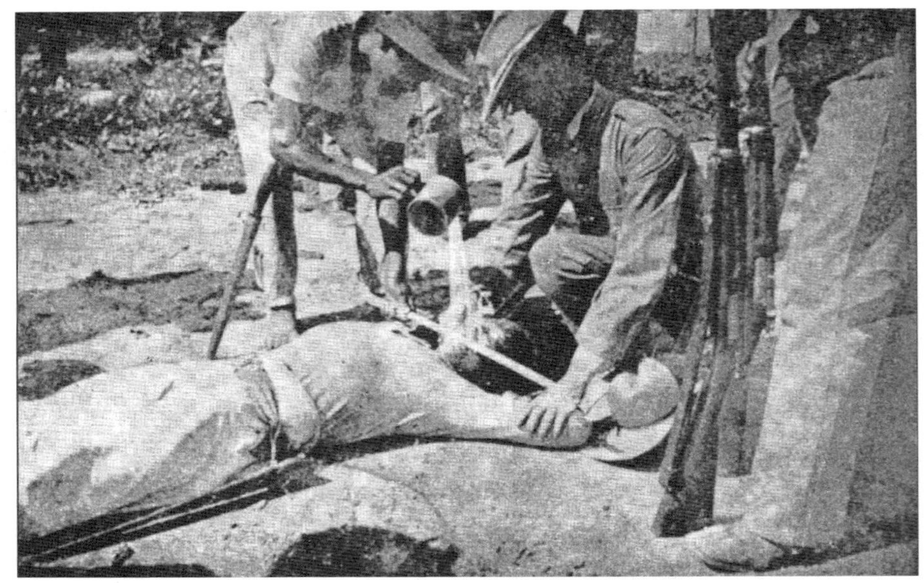

◤ 美国军队采用一种称之为“水刑”的刑罚。有记者写道：“为了让他们‘开口说话’，我们的士兵向俘虏强灌盐水。”

曾对全世界民主革命运动产生了深远的影响，现在却走上了一条不归路。

美国踏上了一段新征程。不过，这一次它没有传播民主，而是成为民族独立解放运动的敌人和帝国主义的捍卫者。

5

利益之战

我宣誓效忠大资本家

对于古巴而言，美西战争是一场古巴的民族独立战争。事实上，古巴人民除了从西班牙手中夺回自由，并没有其他值得庆祝的地方。

1901 年 2 月，古巴人民真正享有独立的梦想因美国的介入而破灭。美国国会通过了《普拉特修正案》（*The Platt Amendment*），该法案授权美国政府未来可对古巴的事务进行干涉，限制古巴的债务规模和签署条约的权力，并允许美国在关塔那摩湾建立海军基地。

美国明确表示，除非该法案被纳入古巴宪法，否则美国军队不会从古巴撤退。美国商人趁机蜂拥而入，攫取一切能抢到手的资产。美国联合果品公司借此机会以每英亩[①] 20 美分的低价强占了古巴 190 万英亩的土地，种植用作食糖生产的原料。很快，古巴沦为仅靠甘蔗这一种经济作物的国家。

美国企业同样强占了埋藏在古巴的珍贵的矿物资源。1901 年，伯利恒钢铁公司等美国企业垄断了古巴超过 80%的煤矿。

---

① 1 英亩 ≈4 047 平方米，下同。——编者注

古巴的一处甘蔗种植园，园丁们正在犁地。美西战争为美国商人带来了丰厚的收益。

巴拿马运河争夺战

1901 年，28 岁的无政府主义者里昂·乔戈什在纽约布法罗的泛美博览会上枪杀了总统麦金莱。根据同谋交代，乔戈什一直对“美国政府在菲律宾土地上犯下的累累罪行”极为不满。具有讽刺意味的是，这场刺杀却将一个更加凶恶的帝国主义者西奥多·罗斯福推上总统的宝座。

关于在巴拿马建造运河的设想，早在几个世纪前就已被提出，罗斯福对此表示非常赞同。运河建成后将会成为沟通太平洋和大西洋海域的交通要道，船舶可以不再绕道形势凶险的南美洲合恩角海域。更重要的是，运河能带来可观的利润。当时的巴拿马仅是隶属于南美洲西北部小国哥伦比亚的一个省份，即便美国出价 1 000 万美元，仍然遭到哥伦比亚波哥大政府的拒绝，他们表示美国提出的经济条款是不可接受的。

终于，罗斯福失去了耐心，他决定自行解决此事。他想将运河从那些“波哥大的政客”手中夺走。随后，美国精心策划了巴拿马和哥伦比亚的冲突，并站在巴拿马一边。随着双方战争的爆发，罗斯福派遣军舰从位于太平洋一侧的巴拿马城行驶到大西洋的科隆，从而压制了哥伦比亚的势力。巴拿马独立战争几乎一开始就结束了，巴拿马人取得胜利并建立自己的政府。

1903 年 11 月 3 日，美国第一时间承认了巴拿马政权。

“南美人现在恨透我们了”

除了获得运河区的管理权，美国还强行夺取了干涉巴拿马事务的权力，这和应对古巴的行径如出一辙。战争部长伊莱休·鲁特说，不需要多长时间，运河的开凿就会让美国得以控制整个巴拿马地区。

随着 19 世纪末和 20 世纪初美国在南美国家的投资飞速增长，鲁特所言成为事实。美国人接管了巴拿马，包括他们的咖啡种植园、矿厂、铁路和相关企业。由于巴拿马的大量土地被用于生产出口农作物，使得本国人民不得不通过进口粮食维持日常所需。

1901 年，43 岁的西奥多·罗斯福成为美国历史上最年轻的总统。

联合食品公司和其他美国企业得到了稳定发展，因为俯首帖耳的南美政府会保护他们的利益。美国商人，即企业股份的所有者期待美国军队捍卫他们的投资；美国军队则支持腐败的独裁政府，镇压革命运动。1905 年，鲁特直率地写道："南美人现在恨透我们了，因为我们鄙视并且欺负他们。"

美国真的是一个欺小凌弱的国家吗？事实上，从它派出军事力量干涉拉丁美洲、支持独裁政府、镇压反抗运动的次数上看，一切都很明了。

1900—1925 年的 25 年间，美国共派出军队 24 次：1903 年、1907 年、1911 年、1912 年、1919 年、1924 年和 1925 年入侵洪都拉斯；1906 年、1912 年和 1917 年入侵古巴；1907 年、1910 年和 1912 年入侵尼加拉瓜；1903 年、1914 年和 1916 年入侵多米尼加共和国；1914 年入侵海地；1908 年、1912 年、1918 年、1921 年和 1925 年入侵巴拿马；1914 年入侵墨西哥；1920 年入侵危地马拉。

美军势力有 5 次长期盘踞在他国：1912—1933 年占领尼加拉瓜；1914—1933 年占领海地；1916—1924 年占领多米尼加共和国；1917—1922 年占领古巴；1918—1920 年占领巴拿马。

6

向南！向南！

谁在替帝国崛起买单？

对于中美洲的贫穷国家而言，香蕉贸易是他们与美国的水果公司和银行之间的大买卖。美国的企业家要求美国政府伸出援手，保护他们的投资。

美国曾在1776年推翻了控制其市场的“外来”政府的统治。一个世纪后，美国却想要其他国家尝试同样的反抗——尤其是与美国企业的投资利害攸关的国家。接着，美国派出军队干预，并建立了亲美政府（US-friendly governments）。“香蕉战争”便是著名的实例。

“看在钱的面子上”

1890—1920年，外国的香蕉公司改变了洪都拉斯这个中美洲的贫穷国家。1907年，洪都拉斯外债高达1.24亿美元，国民收入仅为160万美元。之后，美国银行家控制了洪都拉斯的债务，如瓦卡罗兄弟和“香蕉大王”山姆·泽穆雷等美国独资水果商也控制了洪都拉斯的香蕉贸易。水果商们收购了大片种植园。很快，波士顿的联合果品公司也来分了一杯羹。美国的水果公司需要友好的政府来确保香蕉生意顺畅无阻，美国的银行家同样需要友好的政府来保护他们的投资。

于是，当1907年邻国尼加拉瓜军队试图推翻洪都拉斯政权时，美国立即派兵相助。随着政治局面的好转，联合果品公司收购了更多的土地。

1918—1922年，联合果品公司持有的土地从1.4万英亩激增到6.1万英亩，1924年又上升到8.8万英亩。1929年，泽穆雷将自己的水果生意转售给联合果品公司，并成为该公司的总裁。而此时洪都拉斯的人们依旧一贫如洗。

尼加拉瓜的处境同样艰难。1910年，美国抓住了在尼加拉瓜建立亲美政府的机会，派遣斯梅德利·巴特勒率领一支400人组成的陆战队进入尼加拉瓜。

尼加拉瓜人民奋起反抗美国对其日趋恐怖的统治，而巴特勒领导的海军陆战队再一次干预并摧毁了尼加拉瓜人的反抗，2 000名尼加拉瓜人倒在血泊中。

巴特勒很快意识到，美国正在利用他和他的军队保护美国商人和银行家的利益。

在战争中，一位30岁的指挥官在给妻子的信中写道：“我们在这里进行了许多可怕的战斗，很多人死于非命，而所有的一切只是因为布朗兄弟在这里投资了很多钱。”

1907年，罗斯福总统大张旗鼓地建立了旨在和平解决地区冲突的中美洲法院。尽管该法院对美国的干预作

在第一次世界大战中，巴特勒指挥第13兵团在法国作战，此前他已经获得两枚荣誉奖章。一战后，巴特勒获得陆军服役优异勋章、海军杰出服务奖章和法国军队的黑星勋章。

出谴责，但美国当局并不理会，这严重地打击了该法院的权威。美国军队甚至打算在 20 年内继续占领尼加拉瓜。

1922 年,《国家》(*The Nation*)杂志发表了一篇名为《布朗兄弟的共和国》(*The Republic of Brown Bros*）的社论，批评美国对尼加拉瓜的干涉。文章披露了美国银行家们是如何一步步获得尼加拉瓜海关、铁路、国家银行和国家财政税收的控制权的，指责“华盛顿的美国国务院和马那瓜（尼加拉瓜首都）的美国部长成为银行家们的私人代理，银行家们在必要时利用美国军队将自己的意志强加给尼加拉瓜”。

战争就是一场抢劫

提到武装干预他国内政，没有人比陆军上校斯梅德利·巴特勒更有发言权。1898 年，美西战争伊始，16 岁的巴特勒便报名参加了海军陆战队。他先是参加了同菲律宾起义军的战斗，然后参加了对中国义和团的围剿行动。不久之后，巴特勒继而成为针对中美洲国家的干预行动指挥官。

巴特勒是位小个子斗士，曾写过一本名为《战争是场生意》(*War Is a Racket*）的书,这本书中的内容至今仍被许多军人奉为经典,纷纷引用传诵。在经历过长期的军旅生涯并获得诸多殊荣后，巴特勒回忆道：

> 作为这个国家机动性最强的部队——海军陆战队中的一员，我在这里服役了 33 年零 4 个月。我从少尉做起，一步步升至少将。在那段岁月里，我基本上都在为大财团，为华尔街，为那些银行家们提供最坚定可靠的支持和护卫。简而言之，我一直为资本家敲诈勒索、巧取豪夺。
>
> 1914 年，我进犯墨西哥，特别是占领了其港口城市坦皮科，保卫了美国的石油利益。我让国家城市银行的银行家们可以在海地

◤ 斯梅德利·巴特勒将军（右一）曾参加过对菲律宾、中国和中美洲诸国的侵略行动。他说自己“一直为大财团，为华尔街，为那些银行家们提供最坚定可靠的支持和护卫……一直在为这个资本帝国充当强盗”。

和古巴堂而皇之地大把捞钱。我还帮助华尔街强行在中美洲大肆搜刮民脂民膏。类似的事情比比皆是。

1909—1912 年，我为布朗兄弟的国际银行在尼加拉瓜投资扫清了障碍。1916 年我为美国在多米尼加的蔗糖生意开辟了道路。我还帮助标准石油公司畅通无阻地打进中国市场。

那些年里，说实话，我就是个十足的骗子。现在回想起来，我应该早点给黑帮头子阿尔·卡彭点建议。他最厉害的不过是在三个街区寻衅滋事。而我的足迹却遍布三大洲。

巴特勒退役后，战争“强取豪夺”的本质并没有改变。美国军队和情报人员在世界各处四散开来，捍卫着美国商人和投资者的财富和政治利益。客观来讲，美国军队的侵入和占领偶尔会为当地人民带来更好的生活。大多数情况下，正如你将在后文看到的，他们留下的是无尽的痛苦和不幸。尽管美国的价值和成就曾经引领了人类历史的潮流和社会的发展，但是更多的时候，美国推行的政策践踏了人类的进步。

美利坚合众国的历史并不光鲜体面，但如果美国想担负全球领导者的角色，引领一场改变现有世界政治经济构架的大变革，它就必须停止一切阻碍人类进步的行径，坦诚面对自己不光彩的过去。

墨西哥，一寸寸蚕食

威尔逊总统曾信誓旦旦地声称：美国“绝不通过对外侵略多增一寸国土”，美国将提升“人权、国家完整和机遇”，而不是追求“物质利益”。然而事实并非如此。正是受美国银行家和商人的物质利益驱使，美国才在威尔逊的领导下插手墨西哥的内政。威尔逊坚定维护美国的贸易和投资，这对美国的国内与国际政策产生了深远的影响，从而成为其总统生涯中的一笔浓墨重彩。

在国内，威尔逊在竞选中承诺：随着企业越来越多地渗透入美国人的日常生活，美国人将获得“新的自由”。然而威尔逊在位期间一直极力维护商人和企业主的利益，并没有表现出对农工激进主义的丝毫同情。

在国外，美国银行家和商人正在一步步掌控墨西哥。他们没有出动一兵一卒，而是通过金钱对这个国家进行蚕食。这场吞并从美国前任总统塔夫脱在任期间开始，之后由威尔逊接手并坚定执行。不管威尔逊对改革持何态度，一场改革正在墨西哥酝酿发酵。

威廉·伦道夫·赫斯特。

1913 年，美国占据了墨西哥将近 43%的资产。百万富翁威廉·伦道夫·赫斯特作为一位报业大亨，拥有惊人的 1 700 万英亩的墨西哥土地，面积甚至超过了西弗吉尼亚州。相比之下，墨西哥人只

维克托里亚诺·韦尔塔（中）。

拥有本国土地的33%。

此外，美国投资者还占据了墨西哥丰富的地下资源。美国和英国企业几乎占有墨西哥所有的矿产和石油储备，并持有墨西哥铁路几乎全部所有权。美国银行家和商人在墨西哥拥有的财产价值总共近20亿美元。

威尔逊一直在密切关注着墨西哥的发展，他不喜欢眼前看到的现实，他认为维克托里亚诺·韦尔塔政权是“由屠夫组成的政府”。

威尔逊曾表达过一个愿望，他希望教育拉丁美洲人“怎样选举一个好总统”。现在，他准备直接干预墨西哥政治，推翻韦尔塔政权，向革命分子灌输资本主义和民主的优势所在。

1914年4月9日，一支由9名水手组成的美国海岸勤务队误闯坦皮科的禁区，这里是墨西哥湾一处石油储量丰富的地区。

墨西哥官方立即以非法进入战区的名义逮捕了这些船员。一些报纸报道称，这些水手受到了羞辱，在关进监狱的途中被逼游街示众。

事实上，在他们到达监狱之前，一位高级官员已经命令执行逮捕的警员释放了这些囚犯。水手们被释放后，墨西哥官方要求有关警员向这些水手和他们的美国舰队司令上校亨利·梅奥道歉。

韦尔塔上校亲自向梅奥道歉，他承诺将惩罚执行逮捕的警员，并提出

1912 年 4 月 20 日，总统威尔逊于国会前发言。

向双方国旗互鸣礼炮以示友好。但对梅奥而言，这样做远远不够，他要求墨西哥军队向美国国旗鸣放 21 响礼炮[①]。威尔逊总统同意梅奥上校的做法，声言“此次意外不容小觑”。因为有两名被捕水手被直接从美国船只上带走，威尔逊和梅奥认为，那是美国的领土。

威尔逊在国会上发言称：“最近发生了一连串的事情，不得不让人想到，韦尔塔上校是故意表现出对美国政府的尊严和权力的漠视，并对自己的所作所为有恃无恐，在各个方面都表现出挑衅和蔑视。”威尔逊总统要求国会准许政府派遣军队赶赴墨西哥，称：“这是让韦尔塔上校及其追随者承认美国权威的必要手段。”

国会迫不及待地答应了这一要求。威尔逊派出 7 艘战舰、4 艘装备完善的运输船以及大批驱逐舰，开赴墨西哥。

① 鸣炮作为一种国际通例，是盛大庆典和隆重的迎宾仪式上经常使用的一种礼节和礼遇。鸣炮 21 响是最高规格，通常作为对国家元首的礼遇。

不久之后，尽管在占领韦拉克鲁斯海关大厦的过程中，美军遭到当地墨西哥人的顽强抵抗，但最后仍成为胜利一方。在这场战役中，有超过150名墨西哥军人在战斗中被杀死。战后，这支由6 000名士兵组成的海军陆战队占据了韦拉克鲁斯达7个月之久。

1914年，韦尔塔上校辞职，他的职位很快被美国支持的贝努斯蒂亚诺·卡兰萨代替，卡兰萨成为墨西哥的新领导人。此后，威尔逊将军队从韦拉克鲁斯撤出。

有人认为美国干预墨西哥，是为了促进威尔逊提倡的“人权、国家完整性和机会”而付出的努力，也是对维护美国尊严和履行更多道德义务所做出的努力。另一些人并不这么看。他们认为，这次干涉是美国人为保护在墨西哥价值20亿美元的石油、矿产、铁路和土地投资所采取的行动。

7

一战燃起

战争与和平之间只差一场交易

尽管在美国国内，战争带来的创伤依然触目惊心，白人至上主义仍然令人心有余悸，重建也最终面临着失败。20 世纪伊始，美国也有过一段平静的时光。1913 年，伍德罗·威尔逊入主白宫时，美国 48 个州的总人口超过了 9 700 万，距离在萨姆特堡打响的内战的第一声枪响也已过去了 52 年，战争似乎成了一段遥远的记忆。

而在大洋对岸，欧洲各国的冲突此起彼伏，美国人笃信他们不会卷入欧洲战事。然而大部分美国人都不关心的事实是，自 1900 年以来，美国曾 12 次派遣军队参与国外战事，包括支持独裁政府或者镇压在洪都拉斯、古巴、尼加拉瓜、多米尼加、巴拿马和哥伦比亚的反抗。

欧洲国家相信，想要维护和平，他们需要制造战争所需的武器，并建立强大的军队。过去，英国凭借强大的海上军事力量称霸海洋，德国的商业船队的规模也正在快速扩张。作为供应陆军、海军和工业的必需品，石油让英德两国陷入矿物燃料争夺战。与此同时，欧洲国家正在组建大型的常备军，国与国之间纷纷结成盟国，只消一丁点儿小火花，便能让整个欧洲沦为一片火海。

英国人诺曼·安吉尔——后来的诺贝尔和平奖得主，于 1910 年在

伍德罗·威尔逊总统。

他所著的《大幻想》（*The Great Illusion*）一书中警告，军备竞赛不仅不会带来和平，反而会增加国家之间的危机感和爆发战争的可能性。

安吉尔同样提醒说，工业国家之间的战争是徒劳无功的。他写道："从经济角度而言，一个国家想要通过征服、破坏或者攫取他国财富来实现自身富足是不可能的。"换言之，战争并不会酬谢胜利者或者失败者。战争的代价是高昂的，它会将国家的人力和自然资源消耗殆尽。

然而，当时欧洲各大帝国都在紧锣密鼓地开展军事竞赛，根本无暇顾及安吉尔的警告，大部分美国人也是如此。任何国家都注定要在付出惨痛代价后才能明白：战争没有回报。但对于参与武器制造的银行和企业而言，战争无疑会带来不可思议的回报。

星星之火

虽然在墨西哥，有美国军队保护美国商人的利益，但远在大西洋彼岸，诸多令人不安的事态正在不断发展且冒出头来。正如诺曼·安吉尔所言，军事力量的建立毕竟无法真正维护和平。

1914 年 6 月 28 日，奥匈帝国皇储弗朗茨·斐迪南大公遭到一名塞尔维亚狂热分子的刺杀，这成为点燃战争的导火索。同年 8 月，整个世界都沦为人类史上最惨绝人寰的血腥战场。

在欧洲，你追我赶的军备竞赛早已拉开帷幕。英国凭借其强大的海上军事力量称霸整个19世纪，但没有重视对国内各项事业的投入。1914年，英国只有1%的年轻人从高中毕业，而美国却达到9%，大英帝国的工业生产力也被美国赶超。

更为糟糕的是，作为大英帝国的竞争对手，德国在钢铁、电力、化工、农业、冶炼、煤炭、纺织等方面都与英国不相上下，德国的银行业和铁路业也在蓬勃发展。当时，作为新燃料的石油是构建现代海军力量的必不可缺的资源，而在石油争夺战中，德国很快占据上风。英国的石油65%依赖美国，20%依赖俄国，因此它十分垂涎中东地区丰富的石油储备，而当时的中东还处在摇摇欲坠的奥斯曼帝国的控制之下。

欧洲军备竞赛的紧张氛围不仅笼罩着陆地，也蔓延到海洋。英德为了海上霸权而争斗，英国的坚船利炮处于优势地位，尽管是暂时的。欧洲各

从左到右依次为：弗朗茨·斐迪南大公、巴莱特·德·拉图尔伯爵夫人、霍恩伯格公爵夫人索菲。

国也纷纷招募年轻人以扩充其海军队伍。

各国间纠缠不清的结盟使局部冲突逐渐上升成国际冲突。1914 年 8 月，奥匈帝国向塞尔维亚宣战，战争局势以极快的速度陷入失控状态。不久后，同盟国（德国、奥斯曼帝国和奥匈帝国）联合起来对付协约国（法国、英国、意大利、日本和俄国），一些国家随后陆续加入战争。战场上，无论陆地或海洋，所见之处皆被士兵殷红的鲜血浸染。

“没有强权的和平”

第一次世界大战以难以想象的规模拉开了序幕，开启了一个战争不断、暴力升级、人类及其技术野蛮横行的时代。一战之后，便迎来了著名的“美国世纪”。

1914 年 8 月，第一次世界大战爆发，伍德罗·威尔逊总统发表“中立宣言”。在国会演讲中，他恳求美国人不要偏袒战争中任何的一方。“美国公民来自多个民族，其中很大一部分正是来自那些深陷战争的民族。”他如此说道。

事实上，威尔逊发表中立宣言的目的是逃避战争带来的经济和政治负担。本质上中立原则允许美国继续与战争参与国进行贸易。只要美国人不售卖武器，它的商业活动就能一如既往地进行。

1915 年 5 月，也就是威尔逊发表“中立宣言”的 9 个月后，德国击沉“卢西塔尼亚号”英国客轮，1 200 人因此殒命，其中包括 128 名美国人。许多美国人，包括前总统泰迪·罗斯福[①]，呼吁美国加入战争。姑且不论德国承担的责任，事实上，这艘客轮装载了大量从美国运往英国的军火。虽然美国早已表明中立的立场，但并没有做到真正的中立。

在 1916 年的总统竞选中，威尔逊打出“他使我们远离战争”的口号，

① 泰迪·罗斯福是西奥多·罗斯福的昵称。

成功连任。但是他本人越来越相信，如果美国不加入战争，将会失去战后重整国际秩序的机会。

1917 年 1 月 22 日，出乎所有人的意料，继乔治·华盛顿在参议院进行总统演讲之后，威尔逊成为第二个在参议院发表正式的总统演讲的人。他全面而深刻地阐释了自己对和平和世界未来的观点。他以美国的核心原则——民族自决、公海航行自由、取消国家间的经济壁垒为基础，呼吁建设“没有强权的和平”。这样的世界将成为一个能巩固和平的“国际联盟”。这一要求最初是由美国和平运动中的团体提出的。

当威尔逊作最后的总结时，会场响起雷鸣般的掌声。来自科罗拉多州的议员约翰·萨弗斯称这是“本世纪最伟大的讯息”。《亚特兰大宪法报》（*The Atlanta Constitution*）刊登了一些议员对威尔逊此次演讲的评价，包括“大吃一惊”“不知所措”“困顿迷惑”“自独立宣言以来人类发出的最高贵的声音”等。威尔逊后来称：“我只是说出了每个人心中向往的东西。以前几乎不可能实现的希望，现在看来可能性大多了。”威尔逊对和平的向往说到了大部分美国人的心里，但是对于经历了两年半腥风血雨的欧洲人来说，前景就没有这么乐观了。

一场稳赚不赔的交易

对于英国和其他协约国，美国的态度逐渐由同情转化为经济上的支持。1914—1917 年，美国银行向德国和其他同盟国提供的贷款为 270 万美元，向协约国提供的贷款高达 25 亿美元，几乎是同盟国的 1 000 倍。仅 1915 年，美国银行就向法国提供了 5 亿美元的贷款。

美国的投资方从战争贷款中获取利润，协约国则以低利率借入大量资金投入战争，用于购买军火和装备。

协约国向美国军火制造商采购军需品，有 84% 由英国唯一的军火采购

“卢西塔尼亚号”搭载着1959位乘客和大量军需品。7天后，德国U-20潜水艇指挥官将炮口瞄准“卢西塔尼亚号”。

这幅1915年的照片记录了第二枚鱼雷击中“卢西塔尼亚号”船体的时刻。该图被刊登在《纽约先驱论坛报》（*New York Herald*）和《伦敦生活圈》（*London Sphere*）上。

德国的 U-20 潜水艇击沉了“卢西塔尼亚号”。图为停靠在丹麦海岸附近的 U-20 潜水艇。

代理商、美国“一代银行王朝”摩根财团代办。战争期间，伯利恒钢铁公司大量生产并销售防弹板、不锈钢外壳、炮弹和大口径舰炮。美国公司从销售中获利，一旦美国参战，他们的利润将更加可观。

德国决心破坏英国的海上封锁，阻断协约国军需品的运输，打破之前所作的在交战海域终结无限制战争的承诺。德国宣称，它将再次发动无限制潜艇战，击沉所有航行在争议水域的船只，无论是军队还是民用船只。这一宣告发表于 1917 年 1 月 3 日，就在前一天，美国刚从墨西哥撤军。

德国挑起海上风波，并试图与美国南境的邻国墨西哥联盟，这一举动惹恼了美国的决策者。但威尔逊总统决定参战的真实动机是：如此一来，他将能确保在战后秩序重建的谈判桌上占有一席之地。

1917 年 4 月 2 日，威尔逊请求国会同意美国参战，他称，“为了结束所有的战争而战争”，“为了实现民主，必须有人去维护世界和平”。参议院中有 6 人投了反对票，众议院中也有 50 人反对，包括美国第一位入选国会的女性——来自蒙大拿州的珍妮特·兰金。虽然有反对的声音，但威尔逊的提议最终被国会通过，美国政府后来招募了 100 万名志愿兵参战。

最初召集兵源的 6 个星期里，只有 7.3 万人报名。许多美国人不懂为什么美国人要为遥远的战事冒生命和财产的危险。

“卢西塔尼亚号”被击沉后，艺术家弗雷德·斯皮尔创作了这幅战争宣传海报。他呼吁男人应征入伍，拯救没有防御能力的妇女和孩子。

美国人低落的参军热情迫使联邦政府提出一则草案，即《义务兵役法案》(*Selective Service Act*)，该法案规定21 ～ 30岁的男子需服兵役，并赋予总统调集军队的权力。

在志愿参军的队伍中，有后来成为历史学家的威廉·L. 兰格，他回忆说：

> 也许有人会想，战争已经进行了4年，惨烈的战况经过新闻报道后也已变得天下皆知……没有人不会为此心生恐惧，不采取强迫手段是不可能让人加入战争的。但事实并非如此。我和成千上万的志愿者……对于美国外交政策或者重要战事问题引起的激烈讨论，已经记忆模糊。我们生为男人，多数是年轻小伙子，在冒险主义和英雄主义的吸引下奔赴前线。我认为，我们大多数人都有这样的感受：如果能活着回来，我们还会回归到平庸且一成不变的生活中，而眼前的战争是我们体验激情与冒险的大好机会，我们绝不能错过它。

训练士兵将他们送往大西洋对岸，需要培训超过一年的时间。就在他们学习使用武器和进行操练的时候，一支与众不同的军队已在国内崭露头角。

8

操纵舆论

主动跳入一战旋涡

伍德罗·威尔逊进退两难，陷入窘境。虽然他有权力征召年轻男子入伍，但他仍需要说服美国公众，让他们相信美国参战是正义使然。毕竟，他曾在竞选时信誓旦旦地称，要让美国人民远离战争。因此，威尔逊需要一支特别的部队。他需要能够感染公众的士兵，通过他们塑造战争的良好印象，并取得公众对战争行动的支持。

有人将此称为“宣传战”，威尔逊总统则称之为“爱国主义”。这支部队就是公共信息委员会（CPI），它创建于1917年4月13日，即美国对德宣战的一周之后。

为了让委员会运作顺利，威尔逊求助于善于鼓动人心的乔治·克里尔。乔治·克里尔是位新闻记者，曾任威尔逊的竞选助选员。“民主于我是一种信仰，”克里尔曾说，“它贯穿了我的一生。我之所以会向全美人民大力宣扬民主，是因为民主是全世界的希望所在。”

克里尔需要做的就是找到某种宣传策略，可以让美国人民相信，美国是协约国的希望和救世主。美国将会使这个世界因民主而安全，美国的参战将终结所有的战争。

要实现这样的目标任重而道远。这意味着国家需要启动一套完善的宣传计划，控制和编造有关战争的新闻报道，坚定国内民众对参战的信心和支持，并对媒体报道的新闻进行一定的审查和删减，同时在国外展开一系列强有力的宣传项目。

为了实现这项宏大的计划，克里尔创建了37个部门，用以帮助政府摆脱关于战争的负面消息，这些部门包括负责设计爱国海报的公众画报部、为媒体报纸提供积极报道的新闻部、制作宣传片的电影部以及一支由7.5万名志愿者组成的“4分钟演讲人”队伍。

4分钟演讲人

“4分钟演讲人”这个名字可以追溯到美国独立战争时期的爱国民兵，他们中有“1分钟民兵”，能在1分钟内做好作战准备。

不过，4分钟演讲人的作战武器不是枪支，而是口舌。无论何时何地，只要有观众，他们就进行振奋人心的爱国主义演讲。他们呼吁男人、女人甚至孩子都尽自己的一份力量，对战争做出支持，这样的演讲一般不超过4分钟。

“我希望任何有能力开口说话的人，都加入4分钟演讲人的队伍，这将是莫大的荣幸。他们会感觉自己在以一种直接而重要的方式帮助美国赢得战争。”缅因州的议员卡尔·E.米利肯如此说道。

要成为4分钟演讲人，需经过严格的招募流程和筛选。大多数演讲人是土生土长的美国人，也有近期成为美国公民的移民，或移民的子女或孙子女，这些人用自己的语言让公众相信，战争是必要且重要的。很快，遍布全美的意大利人、波兰人、立陶宛人、亚美尼亚人、波希米亚人、斯洛伐克人和说意第绪语的犹太人纷纷走进电影院、教堂、犹太教会堂、工厂、工会大厅和旅社，深入各大群体，发表爱国演说。

一份关于4分钟演讲人的报道称：“目前，犹太人宣传队伍已经在30个剧院展开了活动，并且每周两次派出演讲人进行演说。城市中有大型

美国政府的战争宣传机构——公共信息委员会，招募了7.5 万名志愿者，被称为“4 分钟演讲人”，他们在全国进行简短的爱国主义演讲，鼓励美国民众告发“那些宣扬悲观故事……反对参战以及贬低我们战争能力的人”。

的犹太人剧场，每个剧场的观众人数平均2 000 人左右。如此一来，我们每一个星期就能向25 000 人进行宣讲。”

4 分钟演讲人中既有回到家中的现役士兵，也有在南达科他州向部落成员宣讲的土生土长的印第安人。有时，这种不分种族的宣讲也是一个棘手的问题，因为对于一些移民而言，这意味着要投向美国的怀抱，反对他们的故乡。毕竟演讲人向观众提供了入籍文件。

这些控制和编造公众舆论的方法将成为未来战争规划中的一个核心要素。“是的，毫无疑问，由政府来掌管公众舆论是现代大规模战争的必然结果，”哈罗德·拉斯韦尔在其著作《第一次世界大战宣传论》(*Propaganda Technique in World War I*) 中写道，“唯一需要注意的问题就是，政府如何适度地对舆论进行暗中引导，以及如何把握信息公开的程度。”

被勒上绳索的自由债券

那些因为年纪太大或者未能通过体检等原因而不能入伍的人们也无须担心，他们可以在经济上支持美国。4 分钟演讲人鼓励男人、女人和孩子购买政府发行的自由债券。

“争取自己能自豪地说‘我曾助美国赢得胜利’的权力吧！”4 分钟演讲人发出号召，“这是光荣的债券，也是自由的债券。”

孩子们也纷纷对战争债券的流通表示支持。“停下来，好好想想购买自由债券的意义。它对那些在远方为我们浴血奋战的战士们来说意义非凡。”一位 7 年级的学生迈尔·泰格森说，“他们为你付出了生命，而你需要做的只是购买一张自由债券。”

爱国义务也令一些公民成为暴徒。某一天晚上，在威斯康星州的奥塔加米县里，一群自称是防卫委员会的人砸开了德国移民约翰·戴米的门，要求他购买价值 800 美元的债券。戴米早已尽己所能购买了足够多的债券，因此拒绝了这一要求。但这群暴徒穷凶极恶，他们用绳子勒住戴米的脖子，将他拖到门外，对着他的脸一顿暴打。

美国政府为了战争融资，售出近 210 亿美元的自由债券。虽然有人出于爱国主义而购买了债券，但大部分债券都是由银行和金融机构购买的。银行和金融机构认为，自由债券会支付 3.5%的利息，这是一笔划算的投资。

美国政府为了战争融资，售出近210亿美元的自由债券。海报表明，每购买一份债券就能帮助购买一枚鱼雷，击沉德国的潜水艇。

爱国主义“疯”潮

CPI致力于传播关于战争的积极报道，它出版每日时事要闻，并将之分发至每一家报社、邮局和每一间政府办公室，在这些新闻报道中，鼓吹这场战争是为民主进行的正义之战。

事实上，有不少CPI报道都经过了伪造和夸张处理。例如，一则关于美国的护航舰击沉了几艘德国潜水艇的消息就并不可信，因为这些“被击沉”的潜水艇不久之后又出现在英国。

CPI同样鼓励报纸刊登德国士兵刺杀比利时婴儿、残害青年人、强奸妇女的恐怖新闻。

CPI的宣传力度对整个国家都产生了影响。美国人被要求检举批评战争融资的同伴。CPI在公众杂志上刊登广告，煽动读者举报“传播消极信息、呼吁停战或贬低美国对赢得战争所付出努力的人”。

此时，对所有与德国有关的事物的仇视成为一种“爱国主义”，美籍德国人作为美国最大的移民团体，在生活中遭到各种歧视。学校禁止开设

◤ 来自威斯康星州的拉福莱特议员，人们称其为“好斗的鲍勃”。他和其他5名议员共同反对美国参加一战。

德语课程，全国的图书馆丢弃德语书，管弦乐队拒绝演奏德国作曲家的作品，美国人还把源于德国的汉堡改名为“自由三明治”，把德国泡菜改称“自由卷心菜”，把德国麻疹改称“自由麻疹”，把德国牧羊犬称为“警犬”，艾奥瓦州和内布拉斯加州甚至禁止在电话中使用任何外国语言。

洛拉·甘布尔·克莱德是一位爱尔兰牧师的女儿，战争时期居住于爱达荷州。她回忆说某天她看见镇上一间商店的玻璃上印着“德国泡菜”的字样，随后的某个晚上，这家商店的玻璃被砸得粉碎。在另一个例子中，一家商店的主人收集了一些德国制造的物品，结果在大街中央被当众焚烧。一些德国人不得不改名换姓。“歇斯底里的行为仍在继续。”克莱德说。

此时，如果有人敢公开谴责战争，或者做一些反对战争的事情，他会有什么样的遭遇？如果这个人是你的家人、好友、邻居、老师或者同事，又会怎么样？

9

民主破碎

扼住反战言论的咽喉

国会通过的两项新法案令美国人民窒息，这两项法案即美国历史上最具压制性的于 1917 年颁布的《间谍法案》（*The Espionage Act of 1917*）和 1918 年颁布的《煽动叛乱法案》（*The Sedition Act of 1918*）。法案规定，公然反对战争、美国政府或武装部队的人，将面临解雇和 1 万美元的罚款或最高 20 年的监禁，泄露信息、帮助敌方的人要被处以死刑。这两项法案不仅限制了言论自由，还在美国朝野形成了一种党同伐异的氛围。

著名历史学教授查尔斯·贝尔虽然支持美国参战，但并不支持新出台的法案。“如果我们继续压制自己不喜欢的声音，那么这个国家将会陷入动荡不安的境地。”他警告说，“这个国家现在已经名誉扫地，权威尽失，自由言论时时刻刻都在遭受打击。”这两项新法案的出台，令高校、中学甚至小学的学术自由都面临着终结。

哥伦比亚大学校长尼古拉斯·默里·巴特勒发出警告：“在这所大学里，无论是教师、行政人员还是学生，只要妨碍美国法案执行，或者具有叛国的行为、言论或者文章，一经发现，立刻开除。”公然反对战争的人会被解雇，巴特勒说：“一旦发现，立刻处罚。”

一切并非危言耸听。第一位被开除的是英文和比较文学系教授、著名诗人朗费罗的孙子亨利·沃兹沃斯·朗费罗·达纳，理由是他是反战组织人民委员会的积极分子。该委员会反对威尔逊将美国卷入战争的决定，他们出版反对战争的小册子，领导示威游行，还召集了一些大型会议，动员工人和知识分子反对战争。

《纽约时报》（*The New York Times*）支持哥伦比亚大学对达纳的解雇行为。"'学术自由'的幻想不能保护一位煽动反抗法律并在言论、文章或者行为中传播叛国信息的教授。"该报称，"青年教师，但凡讲授煽动叛乱和叛国内容，影响或试图影响年轻人的思想，扼杀他们对祖国的责任感，都是不可容忍的。"

美国的陆军作战部希望影响年轻人对战争的看法。当他们发现大学校园是理想的军事训练场所时，便面向全国的高等院校征募士兵。超过 500 所大学的学生应征入伍，组成了学生训练团。他们被授予二等兵军衔，衣食住行都由政府供给，每个学生每周要参加 11 小时的军事训练和 42 小时的基础军事课程。例如，在弗吉尼亚大学，军事课程包括与野战炮相关的数学运算、以绘图为目的的军事地理以及国际军事法。在英语课上，学生学习如何撰写"简洁而明确的英文"，这种方式是军官在发布和理解命令时所必需的。

全国高校及中小学的老师，只要有公开反对战争的行为，一律会被开除。其中有些老师由于受到学生或者同事的举报而被开除。

查尔斯·贝尔后来控告，他曾任教的哥伦比亚大学以战争为借口驱逐、羞辱和恐吓每一位持有进步、自由和宽容观点的人士，即使这些观点与美国参战毫无瓜葛。

"合法"的暴徒

审查蔓延到了邮政体系。邮政部长艾伯特·S. 伯尔森禁止邮政系统寄送那些倡导叛国或者叛乱、反对法案或者带有社会主义意味的邮件。诺曼·托马斯，当时的社会主义领袖之一，曾讽刺说，部长大人分不清“社会主义”和“风湿病”[①]。

《间谍法案》和《煽动叛乱法案》也怂恿了打着爱国主义旗号的暴徒们将“法律”掌握在自己的手中。他们闯进工会大厅和社会党组织会议的场所，攻击甚至杀害劳工组织人士和反战积极分子。地方政府监禁了上百名批判战争或参加工会和社会党集会的公民。

世界产业工人组织（IWW）的成员也成了政府的打击目标。该组织成立于1905年，组织成员认为当前世界最大的矛盾是资本家和劳动者之间的矛盾，而不是各个国家的劳动者之间的矛盾。有世界产业工人组织成员坦言，如果资本家们要参战，他们绝对不会为战争提供任何支持。他们知道，战争事关资本家们的钱包，而非工人们的钱包，为什么工人们要付出自己的生命来保证他们老板的富裕呢？

尤金·德布斯是美国世界产业工人组织的创始会员，他嘲笑说，美国自称是一个民主国家，却将表达个人观点的人送进监狱。“他们说，我们生活在一个自由而伟大的共和国里，我们的制度是民主的，我们是自由和自治的人民。”德布斯说，“这个玩笑太过分了。”

德布斯一针见血地指出：“纵观整个人类战争史，你会发现，战争从头到尾都伴随着征服和掠夺……一言以蔽之，这就是战争的本质。发动战争的往往都是统治阶级，而真正上战场充当炮灰的，却都是被统治阶级。”

1918年6月，在俄亥俄州坎顿市的一所监狱外，德布斯在大批观众面前发表演讲，当时监狱里关押着3名对当局政策表示异议的社会主义人士。当地政府因此逮捕了他，并对他提出了10项违反了《间谍法案》的指控。

---

① 社会主义（socialism）和风湿病（rheumatism）在英语中词尾相同，读音相似。此处意在讽刺邮政部长不加甄别地随意污蔑社会主义。

德布斯承认自己是在破坏美国参战。法官谴责他和他的同伴“朝保护他们免受外来残暴力量伤害的国家狠狠地刺出了利剑”。德布斯最后被判处 10 年监禁。弗兰克·利特尔，另一位世界产业工人组织的劳工组织者，写信给反工会的亚利桑那州官员，信中称：“我并不赞同国家投入战争，我为劳动者的团结而战斗。”

在蒙大拿州的布特市，利特尔将被派去驱散产铜企业罢工队伍的士兵称为“山姆大叔的制服恶棍”。之后的一个晚上，一群凶残的蒙面人闯进利特尔的住所，并抓住了他，将他绞死在城外的铁路高架桥上。

《纽约时报》的一篇社论称，这些私刑处死的行为是“可悲且可恨的犯罪，必须找到这些行凶者，依法对其加以审讯和惩罚”。但《时代周刊》似乎对利特尔是一位批评政府和战争的世界产业工人组织成员更为耿耿于怀。编辑称世界产业工人组织是“德国的代理”，并说，“联邦当局应该迅速除掉这些反对美国的叛徒。”

1918 年，全美发生了 67 起私刑事件，其中 63 名受害者是黑人，4 名是白人。其中有 13 人被从监狱或者警察局拘留所中拖走，54 人被从家中或者公寓中带走处死。

图为 1912 年，德布斯在芝加哥进行公开演讲的情形。他号召工人们反对战争，说：“让资本家们自己去战场送死吧，这样地球上就再也不会有战争了。”

《华盛顿邮报》（*Washington Post*）对读者称，为了激发爱国主义热潮，偶尔对私刑的使用是我们应该付出的小小代价。“暂且不论私刑是否过激，它的存在对于我们整个国家团结抗战都是必要而有益的。必须禁止敌方的反战宣传，即使会发生少数的私刑事件。”

尽管政府为了参战宣传不

遗余力，不仅出台了新法案，还进行了大规模的逮捕和暴力威胁活动，但反战活动并没有因此而沉寂下去。反战者的示威运动吸引了成千上万名支持者，社会党候选人在全国民主选举中的支持率不断上升。1917 年，社会党在纽约州的立法机构中赢得了 10 个席位。

性管制假面之下

战争在激起爱国热潮的同时，也为道德改革者管制性行为带来了机会。他们以关心战士健康为名，发动了打击卖淫和阻止性病传播的运动，最终导致国会通过了一项约束女性公民权利的法案。

1918 年出台的《张伯伦－卡恩法案》（*Chamberlain-Kahn Act*）赋予了当地政府又一项权力：他们可以逮捕任何被怀疑患有譬如梅毒或者淋病等性病的妇女，并声称这是对“美国陆军与海军部队的一种保护”。

被怀疑患有性病的妇女会被强制接受妇科检查，以确认患病情况。具有讽刺意味的是，1918 年国会通过了一项法案，该法案规定，允许对性传播疾病采取没有得到医学认可的测试。

虽然宪法规定，在没有合理根据的情况下，不得对个人进行无理搜查、扣押和逮捕，但是《张伯伦－卡恩法案》却规定，可以逮捕单独路过军事区的女性并强制对其进行妇科检查。

凡是被查出患有性病的妇女会被联邦机构隔离，平均隔离时间通常是 10 个星期，但也有一些妇女被扣押了一年甚至更长的时间。

军事训练营执委会（CTCA）也在士兵中全力推行禁欲活动。尽管女性会遭到逮捕、体格检查和量刑，但男性最多只会受到军事训练营执委会海报的提醒：“德国人的子弹也比妓女干净”“士兵染上性病就是叛国”。在一本宣传册上，还有一句这样的诘问：“如果得了淋病，你怎么还有脸面对国旗？”

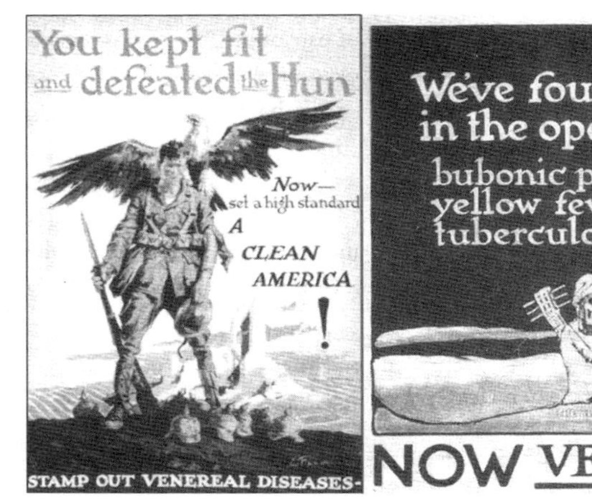

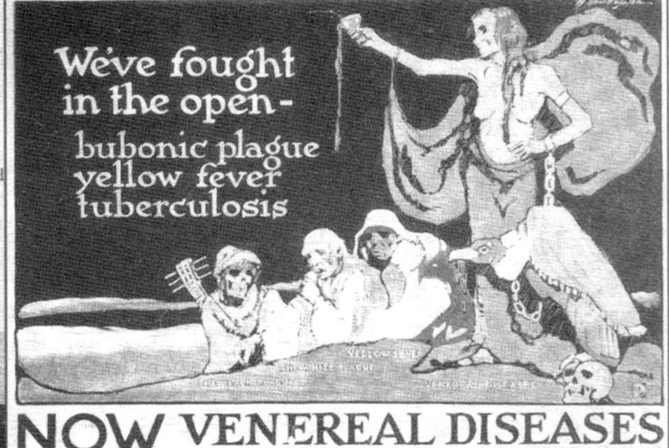

图为一战中反性病的宣传画。美国军事训练营执委会全力推行禁欲运动，控制男性性病的传播，指责传播性病的士兵不是爱国士兵。

控制的代价

为了实现对民意的操纵，联邦政府付出了不小的代价。

联邦政府需要聘请机构来加强对持有不同政见者的监视和镇压，这笔费用在 1913 年还不足 10 亿美元，但在 1918 年，这一数字就上涨至 13 亿美元。数以百计的人因为批评战争而锒铛入狱，但这仍不足以真正阻碍战争机器的启动。

美国军队开始踏入欧洲战场，他们的到来大大鼓舞了协约国的士气，为协约国取得胜利做出重要贡献。

10

战争无规则

惨无人道的毒气战

到了 1917 年 11 月，欧洲战火已经熊熊燃烧了超过 3 年。美国人从报道中见识到堑壕战的无情、疾病的痛苦、淤泥的冰冷、毒气袭击的残忍，以及长达 5 个月的血腥的法国索姆河战役。

自 1914 年一战爆发以来，前任总统西奥多 · 罗斯福就一直在争取让美国参战。他憎恨威尔逊的中立宣言，并批评威尔逊的支持者。西奥多 · 罗斯福在给朋友的一封信上写道 ：“我对我们的政府，还有那些默许或支持政府中立行为的人憎恨至极。”

1917 年 4 月 6 日，美国对德宣战。8 天后，西奥多 · 罗斯福拜访了威尔逊，他请求带领一队志愿军参加战斗，就如 1898 年他率领“狂野骑士”在美西战争的古巴战场上大展拳脚一样。西奥多 · 罗斯福告诉威尔逊，他渴望为战争做出贡献，如果威尔逊同意，西奥多 · 罗斯福将停止对他的批评。然而，威尔逊拒绝了他的请求。

西奥多 · 罗斯福恼羞成怒，指责威尔逊的决定是在玩弄权术。据报道，西奥多 · 罗斯福发誓说，他的 4 个儿子会代替他走上战场的。事实确实如此，他最小的儿子——年仅 19 岁的昆廷 · 罗斯福，在尚未达到入伍年龄的情况下，也奔赴了战场。

昆廷·罗斯福从哈佛大学辍学，加入航空中队第一储备军，成为一名勇敢的战斗机飞行员。

昆廷得到父亲同意后，离开哈佛大学，应征入伍，成为一名战斗机飞行员，并因他的幽默和勇敢为人们所熟知。

在接下来的12个月里，有200万美国士兵乘船横渡大西洋，在法国登陆。其中也有一些人像西奥多·罗斯福的四个儿子一样，是自愿奔赴战场，但大部分都是应征入伍。

在法国，这群美国士兵见证了现代战争的恐怖与残酷。科学和技术对战争产生了史无前例的推动作用，它制造并改进了军事机枪、子弹、坦克、炸弹，以及致命的毒气——还有更多可怕的武器，纷纷接踵而至。

但仍然还有许多像昆廷·罗斯福兄弟这样的热血男人加入战争。他们的及时抵达帮助法国军队扭转了战争局势，并在1918年7月将德国军队驱逐出马恩。同年9月，60万美军一举攻破德国防线。

1918年11月11日，德国缴械投降。在这场史无前例的世界大战中，美国出动470万兵力，其中11.6万人牺牲，20.4万人负伤，4 500人被捕或失踪，伤亡率达6.8%。

在这场战争中，欧洲的伤亡更令人震惊，士兵死亡数量高达850万，平民死伤人数更是无法估量，据某些报道称该数字可能已经达到1 300万，不计其数的平民死于疾病和饥饿，法国失去了一半的15 ～ 30岁的年轻男人。

克米特·罗斯福平安无恙地回到祖国，特德·罗斯福和他的哥哥阿尔奇·罗斯福在战斗中负伤，特德是被毒气所伤。1918年7月，西奥多·罗斯福最小的儿子昆廷·罗斯福在执行飞行任务时被敌军击落，永远留在了法国战场上，此时他年仅 20 岁。

西奥多·罗斯福对美联社记者谈起儿子的死时说：“昆廷的母亲和我都深感欣慰，因为他站在了前线，有机会为他的国家效力，在命运降临之前展现了他身上的品质。”但私下里，西奥多·罗斯福从来没有从失去儿子的伤痛中走出来，昆廷是最像他的儿子。西奥多·罗斯福的健康日渐恶化。6 个月以后，西奥多·罗斯福在睡梦中与世长辞，终年 60 岁。

动真格了

如果说像战争这种野蛮的事情也有规矩，可能听起来很讽刺，但情况确实如此。据说，为了控制人类心中的兽性，战争规则的存在是非常必要的。早期战争的规则之一是禁止使用化学武器和其他毒药，这项禁令存在已久。20 世纪之前，人类最近一次使用化学武器的记录要追溯到公元前 5

图为士兵们正在进行一项可怕的工作：将战壕里的尸体拖走。

世纪斯巴达勇士进攻雅典之际。

美国内战期间，为了快速结束战争，一些人发明了新型的化学抛射物。1862 年，《科学美国人》（*Scientic American*）杂志刊登的一篇文章说："已经发明出几种新型的燃烧弹和窒息性毒气弹，可以在爆炸后喷出液态火和有毒气体。"

同年，纽约的一位名叫约翰·W. 道蒂的教师设计了一款新式抛射弹，它由两部分组成，一部分装填了炸药，另一部分则装填了液态氯。道蒂将这枚新式炮弹送给战争部长爱德温·M. 斯坦顿，并建议他允许使用这种炮弹，帮助北方军队把南部联军赶出他们的庇护所。

不久之后，一位农业化学教授提议使用氯化氢武器。随后，据报道称，威廉·蒂尔登为尤里西斯·S. 格兰特上校提出了一个点子："借助化学武器，给敌人一次毁灭性的破坏，以加快战争的结束。"

美国战争部门和格兰特上校拒绝了使用化学武器的提议。1905 年，《华盛顿明星晚报》（*The Washington Evening Star*）刊登了格兰特对蒂尔登所说的话："这种能对人类生活造成毁灭性破坏的惨无人道的武器，不能在世界上的文明国家中使用。"

图为意大利、英国和德国的轰炸机。一战中首次进行空中轰炸，也是首次在突袭中炸死平民目标。

格兰特并不是第一个提出该观点的人。自 1863 年以来，美国战争部门的《利伯守则》（*Lieber Code*）明令禁止"以任何形式在水井、食物或者武器中使用毒药"。

在 1899 年和 1907 年举行的海牙和平会议中，与会国家决定禁止使用会散播某种毒气的炮弹。他们同样禁止利用搭载毒气弹的气球进行空袭，并增加一则条款，规定禁止使用毒气爆弹、毒气武器以及以其他化学材料制成的会造成不必要痛苦的武器。

1914 年 8 月，德国从空中对巴黎火车站进行轰炸，结果飞机错过目标，炸死了一名妇女。这是人类历史上第一次空中袭击炸死平民的事件。同年 9 月，在第一次马恩河战役中，德国空军多次轰炸巴黎。同年 12 月，协约国第一次发起对城市的空袭——法国空军轰炸弗莱堡。到 1918 年春天，德国的狂轰滥炸已导致超过 4 000 名英国平民受伤，造成逾 1 000 人死亡。

“如果一个国家……能够拥有绝对的制空权，那么它将前所未有地统治整个世界。”威廉·比利·米切尔将军后来如此评价道。米切尔被视作美国空军之父，美国后来的 B-25 米切尔型轰炸机就是以他的名字命名的。

虽然只是小试锋芒，但空投炸弹在军事胜利中发挥的关键作用越来越明显。战争开始的时候，英国军队仅拥有 110 架飞机，而到了战争结束之时，英国和法国共生产了 10 万多架飞机，德国生产了 4.4 万架。

在战争爆发的第一个月，法国在对抗德国时使用了催泪弹。在此后不久的德法交战中，德国人以牙还牙，投放了会导致人打喷嚏的毒气手榴弹。由于法国和德国使用了化学刺激物，双方都违反了《海牙宣言》(*Hague Declaration*)。在短短的 9 个月里，战争中使用的化学物开始致命。

1915 年 4 月 22 日，德国在伊普尔第二次战役中悍然使用毒气，彻底撕毁了《海牙宣言》。黄绿色的氯气烟柱侵入法军长达 4 英里的战壕，给法国部队带来巨大伤亡，超过 600 名士兵当场丧命，更多士兵暂时性失明，成为德军俘虏。

《华盛顿邮报》在头版刊登了《毒气弹的泛滥》(*Crazed by Gasbombs*)一文，文章称，在伊普尔第二次战役中，法国士兵死于“极其痛苦的窒息”，毒气使他们的身体呈现黑色、黄色或者绿色，场面惨不忍睹。这种难以忍受的痛苦令许多士兵精神失常。《华盛顿邮报》还报道说，德国甚至扬言称，还有更多威力强大的化学武器处在研制阶段。最后，该报认为 ：“毫无疑问，化学武器的使用必将和史册中记载的那些以骇人的武器毁灭生活的战争一样，以其巨大的杀伤力和创新性刷新战争史。”

《纽约时报》的一篇社论对于在战争中使用有毒气体同样表示谴责，但重点不在于化学武器相比其他战争武器给人们带来更多死亡，而是它对幸存者造成的伤害“在冲突史上是史无前例的”。

但是后来，《纽约时报》话锋一转，声称：如果战争一方首先使用了化学武器，那么“其他一方则有权以同样的方式进行自卫”。

为了对付可怕的毒气，各国都采取了行之有效的反制措施。一开始，英国为士兵分发棉垫，士兵们将棉垫浸泡在碳酸氢钠溶液（小苏打水）中，然后覆在脸上。在紧急情况下，他们还会用尿液浸湿衣物，以隔离毒气的侵害。到了1918年，士兵们配备了早期的防毒面具：一种使用木炭或者解毒剂的过滤式呼吸器。虽然受害人数仍然惊人，但死亡率大大下降。

美国化学家决定使出手段，重创敌军。正如《纽约时报》所说：“正如所有人所言，这是一场化学战。”

化学家的战争

1918年6月28日，美国成立了毒气部队。全国近2 000名顶级化学家云集于华盛顿特区美国大学的实验室，科学家们渴望为战争贡献一分力量。到战争结束时，已经有5 400名化学家在军中服役。因此，第一次世界大战也被称为“化学家的战争”。

“在人类历史上，科学家第一次有机会将其毕生所学奉献给这样一份伟大的事业，以此证明他们对国家的价值。”霍普金斯大学物理学家J.S.艾姆斯写道，“这是一个千载难逢的机会，每一所高校都要抓住它。”

来自芝加哥大学的诺贝尔物理学奖得主罗伯特·密立根曾激动地写道：“沉睡的世界被战争唤醒。从此科学家的工作将令世人刮目相看。”

制造恐怖的化学武器成为一场竞赛。美国毒气部队因过于追求速度而忽略了安全。他们以如此疯狂的速度进行化学武器研制，意味着泄漏和其他意外事故会时常发生。很多实验室里都挂着装有金丝雀的笼子，如果金丝雀死了，就意味着要马上撤离实验室。

美国士兵正在新泽西州迪克斯堡训练营进行防化学武器训练。几个世纪以来，化学武器一直遭到文明社会的禁止，在一战中却被广泛使用，有成千上万的人死于毒气战。

但仍有人志愿加入到这些危险的实验活动中。在美利坚大学发生的一起毒气泄漏事件中，“3 个人被致命剂量的毒气烧死了。”电气工程师乔治·坦普尔回忆说，“他们的尸体被车辆运走，途中的颠簸使得肌肉从骨头上脱落。”尽管如此，坦普尔还是自愿参加了 7 次实验活动。

忙碌了一天后，研究人员和其他员工离开实验室，坐上回家的城市电车，衣服上满是毒气的味道和化学残留物。“当电车渐渐接近市区，有市民开始上车时，”坦普尔说，“他们很快就开始打喷嚏，或是流眼泪，具体症状取决于化学家们当天所研究的毒气类型。”

詹姆斯·克兰特是在美利坚大学毒气实验室工作的化学家之一，他负责糜烂性毒气的大批量生产项目。糜烂性毒气的杀伤力很强，人一旦接触这种剧毒气体，皮肤和黏膜组织就会起泡，哪怕只接触到一丁点儿，也会“痛苦难忍，几小时后死亡”。克兰特和他的团队生产的正是携带这种致命毒气的炮弹和空投炸弹。所幸由于这种武器生产过晚，没来得及投入战争。

坐落在马里兰州阿伯丁附近的埃奇伍德兵工厂是一家大规模的化学武

希特勒称他曾在一战中受到毒气的攻击。

器生产工厂，《纽约时报》称其为“地球上最大的毒气生产工厂”。该工厂仅在这座小镇里就拥有近 300 间厂房、28 英里的铁路和 15 英里的道路。

1 200 名研究者和 700 名助手在这里研制了超过 4 000 种潜在有毒物质。工厂每天生产 20 万枚化学炸弹，该数量为英国、法国和德国生产总和的 3 ～ 4 倍。

如此大规模的生产意味着大规模意外事故时有发生。“我来到医院，看望在工厂中被毒气所伤的人。”《纽约时报》记者理查德·巴里在考察工厂后称，“有些病人被可怕的毒火灼伤，全身皮肤起了皱，留下触目惊心的疤痕。还有的人在经过数周的精心照料后，伤口仍然不断地流脓。”在巴里看来，埃奇伍德兵工厂的伤亡率甚至超过了任何一支在法国的美国部队。

战争结束的两个月前，埃奇伍德兵工厂的负责人宣布，美国已经完全掌握了新型致命化学武器的使用。美国正准备向德国前线城市空投总重达 1 吨的芥子气炮弹，“没有任何生物能够存活，甚至连一只老鼠也躲不过去。”威廉·H. 沃克上校说。

战争期间，协约国和同盟国总计使用了 39 种不同类型的毒气，总计 12.4 万吨。大部分毒气剂装进了 6 600 万枚炮弹里。

一个德国一等兵在协约国的毒气轰炸中不幸受伤，毒气令他暂时失明。这个德国士兵就是阿道夫·希特勒。他在自传《我的奋斗》（*Mein Kampf*）中回忆说：“我的眼睛就像一块熊熊燃烧的煤炭，整个世界变得黯淡无光。”

在马里兰州阿伯丁的埃奇伍德兵工厂中，士兵正戴着防毒面罩进行训练。

1918 年 11 月 11 日，德军宣布投降后，埃奇伍德兵工厂的机器被“小心翼翼地拆解、上油、包裹并安放起来”。理查德·巴里写道：“这似乎是在为下一场战争做准备，一场迟早会来临的战争。”

化学家们为自己在战争中所做出的贡献感到骄傲。《纽约时报》称化学家是“民主军队中最优秀的士兵”和“最有力的国家保卫者”。

战争在接近尾声的时候，仍然有 2 500 吨芥子气弹头堆放在码头等待装船。“不管怎样，我们上当受骗了。”沃克上校说。但他又自我安慰说，正是毒气加速了德国佬的投降。

1925 年，即战争结束后的第 7 年，作为海牙会议的早期协议，《海牙公约》（*Hague Conventions*）再次禁止使用生化武器。

在接下来的 10 年中，除了美国和日本，有 40 个国家签署了这份公约。美国退伍军人团体、美国化学协会和化学制造商并不支持这样的禁令。化学家们认为，化学武器比其他武器更人性化；他们还认为美国需要为下一场战争中化学武器的使用做好准备。

11

一战交锋

威尔逊与列宁的激烈较量

1917 年 1 月寒冬，革命的气息持续萦绕在俄国的上空。战事接连失利，俄国士兵死亡、失踪和受伤的人数高达 600 万。

战事的失利使得俄国的铁路无法运输食物和供应品。士兵们纷纷发起暴动，反抗指挥官，每月都有大概 3.4 万名士兵擅离职守。

在俄国国内，士气也不见得好到哪里去。俄国工人受够了忍饥挨饿和苦苦挣扎着养家糊口的日子，纷纷走上街头，加入大罢工活动。他们抗议食物短缺，要求得到面包。随后，学生、白领工人和教师也加入罢工队伍，他们在街头举行公众集会，引发暴乱。

虽然大部分俄国人都曾支持 1914 年的战争，但是现在，他们认为战争没有价值。在对这场战争表示谴责的人中，便有布尔什维克运动的领袖弗拉基米尔·列宁。

很快，能言善辩的演讲家列夫·托洛茨基加入列宁的行列，他们一起呼吁俄国工人团结起来，反对不得民心的沙皇尼古拉斯·罗曼诺夫和他在德国出生的妻子亚历山德拉的统治。

1917 年 3 月 8 日，因食物短缺，圣彼得堡爆发了暴乱和罢工，人们纷纷走上街头，要求得到面包的呼声越来越高。

一开始，抗议并没有威胁到俄国的君主统治，但在接下来的几天里，局势发生了翻天覆地的变化。沙皇尼古拉二世命令军队结束暴乱，军队不仅违背了他的命令，还反过来加入罢工队伍。

尼古拉二世意识到自己不仅已经失去了对臣民的控制权，而且还处在朝不保夕的危险境地中。因此，为了自己及年幼的儿子，他被迫放弃了皇位，并试图让位给弟弟米哈伊尔，但遭到米哈伊尔的拒绝。

尼古拉二世放弃统治之后，俄国立法机构的领导者们成立了一个临时政府，36 岁的亚历山大·克伦斯基被任命为法务大臣。

1917 年 7 月，亚历山大·克伦斯基成为临时政府的首相。克伦斯基是一位温和的社会党人，也是一位鄙视罗曼诺夫家族及其所作所为的知识分子。他立即出台一系列改革政策，给予俄国人民自由，并废除了死刑。

在短短的 8 个月里，俄国人民享有的公民自由比美国人更多。但克伦斯基所做的两项决策促成了他的垮台：他不仅让俄国继续处于战争状态，而且没有为农民提供土地。

挑战帝国制度的人

1917 年 11 月 7 日，布尔什维克党在列宁和托洛茨基的带领下，终于从克伦斯基政府手中夺取了政权。

卡尔·马克思是 19 世纪德国的一位犹太人知识分子，俄国人在他的启发下，相信通过阶级斗争，最终可以实现一个更加平等的社会主义社会。

夺取政权后接下来的一个星期里，布尔什维克党开始着手改变俄国人民的生活。他们将银行国有化，收回地主的土地并将其分发给农民，让工人管理工厂，还没收了教会的财产。与此同时，大势已去的克伦斯基决定出逃。他先是逃到了巴黎，之后又奔向了美国。

列宁新成立的红卫军在搜查旧政府的外事办公室时，发现了 1915—

1917年，俄国变革的时机已经成熟。11月7日，列宁和布尔什维克党人夺取了政权，世界历史的发展进程由此发生了剧变。

1916年协约国签署的秘密协议。该协议表明，战后协约国将瓜分同盟国的殖民地和其他领土。

《赛克斯－皮科协定》（*Sykes-Picot Agreement*）[①]是关于英国、法国和俄国对奥斯曼帝国的瓜分协议。由于没有慎重考虑到这些新生国家在历史和文化上的亲缘关系，这些协定为后来中东因石油而爆发的局部冲突埋下了不安的种子。

令协约国备感尴尬的是，红卫军将他们的发现公之于众。这证明了这场战争只不过是打着民主和维护世界和平的幌子，试图在全球范围内，尤其是在亚洲和非洲建立殖民地。秘密协议暴露了威尔逊宣扬的所谓战后“民族自治”只不过是一句空话。如果中东国家受到协约国的瓜分或其扶持的

①《赛克斯—皮科协定》是一战后对阿拉伯半岛各国边界划分的条约，协议规定巴勒斯坦由国际共管，在叙利亚东部和摩苏尔以及伊拉克北部和外约旦建立一个独立的阿拉伯国家或独立的阿拉伯邦联国家。

政府的控制，那么他们又该如何实现自治及决定自己的未来呢？

自法国大革命以来的125年里，欧洲从来没有这么动荡过。列宁关于社会主义革命的世界理想俘获了全世界工人和农民的心，并对威尔逊提出的自由的资本主义民主制度发起了直接的挑战。

《十四点和平原则》出炉

威尔逊决定采取大胆的行动来压制声名正隆的列宁。1918年1月8日，他宣布了《十四点和平原则》（*Fourteen Points*）。这项自由、开放、反对帝国主义的和平计划承诺，不再有任何秘密协议，呼吁公海航行自由、开放自由贸易以及裁军。也许，在威尔逊的《十四点和平原则》中，最有意义的就是成立国际联盟，简称国联，以加强国际间的合作。

对于威尔逊而言，唯有如此，才能为这场“牺牲无数性命、耗费巨资的悲惨战争”找到继续下去的理由。“征服和扩张的日子已经过去，秘密订立协议的日子也已不再。”威尔逊说。不过，时间证明，这只不过是厚颜无耻的谎言。自此，两种针对战后世界新秩序的对立思潮仿佛一夜之间就涌到了世界面前。

将苏维埃政权扼杀在摇篮中

列宁让世界猝不及防。1918年3月3日，战争结束前8个月，他与德国签署了一份和平条约，使俄国从战争中抽身。列宁急切地渴望和平，因此他同意了苛刻的《布列斯特－立托夫斯克和约》（*Treaty of Brest-Litovsk*）。该和约规定，俄国放弃对波兰、芬兰、波罗的海诸国、乌克兰和格鲁吉亚的控制，这些地方的面积总和超过30万平方英里，人口逾5 000万。威尔逊和协约国被激怒了，他们立刻予以反击。

俄国的新生政权四面楚歌，攻击来自四面八方：沙皇旧部、哥萨克人、捷克军团、塞尔维亚人、希腊人、波兰人从西面进攻，乌克兰的法国部队，还有7万日本军队从远东进攻。

列宁的战友托洛茨基迅速借此机会组建了近500万人的红军队伍。英国前海军大臣丘吉尔直言，资本主义遍地开花，现在的布尔什维克党只不过是风中之烛。

日本、法国、英国和其他几个国家派遣了数万大军进攻俄国，其中一部分支援保守的白俄罗斯，试图推翻年幼的布尔什维克政权。美国最初在派兵方面犹豫不决。“采取任何形式的武力干涉去阻止俄国革命都无异于杯水车薪。”威尔逊说。

终于，威尔逊改变主意，派出了超过1.5万人的部队。不过，威尔逊拒绝了丘吉尔和其他协约国直接武力干涉以推翻俄国新政权的建议。无论如何，美国军队还是在俄国待到1920年，在起初的军事理由不复存在许久之后，才最终撤出俄国。

支持白俄意欲何为？

美国支持白俄罗斯的这种行为恶化了它与布尔什维克政府的关系，也在国内引起反对的呼声。许多美国人，包括一群思想先进的中西部议员，开始对此表示抗议。

这些“和平的进步之士”反感美国的军队干涉。加利福尼亚州的共和党议员海勒姆·约翰逊认为，美国应该处理那些导致布尔什维克主义在俄国诞生的问题：“压迫、贫穷和饥饿”，而不是推翻俄国的新政府。他认为美国的做法体现了威尔逊“以战争反对各国革命”的观点。

密西西比州议员詹姆斯·瓦达曼指责美国的武装干涉纯粹是为了最大限度实现跨国公司的利益，强迫苏俄承认沙皇俄国欠下的100亿美元债务。

爱达荷州议员威廉·博拉指责威尔逊传递了错误的信息。他说，一位在俄国待了数月后回到美国的士兵讲述了一个截然不同的故事。“大部分俄国人都支持苏维埃政府。如果苏维埃政府代表俄国人民，我认为俄国人民同样有权利建立社会主义国家，就像我们有权建立民主共和国一样。”

美国对白俄罗斯的支持最终加深了国内人民和国际社会对美国及其动机的不信任，这种不信任给接下来的20世纪的历史带来了毁灭性的后果。

12

战后瓜分

大国之间的利益博弈

工人起义并非只在俄国大地上发生。到 1919 年，工人运动已经演变成全球现象，多年以来的收入不平等和恶劣的工作环境驱使着工人们行动起来。

美国工人也加入到了浩浩荡荡的社会主义运动中。仅 1919 年这一年，就有超过 500 万工人参加了罢工——36.5 万钢铁工人带头举行大罢工，45 万矿工和 12 万纺织工紧随其后；在西雅图，一支由士兵、水手和工人委员会组成的队伍效仿俄国革命领导了总罢工；在波士顿，警察以 1134 : 2 的投票通过了罢工，这使得《华尔街日报》(*The Wall Street Journal*) 警告说："列宁和托洛茨基正在步步紧逼。"

威尔逊称罢工是"对文明犯下的罪行"。企业家一心想要镇压罢工运动，拆散工会，为此他们指使破坏分子进入大罢工，并越过安全线做出过激行为。为了保护这些破坏分子，企业家们雇用了武装警卫，并求助于当地的警察和新上任的议员，打压罢工者。

在以上行动仍显得力度不足时，政府开始调集民兵和联邦军队，对罢工展开残酷镇压。1877 年，政府与资本家沆瀣一气，出动联邦军队镇压工人大罢工，这样的行径引发了整个社会广泛的激烈争议。到了 1919 年，罢工工人已经意识到，警察、法官和军队都在合伙对付他们。

一战期间，政府通过各种行动大大削弱了左翼进步思想的力量，而现在，他们一心想将这种力量斩草除根。1919 年 11 月—1920 年 1 月，美国发生了一系列无政府主义爆炸案。尽管爆炸没有造成什么损失，但司法部长 A. 米切尔 · 帕尔默却以此为借口，调用了联邦特工。之后，联邦特工开始对全国的激进分子和工会成员展开了搜捕。尽管这项行动被称为“帕尔默大搜捕”，但实际行动是由司法部反激进司年仅 24 岁的 J. 埃德加 · 胡佛负责的。

胡佛有一套经过精心设计的索引卡片系统，全国范围内被认定有潜在危险的个人、团体和媒体都被编录在目，处在其监视范围内。

到了 1920 年，已有超过 5 000 名激进分子嫌疑人被捕，许多人在未经审判的情况下被关押数月。这种对国民自由的公然践踏不仅破坏了进步运动，而且使反美主义大行其道。但对于胡佛而言，这只是个开始。1921 年，他的索引卡系统已经拥有了 45 万个条目。

总统与“救世主”

威尔逊还为伤痕累累的欧洲人送去了希望。1918 年 12 月 18 日，威尔逊抵达欧洲，参加巴黎和会，崇拜者们把他围了个水泄不通。

作家赫伯特 · 乔治 · 威尔斯回忆说：“在历史的关键时刻，他独一无二地代表了人类，或者至少看起来代表了人类。此时，全世界都因为他的到来而沸腾……他不再仅仅是一位总统，他成了救世主。”德国人同意了威尔逊的《十四点和平原则》，并相信他们会得到公平的对待。

在德国的一个小镇，人们举着标语迎接回国的军队，上面写着：“欢迎回家，勇敢的战士们。你们的任务已经完成，剩下的事就交给上帝和威尔逊吧。”德国人甚至撵走了德国皇帝，接受了共和政府，以此证明自己的善意。但在巴黎和会的谈判桌上，《十四点和平原则》并未起到预期作用。

从左至右分别是英国首相劳合·乔治、意大利总理维托里奥·奥兰多、法国总理克里孟梭和美国总统威尔逊。在巴黎和会上，除美国之外的协约国成员出于实现战后复仇、抢占新的殖民地以及建立海上霸权的考虑，拒绝了威尔逊提出的华而不实的《十四点和平原则》。

战争时期，威尔逊筹码在握，但他没有抓住机会，现在已经错过了和协约国谈判的最好时机。他的天真令他没有料到人性、全球帝国主义和复仇欲望带来的影响。取得胜利的协约国中，几乎没有一个家庭不在为牺牲的儿子、父亲、兄弟或者挚爱而恸哭。一些家庭甚至失去了所有的男人，只剩下孤儿寡妇。许多战争幸存者不是拖着残缺的躯体回到家中，就是承受了毁灭性的战争创伤，或者忍受着化学毒气造成的终身伤害。

英国明确表态，他们不能接受威尔逊的“公海航行自由”观点，而实际原因在于，他们不希望英国海军控制贸易航路的能力受阻。法国重提1870—1871年普法战争中的败绩，被德国打败的痛苦加强了他们报复德国的欲望。协约国毫不掩饰他们的种族主义立场，想要继续他们对有色人种的征服之路。

日本代表提议，国联的盟约应当包含种族平等的内容。“国家平等是国联的基本原则，缔约国应同意遵守。国联对所有非国联成员国，不论国别与种族，在法律和实践中都应一视同仁，一律平等。”

英国公开表示拒绝《十四点和平原则》中的条款，对此，英国内阁成员罗伯特·塞西尔勋爵解释称，对大英帝国而言，这些条款会引起“极其严重的问题”。

弗拉基米尔·列宁并没有受邀参加巴黎会谈，但他的存在自始至终都给会议带来一种无形的压力。他认为资本主义列强绝对不会放弃自己的殖民地，也不会接受威尔逊以和平的方式解决冲突的提议。列宁一语中的。

1919 年 1 月 12 日，27 国代表聚集在巴黎郊外的凡尔赛，拟定和平条款。眼前的任务异常艰巨：大帝国正在分崩瓦解，新生国家崭露头角，饥饿泛滥成灾，疾病四处蔓延，流离失所的人们急需庇护所。

世界迫切需要富有远见的新领导者，起草有意义、有效的条款，但对于英国、法国和意大利的元首而言，他们发现，这个自称为“上帝使者”的威尔逊，实在令人难以忍受。

“威尔逊先生一下子抛出了十四点原则，”法国总理克里孟梭抱怨说，“这是为什么？万能的上帝也才只有十条[1]而已！”

英国首相劳合·乔治认同克里孟梭的看法，他评论说：“我想，这位梦想家真的把自己看成上帝的使者了，试图拯救穷困潦倒的欧洲野蛮人。”

威尔逊有何资格向别人说教？在威尔逊派兵干涉俄国内战的时候，协约国就指责他违背了自己的《十四点和平原则》。他们指出，美国军队如今还未撤出俄国。

最后，威尔逊的《十四点和平原则》只有个别条款保留在《凡尔赛和约》（*The Treaty of Versailles*）中。胜利的一方，尤其是英国、法国和日本，瓜

---

① 指基督教中《十诫》。

分了德国在亚洲和非洲的殖民地，还对奥斯曼帝国进行了分割。他们将对新殖民地的统治称为“授权”，这样他们的行为就不会被认为是战前殖民剥削的延伸。威尔逊起初还提出抗议，但最终还是屈服了。他对自己的妥协辩护称：德国“残忍地剥削殖民地人民”，否认他们作为公民的基本权利，而协约国则以人道主义的方式对待他们的殖民地人民。威尔逊的这种说法遭到了协约国新殖民地人民的耻笑。

另一位不同意威尔逊言论的人，是来自法属殖民地越南的代表胡志明，他对法国管理越南的权力提出质疑。作为一名民族主义者，他相信法属印度支那有权力实行自治，摆脱殖民统治。他非常清楚的是，在西方国家的控制下，世界各地的穷人的生活与殖民精英们的生活有着天壤之别。他租了一套无尾礼服，一顶圆顶礼帽，穿戴整齐地带着请愿书去拜见威尔逊和美国代表团，要求越南独立。

就像参加巴黎和会的其他非西方国家一样，胡志明知道，自由只能通过武装斗争赢得，而不是殖民者的恩惠。后来，胡志明成为北越的革命领导者。最终，他于 1954 年率领军队在奠边府战役中打败了法国，为美国参与越南战争做了铺垫。

至于德国人，他们对和约条款表示抗议：总计 330 亿美元的战争赔款，尽管少于法国要求总额的五分之一，但超出德国预计的两倍以上，而且这个结果是以德国让出殖民地和波兰语地区为前提。除此之外，德国还让出了但泽港和萨尔煤区。“战争罪责条款”以德国率先挑起战争为由，把一战责任都推到德国人身上，使德国人苦不堪言。

摩根财团（即后来的摩根大通）对保护自身利益的关心，同样影响了《凡尔赛和约》。托马斯·拉蒙特是摩根财团的领导人之一，他作为美国财政部的两名代表之一，前往凡尔赛参加了会议。拉蒙特和其他银行家希望确保摩根财团的利益不受损害，他认为德国应赔款项为 400 亿美元。巴黎和会后，摩根财团声称德国轻易地逃过了处罚。

在巴黎和会上，胡志明穿戴整齐后去拜见威尔逊和美国代表团，要求越南独立。

独裁者的诞生

德国很快会意识到，它实际的赔款远比纸上条约规定的少得多。从1921年开始，德国的实际赔款根据其支付能力在不断缩减。

《凡尔赛和约》第231条，即耻辱的“战争罪责条款”，并非认定德国“有罪”，相反，它表明，之所以德国有责任赔偿“所有的战争损失与破坏”，是因为“这场战争是由德国及其盟友造成的”。

20世纪20年代，阿道夫·希特勒和其他右翼德国分子利用了战后德国民众的普遍挫败感。德国领土发生的小规模冲突导致德国民众认为，德国在胜利即将到来之际投降了。包括希特勒在内的许多人都相信，他们的领导人在背后出卖了他们。

正如美国工人为增加薪水和改善工作环境而斗争一样，意大利的工人也在为同样的事业而奋斗。左翼示威者、罢工者和武装的法西斯党（法西斯独裁者墨索里尼的追随者）成为意大利社会党的早期党员，后来演变为法西斯主义。墨索里尼自称发明了“法西斯”一词。意大利的百科全书《意大利科学、人文与艺术百科》（*Enciclopedia Italiana di Scienze, Lettere ed Arti*）将法西斯定义为“社团主义”或者“政府和企业权力的合并”。墨索里尼认为，意大利需要一位独裁者来解决意大利的社会、经济和政治问题。在成为独裁者后，墨索里尼废除了自由演讲，消灭了反对派。

之后，美国驻意大使查尔德不仅对墨索里尼的右翼极端主义毫不提防，反而对他的反共产主义及使用强迫手段镇压劳工罢工的行为大加赞赏。第一次世界大战标志着欧洲霸主地位的没落，也导致了两位战争胜利者美国和日本的崛起。在接下来的 10 年里，美国商人和银行家迅速在全球范围内发展，纽约取代伦敦成为世界金融中心，美国主导世界经济的时代就要来临。而美国的石油巨头们成为这场贡献的主力军。

13

动荡时代

帝国之路的罪与罚

停战协议签订后不久，英国的寇松勋爵称：“协约国的伟大事业已经伴随着石油热潮走向胜利。”美国也是这股石油热潮的一部分，它为协约国提供的石油占其需求总量的 80%。

战争结束后，石油公司仍然随时准备着尽一切可能抢夺新的领地。1920 年，荷兰皇家壳牌石油公司称：“在这场争夺新领地的战争中，我们绝对不能被赶超……任何有可能产出石油的地方，就有我们的地质学家。”

壳牌公司将目标瞄向南美洲的委内瑞拉。委内瑞拉当政的胡安·比森特·戈麦斯政府所提供的环境是友好而稳定的。比起国内战乱不定、石油产量不断下降的墨西哥，委内瑞拉似乎更加受石油公司的青睐。

丹尼尔·耶金在《石油大博弈》(*The Prize*) 一书中，将戈麦斯描述为“粗鲁、狡猾、贪婪的独裁者，为了私利统治了委内瑞拉 27 年”。

美国的石油公司担心输给英国的公司，很快就加入委内瑞拉的石油争夺战。但是这些公司忽略了一个事实：戈麦斯拥有一支强大的地方军队和间谍网络，反对他的委内瑞拉人都被关押，并遭受着“中世纪才有的酷刑”。

尽管戈麦斯的残酷臭名昭著，但如果支持戈麦斯是保证石油供应的必要手段的话，美国依旧会支持他。

◤ 委内瑞拉的独裁者胡安·比森特·戈麦斯将军对内实行残暴统治，向美国和英国石油公司输送利益，建立只效忠于他的军队和遍布全国的间谍网络。

1923年，当美国嗅到委内瑞拉国内起义的气息时，随即派出一支特种空军中队，以表示对戈麦斯的支持。后来证实，所谓的起义仅仅是个谣言。

1922年，戈麦斯请美国的石油公司参与起草委内瑞拉的石油法，美国的石油公司们欣然同意，为其撰写了有利于商界运作的法案，并因该法案的商业友好性赚取了高额利润。但是该法案并未保护石油公司工人的利益，也没有考虑到工作环境。不安全的工作环境及监督和管理的缺乏意味着井喷和意外事故时有发生，从而对工人和环境造成伤害。1922年，一处油田发生井喷，油污带长达22英里，近100万桶原油流入马拉开波湖。

戈麦斯的家人和朋友先收购国内优良资产，然后将其转卖给外国公司。1921—1929年，委内瑞拉的石油产量从140万桶骤增至1.37亿桶，仅次于美国，一跃成为世界第一大石油出口国。

委内瑞拉的三大石油公司中有两家是美国公司：海湾石油和泛美石油。1935年戈麦斯去世时，这两家石油公司控制着委内瑞拉60%的石油产量，他的财产已高达2亿美元，所持土地总计2 000万英亩。委内瑞拉人对他的离世欢呼雀跃，因为在戈麦斯积累巨额财富的同时，委内瑞拉的普通民众依然一贫如洗。

1945年，以罗慕洛·贝坦科尔特为首的左翼民主行动派成功推翻了当局政权，并与国外石油公司建立起更有利于保护国家利益的关系。虽然贝坦科尔特在 3 年后因军事政变下台，但一些进步的改革人士联合激进主义者和反帝人士，仍共同抵抗着外国公司对其国内石油资源的掠夺。

和平梦碎

许多年来，人们一直相信，美国对战争以及和欧洲国家之间错综复杂的关系深感厌恶，以至于会退出世界舞台，并进入一段奉行孤立主义的时期。不过事实并非如此。历史学家一直以来都在怀疑孤立主义只不过是虚伪的谎言而已。

对于绝大多数美国人而言，战争使他们备尝苦涩的滋味。一场本可以带领世界走向和平和民主的正义之战，却由于惨无人道的堑壕战和化学战，以及战后动荡的局势，被蒙上一层厚重的阴影。

美国人的幻想破灭了。正义之战没有达到最初的目的，通过这场战争结束其他战争的愿望也变得遥不可及。当然，有人坚持认为，美国从事的是一项为争取自由和民主而开展的伟大运动，但对于其他人来说，自由和民主只不过是空洞的口号罢了。

虽然伍德罗·威尔逊曾骄傲地说："至少全世界都已经知道，美国是他们的救世主。"但他的政治对手们却并不这么认为。在国内，无论是左翼还是右翼人士，都对威尔逊的做法进行了猛烈抨击。

威尔逊则毫不示弱地进行了反击。他在全国做巡回演讲，试图赢得大家对《凡尔赛和约》的支持，好让美国加入国联。他解释说，加入国联是美国解决《凡尔赛和约》带来的问题的唯一方法。但是博拉、拉福莱特、诺里斯和约翰逊等议员对此公开表示抨击。他们认为，所谓国联，只不过是帝国主义者的联盟，他们一心想要通过打败革命来捍卫自己的帝国蓝图。博拉指责《凡尔赛和约》是"血淋淋的、不利于永久和平的、霸道的文件"，由此带来的只不过是一个"保护大英帝国领土完整性的联盟"。

诺里斯指责《凡尔赛和约》将中国哲学家孔子的诞生地——山东拱手让给日本，是“对中国人民的民意可耻的强奸”。有人认为，这片土地曾经孕育了博大精深的孔子思想，但是中国人民并没有自行管理这片土地的权利。

孤立主义者和其他《凡尔赛和约》的反对者希望得到一项保证：美国政府没有国会的批准不能采取任何军事行动。反对派担心，国联会使他们付出昂贵的代价，并使美国卷入欧洲的政治乱局中。

威尔逊对此困惑不已。为何反对者会如此之多呢？

美国公共情报委员会，即美国政府战时宣传机构领导人乔治·克里尔向总统解释了事情是怎么发生的。他告诉威尔逊，其曾实施的战时政策使其失去了国内的政治盟友。“所有曾经支持你的反帝国主义战争政策的人，不管是激进分子还是自由主义者，要么已失去了发言权，要么遭到了恐吓。”克里尔说，“司法部门和邮政局被允许剥夺他们的发言权和恐吓他们。没有人敢为你的和平政策发声。《国家》和《公共》杂志被扼住喉咙，所有激进的和社会主义的媒体都变成了哑巴。”

尽管存在着如此多的不协调意见，威尔逊还是将《凡尔赛和约》和《国联盟约》（*Covenant of the League of Nation*）呈递参议院进行投票。按照威尔逊的构想，国际联盟将成为一个国际组织，总部设于瑞士日内瓦，其成立旨在促进国际合作和安全，并设立一个解决争端的委员会。“我们怎能拒绝这项计划，然后伤害世界人民的心？”他向参议院发问。

事实证明，他们确实忍心去伤害世界人民的心。美国参议院就《凡尔赛和约》和成立国联进行投票，最终以7票之差没有通过。

1920年，美国人民已经对威尔逊长达8年的理想主义说辞感到厌倦。他们开始将希望寄托在下一任总统沃伦·哈定身上，支持他“回到常态”的政策。接下来的三任总统，哈定、柯立芝以及胡佛，在不依靠罗斯福、塔夫脱和威尔逊粗暴的炮舰外交政策的情况下，继续寻找美国在拉丁美洲

THE GAP IN THE BRIDGE.

◤ 1919年12月的《冰球》杂志刊登了一幅漫画。漫画表明，由于美国参议院拒绝美国加入国联，导致国联几乎不能够发挥作用。威尔逊总统曾经通过压制一战中美国国内的反帝力量来保证国联成立。

的经济利益扩张之路。

与威尔逊不同，哈定承诺，他“不会允许让一个海军部长助理给西印度群岛上这些无助的邻居起草一份宪法，然后让美国海军端着刺刀，抵在邻居们的喉咙上强迫他们接受”。

哈定不会效仿威尔逊。他保证称美国会是一个友善的邻居。“我将不会滥用权力去干涉西半球小国的国内事务。近几年来，美国不仅把朋友错当成敌人，而且使自己在可信任的邻国中名誉扫地。”

美国没有坚决地奉行孤立主义，而是通过一些比战争更有效的方式来扩充它的帝国势力。

比起西半球小国的居民，哈定和他的共和党继任者更喜欢和国内银行家交朋友。1922年，《国家》杂志报道称，尼加拉瓜爆发了一场反抗他们极不得人心的尼加拉瓜总统的革命，革命者占领了首都不远处的一座战略要塞。作为回应，早已驻扎在此的美国海军陆战队司令也只是警告他们，如果不放弃对要塞的占领，他们将使用大炮强攻。

拉丁美洲有 20 个独立的共和国，但是根据《国家》杂志的报道，有多个共和国的政府是伪政府，而且美国银行家实际上已经控制了他们。尤其糟糕的是，这些银行家的背后有美国军队为他们撑腰。

《国家》杂志还报道称，在美国银行家的操纵下，至少有 5 个国家（古巴、巴拿马、海地、多米尼加共和国和尼加拉瓜）处于殖民地状态，至少有 4 个国家（危地马拉、洪都拉斯、哥斯达黎加和秘鲁）正在沦为殖民地。

“这种情况还要持续多久？”《国家》杂志发问，“难道美国要在北半球建立一个帝国？一个越过国会和人民的权力、由政府和军队扶植、由金融家统治的帝国？那些远在异国他乡的美国平民的儿子，或死于热病，或倒在当地人枪口下，他们有权知道这个问题的答案。”

威尔逊的矛盾与困惑

威尔逊的失败在很多方面为那个动荡的时代做了一个极好的注解。在这十年中，美国成为一个由理想主义、军阀主义、贪欲和权力政治构成的独一无二的综合体，并推动这个国家走上世界强国之路。

威尔逊曾宣布：“美国是世界上唯一的理想主义国家。”他用行动表明自己的信仰，他希望传播民主，结束殖民主义；他希望改变世界；他支持民主自决，反对帝国统治。他曾承诺，美国“绝不通过对外侵略多增一寸国土”，但与此同时，他却在不断地干预其他国家的国内事务，包括俄国、墨西哥和中美洲国家。

他鼓励改革，但却对彻底性的、有时是革命性的或者能切实改善人民生活的改革充满了深深的不信任。

他拥护社会公平，但却深信财产权神圣不可侵犯。

他赞同四海之内皆兄弟，但却认为非白种人低人一等，并重新在联邦政府中实行种族隔离。

他赞美民主和法制，但却默许对公民自由的随意践踏。

他谴责帝国主义，但却支持全球帝国秩序。

他鼓吹正义的、非惩罚性的和平，但却赞同严苛、带有惩罚意味的和平条约，无意中为希特勒和纳粹的崛起创造了先决条件。

他在巴黎和会上的节节败退导致了和平条约和成立国联的提议在议会中受挫。

因此，这场旨在“结束所有战争的战争”“为了世界安全和民主的战争”带来的后果远远超过战争中的恐怖血腥。美国拒绝加入国联，导致国联无力在20世纪30年代阻挡法西斯的崛起。

后来，美国银行家和被称为“死亡贩子”的军火制造商迅速聚敛大量财富的事实被曝光，一时引起美国民众对政府武装干涉他国内政的强烈怀疑，因为那时正是美国需要阻止“邪恶轴心国”德国、意大利和日本的最佳时期。

第二部分

新政开启　罗斯福与军火商的拉锯战

当苏联在德国纳粹的炮火下奋起抵抗时，大洋彼岸的美国仍死守孤立政策。一项国会报告的诞生如平地惊雷般炸醒了整个美国：二战期间，250 家美国公司拥有价值 4.5 亿美元的德国资产，其中前 10 家的德国资产更是占资产总额的 58.5%！美国绝不参战的口号还在耳边萦绕，这份报告上的数据又该如何解释？

14

无妄之灾

股市风云突起

在人们的记忆中,20世纪20年代是享乐与放纵的十年,人们称之为“繁荣的20年代”和“爵士乐时代”。虽然关于这个时代的黑帮、摩登女郎及其轻浮行为的描述无疑言过其实，但美国人确实已竭尽所能将一战的伤痛抛诸脑后。这是大多数美国人自信而快乐的年代。在此期间，有3位共和党总统入主白宫。而占总人口1%的富人和普通民众之间的收入差距也在日益扩大。

1923年，沃伦·哈定总统在巡回演讲中病逝，卡尔文·柯立芝接任成为美国第30任总统。柯立芝有“沉默的卡尔”之称，是一个“小政府”的保守人士，主张削减富人的税收，放宽商业法规，平衡收支预算。在其就任期间，尽管美国的商业十分繁荣，但是工人和穷人就没有那么幸运了。结果，许多美国人的收入只能勉强维持生活所需。

另一些变化也正在产生。1920年的人口普查表明，美国大部分人口居住在城市，而不是乡村。在战争期间及战后，上百万美国人从农场迁至工厂，尤其是那些为了寻求机会从南方迁移到北方的非裔美国人，这就是历时近十年的“大迁徙”。黑人想在北方寻求更好的生活，在这里他们能获得更高的薪水。即使如此，社会环境依然令人愤慨，种族歧视依然存在。

在这十年中，随着时间的推进，人们购买和出售股票的热情一度高涨，梦想一夜暴富的躁动情绪在全国蔓延。有些投资者以低到令人难以置信的利率借贷，然后在股票市场大赚一票；有些投资者通过借贷购买原油。有些人赊账购买汽车、收音机和其他抢手的商品。广告无处不在，似乎时刻都在提醒人们，如果他们衣着不够体面，不喷点香水，或者不说点好听话，就会贻笑大方。由于经济扩张是在一个如此摇晃不定的根基上进行的，所以一些专家警告称，经济离崩盘已然为期不远。

柯立芝决定不再竞选总统，备受欢迎的商业部部长赫伯特·胡佛宣布参加总统竞选。在接下来的竞选中，胡佛承诺发出“战胜贫穷的最后一击”，轻松击败来自纽约的民主党候选人阿尔·史密斯，后者是第一位在总统竞选中获主要政党提名的天主教徒。

1929 年 3 月 4 日，胡佛在他的就职典礼上，将 20 世纪 20 年代描述为“伟大的复苏时期”，并感谢柯立芝的“英明领导”。他为美国民众描绘了一个“充满希望和光明”的未来。

胡佛竞选总统成功后，股票市场继续攀升，并在 1929 年 9 月 3 日达到了顶峰。但在接下来的几个星期，股市开始急转直下。1929 年 10 月 29 日，即历史上著名的“黑色星期二”，股市崩溃了。一场巨大的恐慌降临了。股票价格跌至历史低点，美国经济陷入历史上最糟糕的萧条时期，以至于以后人们提起“经济大萧条”，就是特指 1929 年的这场经济萧条。事实证明，胡佛没有能力阻止它。

银行度假了

伴随着不断恶化的经济状况，美国进入 20 世纪 30 年代。

1932 年 10 月 31 日，内华达州副州长莫利·格里斯沃尔德宣布银行休假 12 天。美国各个银行接连关门，储户们闻声纷纷涌向银行提钱，却发现银行

1929年10月29日，股票市场崩盘，纽约证券交易所门外人潮涌动。

的大门和窗户紧闭，早已停止了营业。银行家们不希望人们在同一时间将所有的钱取走。全国的州长和市长们都焦急地关注着事态的发展，琢磨着是否应该效仿银行关门这一做法。

1933年2月14日，密歇根州宣布银行放假8天，并关闭了550家国立和州立银行，危机开始初露端倪。但此时的《纽约时报》仍试图向紧张不安的读者保证称："密歇根州没有理由会成为先例。"

然而，《纽约时报》打了自己的脸。不久之后，马里兰州和田纳西州也宣布关闭银行。和肯塔基州、俄克拉何马州和亚拉巴马州的情况一样，全美各地的惊慌失措的储户趁着银行停业之前排起了长长的队伍，等候取钱。

1930—1932年，美国1/5的银行倒闭，其他银行也濒临倒闭，许多美国人失去了一辈子的积蓄。到了1933年，经济危机仍旧无法被克服。失业率高达25%，农民收入下降了60%，工业总产值也下降了超过50%，银行系统已经崩溃。等待领取食物救济的长队遍布每个城市和乡镇，街头到处徘徊着试图寻找工作机会的无家可归者。

1933 年 2 月，一家银行正在营业。1930—1932 年，1/5 的美国银行已经倒闭了。到富兰克林·罗斯福就职的时候，全国银行业已几乎处于停业或半停业状态。

难以愈合的一战之殇

事实上，世界的其他大多数地方的情况比美国还要糟糕。它们不像美国那样，至少有过 20 世纪 20 年代这样一个相对繁荣的时期。它们多数经历过一战，并且尚未完全从一战的创伤中恢复过来。

在多年的独裁统治后，贝尼托·墨索里尼已牢牢掌握了意大利。之后，阿道夫·希特勒和他的纳粹党人更是利用了战后德国的经济困难和人民的不满情绪篡夺了政权。

墨索里尼和希特勒呼吁民族主义，当然这是极端的爱国主义，认为自己的国家优越于其他国家。希特勒是一个充满敌意的反犹主义者，他试图将德国的问题都归咎于犹太人身上。

麻烦也在亚洲蔓延。1931 年 9 月，日本军队夺取了中国的东北三省。那里毗邻苏联和朝鲜，不仅资源丰富，而且战略位置十分重要。日本军队盘踞于此，计划以此为起点，继续推进侵略的步伐。

银行劫匪

到了 1932 年，人们对华尔街金融家的不信任达到了顶峰，参议院不得不调查这些银行家在金融危机的爆发中扮演的角色。

参议院银行货币委员会指派纽约郡地方检察官前助理费迪南德·佩科拉主持听证大会。他揭露了国内顶尖的银行巨头们的诡计和不道德行为，包括赚取高收入、偷税漏税、私下获取额外分红、非法借贷等犯罪行为。

银行货币委员会痛斥了国内占主导地位的银行家们，正如委员会主席彼得·诺贝克所言，他们（银行家）要为“疯狂的股市泡沫”负责。诺贝克认为银行家的“宣传方案”是在“以一种礼貌的方式抢劫公众”。查尔斯·E. 米切尔，这个曾经的美国最有权势者之一，被迫辞去国家城市银行的主席

在纽约布鲁克林大桥下的宣教屋外，人们在排队领取食物救济。

之位。米切尔想方设法躲过“骗取政府 85 万美金的收入所得税”的指控，要知道，一旦这项指控成立，他就会被判长达 10 年的牢狱之刑。

根据《国家》杂志的评论，银行家无异于“劫匪”。“如果你偷了 25 美元，你是个小偷；如果你偷了 25 万美元，你是个贪污犯；如果你偷了 250 万美元，那么，你是金融家。”《国家》杂志如此写道。

富兰克林·罗斯福时代来临

1933 年 3 月 4 日，富兰克林·罗斯福宣誓就任总统。他此时所面对的美国，和 13 年前竞选副总统时已大相径庭。20 世纪 20 年代的战后繁荣期已杳如黄鹤，一去不复返。

在竞选过程中，罗斯福并没有透露针对此次危机他将要采取的新政。他批评胡佛总统花钱大手大脚，没有平衡好预算。同时，他也承认美国人民正在经受苦难，并呼吁实行“新政”。现在，罗斯福必须解决一些非常棘手的现实问题。

尽管经受了经济大萧条带来的痛苦和绝望，美国人民的士气仍然极其高涨。随着罗斯福总统的就职，美国社会被一种乐观向上的精神包围着。美国人迫不及待地想要看看这位秉持“在美国没有什么不可能”这样的信念的总统会有何作为。

《纽约时报》捕捉到国内人民万分期待的心情：“美国人民向来无往不胜。他们在忍受艰难困苦的过程中表现出了极大的耐心。有数百万美国人逐渐相信，这种艰难处境即将缓解或者结束，而改变的原因仅仅是因为罗斯福先生入主白宫……美国历史上还没有哪一位总统像他这样，遇上了如此千载难逢的机会，令公众对其的信任和期望如此空前高涨。”

罗斯福决心进行大刀阔斧的改革。因为这个国家支持他，众议院和参议院的民主党人支持他，美国人民更加希望看到他的行动。威尔·罗杰斯

1933 年 3 月 4 日，富兰克林·罗斯福和赫伯特·胡佛一起前往国会大厦进行总统宣誓就职。

在总统就职后评论说：“即使他烧了国会大厦，我们也会高兴地说：‘不管怎么样，至少火已经点着了。’”

在万众期待的就职演说中，罗斯福号召全体国民团结起来，与当下危机进行斗争。他的名言“我们唯一恐惧的事情是恐惧本身”，尽管现在看来有点脱离实际，但却与一个更深层的现实紧密相连：当时的美国绝对需要重燃希望和信心。

这就是 1933 年 3 月 4 日罗斯福奔向美国国会时面临的挑战。他即将宣誓就任总统，接过一个烂摊子。

15

大危机笼罩

罗斯福急推新政救市

罗斯福上任后立即专注推动经济发展，同时用一系列被他称为“新政”的经济政策使美国人重返工作岗位。新政为穷人提供救济，帮助刺激经济复苏，并颁布法规改良美国的经济体系。

在股票市场崩盘、全国范围内的银行纷纷破产、公众对“银行劫匪”恨之入骨的情况下，罗斯福意识到，对银行系统做出巨大变革的时机已经成熟。几位顾问极力建议罗斯福将银行国有化，但是总统并没有采取他们的意见。相反，在罗斯福就任总统的第一天，他采取了一种更为保守的方法：他宣布所有银行休假 4 天。

银行关门的同时，罗斯福召集了国内顶级银行家。他号召国会召开特别会议，通过紧急立法，建立了一系列急需的银行管理制度。

1933 年 3 月 12 日，罗斯福总统通过无线电广播向美国人民发表“炉边谈话”。他将听众称为“我的朋友”，用通俗的话语与他们沟通。“我希望用几分钟时间，和美国人民谈谈银行业的问题。”

第一次 30 分钟的谈话成功平息了国民对银行危机的恐惧。在谈话中，罗斯福感谢美国人民的“刚毅和好脾气”。在罗斯福的坚持下，国会通过了《紧急银行法》（*Emergency Banking Act*），该法案条款大多数是由银行

总统罗斯福在办公桌旁发表电台讲话，这被称为“炉边谈话”。

家起草，在没有剧变的情况下修复了银行体系。

国会议员威廉·莱姆克对于罗斯福的行为批评道：“总统3月4日才将银行家从国会大厦赶了出去，结果他们在3月9日又回来了。”

罗斯福的行动从根本上表现出了其保守派的本质。他将资本主义从资本家手中解救出来。但是他用来拯救资本主义体系的手段是无畏的、有远见的和仁慈的，而且非常富有成效。

作为一位新任总统，罗斯福在他上任百日内便出台了一套雄心勃勃的复兴计划，包括成立农业调整管理局来振兴农业；组建民间资源保护队（CCC），将年轻人分配到林场和公园工作；成立公共工程署（PWA），协调大规模的公共事务工程；通过《格拉斯－斯蒂格尔法案》（*Glass-Steagall Act*），将投资银行和商业银行分离，并设立银行储蓄的联邦保险。

罗斯福处理银行业危机的方式为他处理其他事务提供了样板。他表现出了对民主和资本主义的双重重视。修复银行业的问题是第一步，但这不足以拯救国家的经济。“我们提供了重建金融体系的机制。”罗斯福在第一次炉边谈话中告诉美国人民，“它能不能成功，取决于你们的支持。”

自由放任时代的结束

在另一次炉边谈话中，罗斯福告诉美国人民，他计划“让成千上万的失业者在冬季来临前重回工作岗位”，并许诺给公众“一个更长久、更美好的未来”。

为了实现这一目标，罗斯福推动国会通过了《国家工业复兴法》(*NIRA*)。他声称，这是“美国国会制定的最重要、最具深远意义的立法”。承担执行该法律这一重任的中心机构是国家复苏局（NRA）。NRA 并不是史无前例的新机构，它部分参考了由伯纳德·巴鲁克在一战期间负责的战时工业委员会。

NRA 暂停了反垄断法的实施，有效地结束了资本主义的自由放任，

美国民间资源保护队的成员在爱达荷州的博伊斯的林场中工作。

即终结了没有政府干预的资本主义时代。在NRA的领导下，各行各业都制定了本行业的工人工资、产品价格、产品种类和工作环境的标准。在标准设定的过程中，各行业内最大的企业发挥主导作用，劳工和消费者团体起的作用则微乎其微。

罗斯福总统选择休·塞缪尔·约翰逊将军来掌管国家复苏局。但在约翰逊的领导下，越来越多的美国民众指控新政是法西斯主义。约翰逊并没有隐藏他的法西斯主义倾向。

1933年9月，罗斯福检阅了200万复兴大军在纽约第五大道的游行。《时代》（*Time*）杂志报道说："约翰逊将军向队伍致以了一种法西斯式的敬礼，他说，这是他看见过的最壮观的游行。"

劳工部长弗朗西斯·珀金斯是美国历史上第一位女性内阁成员，约翰逊送给她一本拉斐尔·维由内的法西斯著作《公司制国家》（*The Corporate State*）的复印本。罗斯福最终还是撤掉了约翰逊，因为他行为古怪，性格粗暴，酗酒，还有与劳工对抗的倾向。在约翰逊深情的告别演讲中，他赞美意大利独裁者墨索里尼是一个"闪闪发光"的名字。

一家餐馆的窗户展示了NRA的"蓝鹰"海报，表明其对商业行为准则的支持。

美国也要走法西斯道路?

罗斯福首次执政美国时，时局动荡。许多自由主义者为《国家工业复兴法》拍手叫好。但是一些旁观者开始拿美国和法西斯化的意大利做比较，担心美国也走向法西斯主义。

“事实上，总统手握巨大的权力。《国家工业复兴法》中的新规定限制竞争，给工人制定最低工资和最高工时，还掌握着经济复苏的总计划和协调项目，这些都是在强烈暗示，这部新法规与意大利法西斯主义的计划本质上具有一样的特征。”《商业评论季刊》(*The Quarterly Review of Commerce*)评论道。

虽然有些商人更喜欢自由放任式经济，讨厌任何形式的政府干预，但也有很多人欢迎政府帮助稳定经济，限制恶性竞争。有人害怕罗斯福新政会将美国推向法西斯主义。20 世纪 30 年代出现了大量右翼团体，但法西斯主义并未像在意大利和德国一样在美国扎根生长，不过这不意味着美国缺少墨索里尼和希特勒的崇拜者。

作为《时代》杂志和《财富》(*Fortune*)杂志的出版商，亨利·鲁斯公开支持墨索里尼。1934 年,《财富》杂志不知廉耻地赞美意大利的法西斯主义，称“这个民族拥有许多古已有之的美德，比如纪律感、使命感、荣誉感、英勇、不畏惧牺牲”。

美国退伍军人协会的许多成员对法西斯也持有同样的观点。该协会会长阿尔文·奥斯里认为，法西斯主义是对抗每一个威胁民主的因素的典范，包括左派的武装力量。奥斯里公然声称 :“法西斯之于意大利，就如同美国退伍军人协会之于美国。”

1930 年，美国退伍军人协会邀请墨索里尼在美国的全国代表大会上发表演讲。美国的当选官员也对墨索里尼这个极端保守主义者大加赞扬。“如果这个国家曾经需要墨索里尼，那么它现在同样需要。”宾夕法尼亚州的参议员戴维·瑞德公开声称。

和墨索里尼一样，希特勒在美国也有支持者。许多人都在分享他的反犹太观点，其中包括一些当选官员，例如宾夕法尼亚州的共和党议员路易·T. 麦克法登。1933 年，他在国会中取得席位时，曾诽谤全世界的犹太人心怀不轨。

其实，所谓的犹太人阴谋深深植根于反犹太的谎言中。麦克法登声称犹太人，尤其是银行家，正在秘密谋划要统治世界。麦克法登说："这个国家已经落入国际货币兑换商的手中，如果不是这样，那为何今天美国的非犹太人只能拿着几张可怜的钞票，而犹太人却坐拥大量黄金和财富呢？"

当然，阴谋论是无稽之谈。他们口中所谓的犹太人阴谋从来都不存在。但是麦克法登为了证明自己所言非虚，特意从《锡安长老会纪要》（*The Protocols of the Elders of Zion*）中读取了一段文字。这本被广泛传播的出版物是反犹阴谋的一部分，专门用于传播犹太人将统治世界以及他们需要为世界上已经发生的问题负责的虚假信息。

《锡安长老会纪要》的内容纯属虚构，而且这种虚构使其看起来完全像一部荒诞小说，但是直至今日，许多人依然对它深信不疑。其中一位就是居住在密歇根州罗亚尔奥克市的查尔斯·考夫林，他是一个臭名远扬的"电台牧师"，通过电波来鼓吹他的反犹观点。他在自己出版的《社会公正》（*Social Justice*）周刊中连载了《锡安长老会纪要》的内容，煽动其追随者加入"基督教阵线"这个民兵组织。

1938 年，盖洛普的民意调查显示，在美国拥有收音机的家庭中，有 10%的家庭定期收听考夫林神父的布道，25%的家庭偶尔收听。在这些听众中，有 83%的人赞同他的观点。1940 年，《社会公正》每周可以吸引超过 20 万读者。

在右翼道路上走得更远的应数美国所谓的"衣衫党运动"，他们受到了墨索里尼的黑衫军和希特勒的褐衫军的启发。一名叫作威廉·达德利·佩利的美国极端主义分子相信犹太人和共产党人正在试图统治全世界。佩利在1933年成立银衫军，人数多达2.5万人。

本尼托·墨索里尼小时候就是一个恶霸，他建立意大利的法西斯党派，最终成为一个独裁者。

银衫军穿着银白色衬衫，在全国几乎每一个州都有分会。其他极端主义团体包括堪萨斯州的“唳鹰纳粹”、西弗吉尼亚州的“白山茶花骑士团”、费城的卡其色衫军、田纳西州的十字白衫军和纽约市的基督教别动队。其中最暴力的要数中西部的黑衫军了。1925年，黑衫军从三K党中分离出来。与三K党的白斗篷不同，黑衫军成员身着一身黑色的长袍。到了1935年，黑衫军成员估计有6万～10万人。该组织的头目维吉尔·恩格公开宣称，要将在美国的犹太人赶尽杀绝。1937年，联邦政府取缔了这个团体。

即使是将要成为副总统的哈里·杜鲁门也曾申请加入三K党。再三考虑之后，他最终选择了放弃。

金本位制蒙灰

1933年时，许多国家都实行以黄金为本位币的货币制度，这一传统已经沿袭了多个世纪。毫无疑问，黄金是全球货币系统的支柱。在越来越多的国家，可以用黄金来交换美元或者等价物。1932年时，1盎司[①]黄金

①1盎司≈28.35克，下同。——编者注

价值 20.69 美元，而这一价格已经较为稳定地持续了近 100 年。这意味着，如果一个人有 1 美元，那么他或者她就知道，这 1 美元的价值相当于 1/21 盎司的黄金。这就是“金本位制”。

当经济危机来袭时，人们开始恐慌如果他们手中的纸币失去了原本的价值怎么办？因此，许多人将手中的纸币换成等价的黄金进行储存。这就将政府带向一个危险的处境：黄金有可能被耗尽。

罗斯福意识到，如果美国继续维持金本位制，就不可能有足够多的钱来维持经济的复苏。金融系统对现金的需求远远超过了金本位所能提供的。如果政府切断货币与黄金的联系，那么它就能印制更多的钞票，从而满足经济复苏的需要。因此，罗斯福最终决定放弃金本位制，刺激通货膨胀，强力推动经济增长。

现在，公众对美国经济的信心和一盎司黄金的价值没有联系，而是与美国政府本身密切相关。

美元是子虚乌有的吗？

罗斯福决定放弃金本位后，社会各界人士对此反应不一。一些商人和银行家支持他的决定，也有人公开抨击他。

曾是民主党总统候选人的阿尔·史密斯就是新政的批评者之一，他指责政府用“子虚乌有的美元”代替金本位。“民主党命中注定要和一群手攥绿钞操纵汇率开动印钞机的疯子们在一起。”

联邦储备委员会称这项货币政策为“悲惨的幻象”，而纽约商会也拒绝为罗斯福的货币政策提供帮助。

国会议员路易·T. 麦克法登甚至指控罗斯福参与了假想中的犹太人意图统治世界的阴谋。麦克法登称，总统放弃金本位是“将本国的黄金和法定货币拱手让给国际上的犹太财团”，而“富兰克林·罗斯福也是他们的同伙”。

无奈之下，罗斯福给美国商会的年度会议写了一封信，请求他们“停止狼嚎”，“一起合作，以实现经济复苏”。但是美国商会并不买账，他们对于罗斯福及其新政的攻击反而更加猛烈。

1934 年 10 月，《时代》杂志称，这一攻击已经转移到对罗斯福的人身攻击上：“现在已经不是商界针对政府的事情了，而是商人对于富兰克林·罗斯福本人存有敌意。”

罗斯福并没有因此放弃。他否定了起初支持美国加入国联的做法，甚至逐步裁掉了 14 万人的军队。

这项举措使国防部长乔治·德恩和道格拉斯·麦克阿瑟将军备感沮丧。麦克阿瑟告诉总统，裁军会危及国家安全。这激怒了罗斯福，两人之间的关系达到了剑拔弩张的局面。

“总统对我进行了一番体无完肤的讽刺。”麦克阿瑟后来在回忆录中写道。对于罗斯福的讽刺，他做出了不顾一切的反击：“我又说了一些我们会输掉下一场战争之类的话，到时候，美国男孩会躺在泥淖中，敌人的刺刀会戳穿他的肚子，将脚踩在他的喉咙上，而他最后会诅咒的名字，我想不会是麦克阿瑟，而是罗斯福。”罗斯福听后铁青着脸，“你居然敢用这样的口气和总统说话！”他咆哮道。

麦克阿瑟这时才紧张不已，他向总统道歉，并提出辞去总参谋长的职务，然后冲出总统办公室，在白宫的台阶上呕吐不止。

一场毫无悬念的选举

罗斯福是一位精明的政治家。他制定的新政本身就是对企业管理者和华尔街银行家们的支持。1934 年的中期选举表明，整个国家已经转而支持左翼。越来越多的美国人站在了罗斯福这一边。

在参议院 35 个新增席位的争夺中，民主党打败了反对党，赢得了 26

个席位，从而使民主党在参议院中的席位达到了 69 个，这与共和党的 25 个席位形成了鲜明的对比。在众议院中，民主党依然以 322 席对 103 席大胜共和党。

《纽约时报》称这次选举是“美国政治史上最压倒性的胜利”。它给了总统“明确的授权”，可以“切实地摧毁”共和党的右翼。

这次选举为共和党人敲响了警钟。

“除非共和党能够从反对派的领导中脱离出来，并根据以往的自由主义原则重组，”爱达荷州的议员威廉·博拉警告说，“否则它就会像辉格党的那些懦夫一样，最终销声匿迹。”他批评共和党领导人反对新政，却又“拿不出可以代替它的办法”。博拉抱怨道：“当共和党人要求他们的领袖提出新政的替代政策时，他们提出了宪法。但是宪法能让老百姓当饭吃吗？”

美国曾距全民医保只差一步

总而言之，左倾的国会，不断增长的人口，复苏的劳工运动，以及一位热情而富有同情心的总统，使美国历史上最伟大的社会实验成为可能。即便如此，罗斯福还有很多工作要做。也许是从国民的支持中获得了底气，1936 年 1 月 3 日，罗斯福在向国会做年度报告时，对新政反对者发起了他最激烈的攻击。

在全国广播讲话中，罗斯福对右翼敌人进行了猛烈的抨击。“我们对无休止的贪婪已经忍无可忍，”他傲然讲道，“他们企图恢复只顾及自身利益的权力……如果给他们机会，他们会继续过去的独裁统治。他们获得了权力，却用这权力去奴役人民。”

1936 年是大选之年。在竞选连任总统时，罗斯福继续对商会进行猛烈抨击。他强调了自己在第一个 4 年任期中所取得的进步和成绩。公共事业振兴署（WPA）及其他部门的政府项目消化了数以百万的失业大军；经济和银行系统也已经完成改革；政府有史以来第一次和工人站在同一战线反对雇主和不正当的劳动行为；社会保险也给民众带来了一定的安抚作用，在以前，这可只是少数工人才能享受到的；此外，政府对富人的征税也比以前多了。

“我们必须与和平的宿敌——商人和金融寡头、投机分子、不顾后果的银行家、阶级对抗者、地方主义者及军火商们进行斗争，”罗斯福在纽约麦迪逊广场对支持者们说，“他们认为美国政府只是帮助其处理事务的下属。我们应当知道，被金钱操纵的政府就像被流氓恶霸控制的政府一样危险……他们无一例外地对我恨之入骨，但是我欢迎他们的仇视。”

选民赞同罗斯福的观点。

恢复生机的民主党在各个方面都给了共和党致命的打击。在总统选举中，罗斯福以 523：8 的绝对优势击败了对手——堪萨斯州州长阿尔夫·兰登。他赢得了除缅因州和佛蒙特州以外的全部选票。同时，民主党也分别在众议院和参议院选举中以 331：89 和 76：16 的绝对优势控制了两院。

《芝加哥论坛报》认为，一边倒的投票源于对总统的施政议程的认可和支持。“大选结果充分说明人民对罗斯福及其新政的信任。”这份保守派报纸称，“事实上，他将怀揣着昨天绝大多数美国民众为他签署的空白支票，进入他的第二个任期。”

但是接下来，罗斯福在政治上出现了失误。他误以为经济大萧条即将过去。政府急切需要平衡预算，因此决定削减开支。

罗斯福大幅削减公共事业振兴署和公共工程署的预算，经济随之骤然跌落。股票市值缩减了 1/3，企业利润下降了 80%。失业人数猛然上涨，数百万民众遭遇失业。

1937 年的经济崩溃是如此惊人，以至于罗斯福和其他政府官员相信，这是由商人策动的一场企图将总统拉下台的阴谋。行政部门依然推动着新政的实施。有一项基本的人类需要仍待解决：医疗卫生。

1938 年，对于一场旨在创建彻底的全民医疗保障体系的全国性运动，罗斯福政府表示支持。这场运动由美国医疗保障促进委员会发起，该委员会基本上由全国最负盛名的医学院的著名医生组成，他们公然藐视保守的美国医学协会（AMA）。

罗斯福政府认为，医疗卫生是一项人权，不是少数人的特权。政府的表态受到了劳工组织和广大具有改革思想的组织的支持。

1939 年 2 月底，纽约州议员罗伯特·瓦格纳提交了一份纽约州政府支持全民医疗计划的提案。他声称，至今还没有一份提案能够受到国民“如此广泛而热烈的拥护”。但是该项提案遭到 AMA 的激烈反对，他们对其支持者发起了猛烈的抨击。

AMA 得到了新保守派联盟的支持，新保守派联盟是由南方民主党人和共和党人组成的。由于 AMA 对全民医保的激烈反对，加之 1940 年大选的临近，为了避免一场肮脏的政治斗争，罗斯福最终决定放弃这一努力。

几乎无人意识到，在 1938 年和 1939 年，美国离实现全民医疗保障体系，仅有一步之遥。

16

路在何方？

资本主义 vs 社会主义

20 世纪 30 年代，当美国人承受着股市崩溃、银行倒闭和骤涨至 25%的失业率带来的痛苦时，苏联经济却似乎蒸蒸日上。在苏联，共产党似乎创造了一个更具活力且平等的社会，同时也为正在沉没的资本主义的自由市场提供了一个选择。事情为什么会变成这样？苏联的社会主义是如何赶超美国的资本主义的？

1928 年，苏联公布了由约瑟夫·斯大林制定的第一个五年计划，承诺创造一个理性和中央集权的全新经济体制，通过解放科学技术实现物质的极大丰富。该计划依赖苏联的快速工业化和农业集体化。

苏联领导人计划将苏联建设为社会主义现代化国家。他们设立了成千上万个新工厂，还将个人农场转变为大型国有农场。他们相信，国有农场将生产出足够多的粮食，供给日益增长的城市内的工人队伍。盈余的粮食将被出售，收入用于未来的工业化建设。

苏联政府的五年计划吸引了许多美国知识分子的目光。看起来它是一项能保证民众富裕的明智计划。为什么非要把经济交给一群反复无常的个人资本家？他们所关心的只是如何实现利益最大化。

美国的社会主义者和激进分子也受到苏联五年计划的启发。1929 年，

RUSSIA DID IT

SHIPYARD WORKERS—You left the shipyards to enforce your demands for higher wages. Without you your employers are helpless. Without you they cannot make one cent of profit—their whole system of robbery has collapsed.

The shipyards are idle; the toilers have withdrawn even tho the owners of the yards are still there. Are your masters building ships? No. Without your labor power it would take all the shipyard employers of Seattle and Tacoma working eight hours a day the next thousand years to turn out one ship. Of what use are they in the shipyards?

It is you and you alone who build the ships; you create all the wealth of society today; you make possible the $75,000 sable coats for millionaires' wives. It is you alone who can build the ships.

They can't build the ships. You can. Why don't you?

There are the shipyards; more ships are urgently needed; you alone can build them. If the masters continue their dog-in-the-manger attitude, not able to build the ships themselves and not allowing the workers to, there is only one thing left for you to do.

Take over the management of the shipyards yourselves; make the shipyards your own; make the jobs your own; decide the working conditions yourselves; decide your wages yourselves.

In Russia the masters refused to give their slaves a living wage too. The Russian workers put aside the bosses and their tool, the Russian government, and took over industry in their own interests.

There is only one way out; a nation-wide general strike with its object the overthrow of the present rotten system which produces thousands of millionaires and millions of paupers each year.

The Russians have shown you the way out. What are you going to do about it? You are doomed to wage slavery till you die unless you wake up, realize that you and the boss have not one thing in common, that the employing class must be overthrown, and that you, the workers, must take over the control of your jobs, and thru them, the control over your lives instead of offering yourselves up to the masters as a sacrifice six days a week, so that they may coin profits out of your sweat and toil.

图为西雅图总罢工中的一张传单，内容显示俄国革命对这场武装起义的爆发起了推动作用。

《国家》杂志的编辑奥斯瓦尔德·加里森·维拉德将苏联的第一个五年计划描述为“人类有史以来最伟大的实验”。也许最令人瞩目的是，当全世界的资本主义经济陷入危机之时，社会主义经济却焕发出勃勃生机。

1931 年，《基督教科学箴言报》（*The Christian Science Monitor*）报道称，苏联是唯一一个避免了经济危机的国家，其工业总产值甚至比上一年增长了 25%。“当银行纷纷倒闭时……在国外，苏联却依然能在国家发展和建设的道路上高歌猛进。”《国家》杂志的通讯记者做出了如此报道。类似的报道也越来越多地出现在《巴伦周刊》（*Barron's*）、《商业周刊》（*Business Week*）和《纽约时报》。

《纽约时报》报道称，苏联有意招聘外籍劳工。《商业周刊》也刊文称，苏联驻美国的办公室迎来了大批蜂拥而至的绝望的美国失业者，约有 10 万人申请苏联提供的 6 000 个工作岗位。

就在世界人民的瞩目下，苏联开始从落后的农业社会向现代化工业社会大步迈进。许多美国知识分子开始把苏联视为一个适合知识分子、艺术家和科学家发展的天堂。1931 年，经济学家斯图尔·蔡斯写道：“在苏联人眼中，世界是一个充满挑战、令人兴奋且无比刺激的所在。”第二年，这位经济学家又问："为什么苏联人热衷于重建世界呢？"

《新共和》（*New Republic*）杂志的文学编辑在访问苏联后写道：感觉自己置身于"宇宙道德的最高点，那里光明从来不会消逝"。

劳丽·盖瑞特在其著作《信任的背叛》（*Betrayal of Trust*）中对20世纪20年代的苏联进行了以下描述：

> 一个庞大的卫生和传染病学网络被建立起来，它最终几乎覆盖了苏联的每一个村庄。医疗学习和卫生培训中心遍布全国各地……因此，到1991年，导致许多苏联人死亡的疾病几乎完全会被消除。

罢工！罢工！

苏联传来的消息令一些美国人备受鼓舞，他们试图寻找资本主义的替代品。苏联的工业成就及其对建立平等社会的承诺，令他们加入了美国共产党。该政党在20世纪30年代获得具有深远意义的发展。

1933年，美国经济开始出现复苏的迹象。在为了争取更好的工作环境而进行抗争的过程中，工人们团结了起来。1934年，工人大罢工主要发生在托莱多、明尼阿波利斯和旧金山。

全国性的纺织工人大罢工浪潮席卷了整个国家。工人转而支持马斯特派、托洛茨基派和共产党的领导。过去，失业工人经常被看成是跨越纠察线的破坏罢工者。现在，新成立的失业工人理事会和失业联盟将失业者联合起来，他们支持罢工，而不是破坏罢工。

由于工人阶级得到了社会各界的支持，罢工很快蔓延到其他行业。在某些情况下，罢工甚至导致整座城市瘫痪。旧金山发生了共产主义者领导的大罢工后，《洛杉矶时报》（*Los Angeles Times*）将之描述为"由共产党挑起、组织并带领工人反抗政府的一次叛乱"。

《俄勒冈人报》（*Oregonian*）呼吁总统介入罢工事件。“旧金山瘫痪了，在叛乱造成的困境中苦苦挣扎。”该报称，“几天之内，波特兰所面临的实际上是全国性罢工，那将摧毁整座城市。”

《旧金山纪事报》（*San Francisco Chronicle*）发表评论说：“激进分子不是想平息事态，而是想要革命。”

对于工人来说，这样的改变令人欣慰。13 年来，工人联盟遭到了重大的打击，成员数量急剧下降。但是在新政的帮助下，管理者和劳动者之间形成了较为公平的环境。1935 年，美国产业工人联合会（CIO）成立，工人的罢工运动开始扩展到重工业。

在产业工人联合会中，共产党做出了重大贡献。以前，罢工经常导致暴力和流血事件。现在，为了避免伤亡，武装工人开始以新的方式进行罢工，

◤ 图为新泽西州卡姆登市的失业工人游行。1934 年，在激进派别的领导下，在托莱多、明尼阿波利斯和旧金山等地发生罢工，在全国各地还举行了纺织工人的罢工。

图为密苏里州新马德里市公路旁无家可归的佃农，受到种族歧视的非裔美国人的生活更窘迫。

例如静坐示威。在适当的情况下，这些和平的罢工手段被证明是有效的。

黑人家庭所遭受的经济困难更为严重，他们面临种族歧视和贫穷的双重打击。1932 年，美国南方城市的黑人失业率超过 50%。北方的情况也不容乐观，在费城，黑人的失业率高达 56%。

经济危机消除了整个传统上被称为“黑人工作”的工作类别。根据理查德·沃姆兹的著作《种族歧视的兴衰》(*The Rise and Fall of Jim Crow*)中的描述，当时，黑人不顾一切地与白人竞争厨师、搬运工人、电梯操作员、女仆、餐馆工和园艺工等工作。在某些城市，人们大喊着“城市的工作只属于白人”。在密西西比州，失去工作的白人甚至残忍地杀害了黑人工作者。

正当非裔美国人在为工作和人权而苦苦斗争时，全国有色人种协进会(NAACP)的发展却十分缓慢。此时，共产党开始组织跨种族联盟，领导示威运动，帮助贫困的工人得到工作和救济金，阻止对他们的驱逐。共产党还吸引了 20 世纪 20 年代那些拒绝接受肤浅的物质主义和反智主义[①]的

①反智主义，一种存在于文化或思想中的态度，而不是一套思想理论。反智主义可分为两大类：一是对于智性(intellect)、知识的反对或怀疑，认为智性或知识对于人生有害而无益；二是对知识分子的怀疑和鄙视。

知识分子。这十年间，对于充满活力的文化的向往，激励了许多杰出的美国作家移居伦敦和巴黎。

“当这场愚蠢而庞大的骗局轰然倒塌之时，我们无不为之拍手称快。”社会评论员爱德蒙·威尔逊在提及股市崩溃、银行倒闭时如此写道，“它给予我们一股新的力量，让我们感受到一种全新的自由。在银行家遭受打击时，我们自己仍然在前进。”

接下来，从苏联传来的消息发生了变化。有报告显示，苏联发生大饥荒，许多人因此饿死。还有苏联的政治审讯和政治镇压、严酷的官僚体系、秘密警察和残酷的监狱，都给这个国家蒙上了阴影。

或许要花上超过20年的时间，世界人民才能认识到这个被称为“古拉格”的强迫劳动营的真面目。他们会了解到这里的暴力、苦役和恶劣的工作环境，令人窒息的宗教组织和军队领导的肃整，以及超过1 300万人在斯大林的残酷统治下丧命。多疑而残酷的斯大林将看似工人天堂的国家变成一个充满残酷镇压的地狱。

如何“拯救”美国?

经济危机给许多美国人带来毁灭性的打击。但新政确保了美国和资本主义得以存活下去。

新政的内容虽不激进，却足以帮助美国扭转危机局势。罗斯福的改革讲求实效，而不是意识形态，他愿意让政府扮演更重要的角色，这远远超出他的前辈或者批评者的想象。罗斯福因此广受人民拥戴，也使他在右翼企业家和银行家中声名狼藉。在许多银行家和企业大亨眼中，罗斯福就是他们的敌人。

17

利润暴涨

军火商们肮脏的战争交易

“商界阴谋”

1934 年 8 月，一群右翼商人和银行家宣布成立美国自由联盟。他们声称罗斯福新政改变了政府形态，违背了美国宪法。

“如果美国人民希望他们的政府从权力有限的联邦共和制转为绝对的独裁专制或社会主义制度，他们大可接受此番对宪法的修正。”曾经支持过罗斯福的联盟主席朱威特·肖斯写道，“美国自由联盟的基本目的之一，是保证宪法在绝不被回避的情况下，被忠实、诚实、百分之百地遵守。”

成立美国自由联盟的想法来自富裕的杜邦家族，他们拥有世界上最大的化学公司。联盟成员包括杜邦兄弟艾伦尼、皮埃尔和拉蒙特以及和杜邦家族有姻亲关系的杜邦公司总经理罗伯特·卡朋特，还拉拢了民主党全国委员会前主席约翰·拉斯科布。

拉斯科布强烈支持将富人的赋税转嫁给工人阶级。正是他实施了杜邦对通用汽车的收购计划，并担任两家公司的首席财务官。其他公司的高层也加入到美国自由联盟中，包括通用汽车公司总裁阿尔弗雷德·斯隆、国家钢铁公司总裁欧内斯特·威尔、太阳石油公司总裁 J. 霍华德·皮尤以及通用食品公司主席E.F.赫顿。著名飞行员查尔斯·林德伯格被邀请担任联盟主席，但他拒绝了。

1934年8月22日，美国自由联盟宣布成立。联盟宣传，它们成立的宗旨是：与激进主义做斗争，保卫财产权利，捍卫宪法。

联盟宣布了他们招募200万～300万成员和几十万资助者的计划。在接下来的几年中，联盟进行了声势浩大的“教育”运动，试图阻挡自由主义的浪潮。“历史清楚地教会我们一课，”联盟的其中一本小册子上写道，“那就是，如果政府漠视财产权利，那么不久之后也会漠视其他权利。”

虽然联盟的宣传活动如火如荼，但他们在全盛时期仅拥有12.5万个成员和2.7万名资助者。联盟成员中，只有极少数是积极活跃的，联盟的大部分基金仅来自杜邦公司和一小撮右翼商人。

1934年11月，功勋卓著的退休海军陆战队将军斯梅德利·巴特勒向国会作证称，两名自由联盟成员——威廉·多伊乐和杰拉尔德·麦克格威尔试图劝说他组织一次反抗罗斯福政府的军事政变。

之后，《纽约晚间邮报》（*New York Evening Post*）和《费城记录报》（*The Philadelphia Record*）的通讯记者也进一步证实巴特勒的证词。巴特勒说，他曾听见麦克格威尔说：“在这个国家，我们需要一个法西斯政府，将美国从共产主义中拯救出来，否则他们将把我们在美国辛苦建立的基业毁于一旦。有爱国热情去做这件事情的人，唯有我们的士兵，而斯梅德利·巴特勒无疑是最佳的领导人选，他能在一夜之间组织起一场军事政变。”

巴特勒拒绝了他们的提议。“如果你能让50万名士兵拥护任何与法西斯主义沾边的东西，”他警告称，“我就能带领比50万还多的士兵打败你。不信的话，战场上见。”

巴特勒向众议院反美活动特别委员会的负责人——马萨诸塞州议员约翰·麦考马克和纽约议员塞缪尔·迪克斯坦讲述了整个事件的过程。尽管麦克格威尔否认了巴特勒的指控，但委员会在听到证词后汇报说：“能够证明，巴特勒将军的供述字字属实。”这就是著名的“商界阴谋”。委员会总结称：“他们试图在美国建立一个法西斯组织……有密谋、有计划，而且一旦有了资金支持，他们可能会立刻行动。”

令人震惊的是，这些无耻的商人和银行家打着自由的旗号，密谋用法西斯主义推翻美国政府。不过，事情远不止此，第二次听证会同样令人深感不安。

斯梅德利·巴特勒将军被劝说组织军事政变，推翻罗斯福政府，并以法西斯政府代之。

战争真相调查之战

第一次世界大战结束之后，桃乐茜·戴兹的孪生兄弟唐乘坐医疗船返回国内，由于在战争中受到毒气的攻击，不久便死于芥子气。桃乐茜为此悲痛欲绝，她希望知道战时军需品行业及其利润的真相。

美国政府应该在 1917 年加入战争吗？军需品行业是否影响了政府参战的决定？一个行业以牺牲无数像她的兄弟那样的美国士兵的生命来获得巨额利润，是否道德？

不知疲倦的和平倡导者桃乐茜将问题带到美国国会上。在这里，她曾找过 20 位参议员，依次邀请他们发起对军需品行业的听证会，但没有人响应她。

最后，桃乐茜找到来自北达科他州的参议院议员杰拉尔德·奈伊。奈伊认为美国不应加入国外战争，他同意桃乐茜发起听证会的提议。终于，桃乐茜有可能为自己的兄弟伸张正义。

在奈伊议员的带领下，特别委员会对军需品行业展开调查，这就是著

图为桃乐茜·戴兹就外交事务向参议院委员会发表演说。

名的“奈伊委员会”。和桃乐茜一样，奈伊希望发现战时军需品行业及其利润的真相。

1934 年 2 月，奈伊开始了美国历史上最著名的国会调查。他要求参议院外事委员会对涉及制造和销售武器、弹药和其他战争用品的公司、个人进行调查。

调查对象涉及钢铁、航空、汽车、武器弹药以及造船业。委员会也想得到答案。这些行业是如何从第一次世界大战中谋取利益的？美国应该参与这场代价高昂的战事吗？举行听证会的消息传开后，和平组织纷纷表示支持，进步人士也纷纷加入到这项事业中。要知道欧洲的紧张局势正在升温，没有人愿意卷入战争中。

罗斯福发话了，声称支持听证会。他促使委员会采取更有力的措施以遏制“疯狂的军备竞赛。如果继续下去，战争随时一触即发”。他指责了军火行业。“如果这些大规模杀伤性武器的制造商和贸易商的行为得不到控制，”罗斯福说，“他们会给世界和平带来巨大威胁。”桃乐茜·戴兹对此再同意不过了。

1934 年 9 月 4 日，星期二。这一天非常炎热，但仍然有数百名民众聚集在参议院办公大楼的房间里，迫不及待想见证记者口中“历史性一刻”的参议院听证会。参议院重新对美国是否应该参战、为什么参战以及谁将坐收渔利等问题进行了讨论。

奈伊承诺：“当参议院的调查结束，我们会发现，战争和为战争做好参战准备，为的不是国家荣誉和防卫，而是少数人的利益。”

当人们对听证会的召开翘首期盼时，有两部书及时地面世：一部是由H.C. 恩格尔伯里特和F.C. 黑尼根合著、被每月一书俱乐部当作精品推荐的《死亡商人》（*Merchants of Death*）；另一部是乔治·赛尔德斯的《钢铁、鲜血和利润》（*Iron，Blood and Profits*）。

这两部书详细记录了美国军火制造商与其遍布世界各地的同伙的肮脏交易，极大地激起了民众的怒火，使民众对于参议院的听证会倍加关注。《纽约双日》（*Doubleday*）以小册子形式重印了一部名为《武器和大佬》（*Arms and the Men*）的书，揭露了令人震惊的欧洲军火业内幕。

一开始，这部书是以文章的形式刊登在《财富》杂志上的。“根据权威数据显示，”文章称，“在一战中，每杀死一个敌人，平均就要花掉2.5万美元……最重要的是，每一次，当炸开的炮弹碎片进入一个前线士兵的头部、胸部或者腹部，相应的就会有2.5万美元之多的利润进入军火制造商的口袋。”

奈伊委员会聘请了80位调查人员和会计人员，对美国大型军火公司的账簿进行了严苛的调查，结果令他们大为震惊。爱达荷州的参议员詹姆斯·波普说，美国人将会“对他们（军火商）的贪婪、阴险、可怕的战争宣传和游说感到不可思议”。他还称，调查结果一旦公开，将“举国震惊”。

事实是如此令人不安，以至于委员会的7名成员提议政府接管军工企业，如此一来，私人企业家就无法从战争中获取巨额利润。

1934年9月12日，4名杜邦家族成员出庭作证，他们分别是菲利克斯、艾伦尼、拉蒙特和皮埃尔。就公司在战争期间获得的巨额利润，他们接受了质询。1915—1918年，杜邦公司接到了价值12亿美元的订单，较战争前4年增长了1 130%。股东同样受益。在战争期间，杜邦向股东支付了相当于股票原值4.58倍的红利。杜邦公司“获得了极大的利润”，皮埃尔向参议院委员会坦承道。委员会了解到，陆军参谋长道格拉斯·麦克阿瑟曾在1932年前往土耳其。

图为参议院议员杰拉尔德·奈伊，他领导了针对美国军工企业的调查听证会，揭露了军火商牟取巨额战争利润的卑劣行径。

根据飞机制造商柯蒂斯·莱特公司的经理所言，在此期间，麦克阿瑟将军“向土耳其军事参谋披露了美国武器设备”。

参议员奈伊认为这种推销行为是不恰当的。“在我看来，麦克阿瑟更像是一位商人。这让人不禁好奇，美国的海军和陆军是不是变成了私人企业的销售组织？”

听证会接连披露的一桩桩丑行令民众瞠目结舌。他们曝光了美国和国外军火商通过“卡特尔安排”[①]瓜分了海外市场。他们共享情报和利润，甚至为德国设计潜艇，而这些潜艇在一战期间曾不断地击沉美国的船只。

丑行还远不止这些。参议院还发现了一个令人不安的事实：美国公司已经参与到帮助德国军队重新武装的计划中。联合航空公司和惠普公司向德国出售过飞机和航空设备，但他们称，售出的飞机是商用飞机而不是军用飞机。美国企业帮助德国公然挑衅《凡尔赛和约》的事实激怒了奈伊。

“你的意思是，经历了这么多场谈判，难道你们丝毫没有察觉德国购买飞机的行为是出于军事目的？”奈伊质问道。

国务卿科德尔·赫尔也不相信。自 1921 年以来，他就一再申明，美国的官方政策是反对向德国出售任何军用设备。

在委员会和其他无数美国人眼中，这些美国公司犯下了援助敌人的罪行——在美国士兵背后打黑枪，牟取暴利。

① 即通过统一价格、防止竞争来增加共同利润。

是时候终结战争暴利了

鉴于民众对听证会的支持，保守派人士和自由主义者都提议，严惩那些靠着战争发大财的人。1934 年 9 月底，美国退伍军人协会的立法委员约翰·托马斯·泰勒提出了一项议案，提议政府对战争期间企业获得的非正常利润征收 95%的所得税。

奈伊称，他将引入法案，对美国参战期间部分日收入超过 1 万美元的个人征收 98%的所得税。这是一个能将战争利润几乎完全消灭的方法。但是，奈伊称，政府最好能接管军工企业，以防战争再次爆发时同样的事情会再次发生。

通过 NBC 电台，奈伊向全国民众发表了讲话，陈述了他实行军工企业国有化和征收巨额战争税的想法。

“唯有如此，才能消灭沙文主义者。”奈伊说。他称商人是“国际敲诈者，一心想让世界打起来，自己好赚个盆满钵满”。

公众督促政府做出最后决定的呼声越来越高。罗斯福决定先缓和一下事态。在听证会召开的 4 个月后，他宣布召集一批有影响力的政府高官和企业家，共同策划了一份旨在终结战争暴利的方案。

“是时候终结借着战争大发横财这一丑行了。”罗斯福告诉记者。

18

洪流之苇

“死亡贩子”抱团反击军火调查

在白宫紧闭的大门后，罗斯福接见了他本人精挑细选的委员，却将奈伊委员会成员挡在门外。奈伊委员会的成员们气急败坏，他们指责罗斯福试图在调查完成之前限制他们的工作。

其他人也质疑罗斯福的动机。《华盛顿邮报》的专栏作者称，精明的罗斯福总统正在抢奈伊参议员的风头，后者最近可一直占据着新闻头条。另一位《华盛顿邮报》的记者则称，正在接受调查的美国军工企业“触及了政府的声誉，现在政府正尝试全身而退”。甚至有人认为，罗斯福政府本身就受到了军工企业的影响。

没有人会比奈伊对政府更不信任。他坚信政府是在为虎作伥，“政府的各个部门都是军工和牟取暴利者的帮凶。”奈伊说。为了不让政府盗取胜利的果实，奈伊委员会曝光了更多的爆炸性内幕，杜邦家族首当其冲。

1934 年 12 月，《华盛顿邮报》在头版刊登了一篇标题为《800%的利润：杜邦肮脏的幕后交易》（800% *War Profit Told at Inquiry*：*Du Pont Deal up*）的文章。文章还列举了大发战争横财、从中获利超过 100 万美元的人的名单，上榜人物包括 6 名杜邦家族成员、4 名道奇家族成员、3 名菲勒家族成员、3 名哈克尼斯家族成员、2 名摩根家族成员、2 名范德比尔特家族成员、

2 名惠特尼家族成员以及 1 名莫伦家族成员。

紧接着，更多的丑行被公之于众。战前伯利恒造船公司的利润仅为 600 万美元，而战争开始后，其利润飙升至 4 800 万美元。公司总裁尤金·格雷斯透露，他个人两次收到了分别为 157.5 万美元和 138.6 万美元的红利。

奈伊委员会的行为越激烈，反对者对他们的攻击就越猛烈。但是在调查开始的 4 个月里，支持奈伊委员会及其工作的信件如雪片般飞进委员会的信箱里，总数超过了 15 万封。美国民众对奈伊委员会支持的呼声日益高涨，因为他们希望知道战争牟利的真相。

1934 年 12 月，奈伊与罗斯福见面了。后来，奈伊告诉记者说，他误会了总统的动机，总统其实支持他们的调查。罗斯福向奈伊保证说，只有在调查完全结束之后，政府才会出台新的法规。

埋在欧洲的三颗定时炸弹

与此同时，欧洲的紧张气氛越来越浓烈。1933 年 1 月 30 日，阿道夫·希特勒窃取了德国总理的宝座。一个月后，有纵火者烧毁了国会大厦，希特勒称这种行为是最骇人听闻的恐怖行为，并借此党同伐异，以巩固自己在国家的独裁统治。他还宣布了德国将重新武装军队的计划，全然无视《凡尔赛和约》。同年 10 月，德国从国际联盟中退出。1934 年 1 月初，他和波兰签下了十年互不侵犯的条约，确保德国东部边界无忧。但在五年后，他就违反了该条约，悍然入侵波兰。

然而，德国并不是唯一的麻烦。其他具有侵略性并热衷于扩张的国家，比如入侵中国东北的日本和入侵埃塞俄比亚的意大利，同样威胁了世界和奈伊委员会计划开辟新的调查方向。

全国教育协会的成员通过了一项决议，声称他们“对美国军工企业无耻的贪婪和欺骗行径表示震惊和愤怒”。教育家们请委员会成员调查军火商利用报纸、学校、电影和电台制造战争恐慌，并以此推动军火销售的行径。教育家们尤其希望，对赫斯特旗下的报纸进行调查。奈伊考虑一番后，认为该调查属于委员会的职责范围。但最后他还是取消了这项调查。

美国的蠢事

1935 年 3 月末，一项旨在禁止战争暴利的参议院议案开始成型。《纽约时报》将其描述为“美国政府历史上最激进的一项计划”。《华盛顿邮报》也同意道：“这项议案如此激进，如果放在 6 个月以前，肯定会遭人嘲笑……可形势发展得如此迅猛，就连杰拉尔德·奈伊参议员这位矮小精悍的主席、委员会中最激进的人，也意料不到。”

罗斯福对于此项议案做出了积极回应，于是委员会成员将他们的提案变成立法形式。这项新法规建议征召企业高管入伍，关闭战时所有的股票交易所，接管所有必要的行业和服务，并禁止一切商品投机行为。重要的是，该法规采纳了奈伊的提议：战争期间，政府可以仅为军工企业保留 3%的利润，其余利润全部没收；也可以没收个人收入超过 1 万美元的部分，以防止美国政府不得不通过借钱来维持军费开支。

这项法规的最终目的是让美国人在卷入另一场战争之前做出慎重的考虑，并消除大企业从战争中牟利的念头。其内在逻辑在于，如果企业高管和富人必须上战场，或者他们辛苦赚来的钱都要被没收，那么他们也许就不会轻易考虑支持战争了。

奈伊评论说：“这项提案是激进的，而战争本身是一件更为激进的事情。毕竟收税员在收取税款时，不会像征兵官在敲开你家的门，要求你年轻的儿子入伍时那样令你心情沉重且无比悲痛。”

参议院研究员约翰·弗林告诉委员会：“对于战争中的暴利、不断飙升的物价、野蛮争夺以国家蒙难为代价的不体面的胜利果实，只有一种办法可以阻止，那就是把它们扼杀在摇篮里。1917 年和 1918 年，我们卷入了战争，却把账单留给子孙后代。在下一场战争中，我们必须解决这个问题。当这个国家的军人们在战场上厮杀的时候，余下的我们这些留在后方的人，必须为战争买单。”

委员会对于提案进行了反复修改。5 月初，奈伊向参议院提交了他的法案。奈伊承诺，这项法案只是委员会提交的第一个法案。

“我们相信美国人民会支持这项法案。”奈伊说，“我们认为，目前，整个世界都受到了战争谣言的蛊惑，是时候来唤醒我们的人民并让全世界的人民相信，美国不会为了一小撮人的利益而愚蠢地卷入战争中，充当少数人牟取暴利的工具。”

奈伊是对的，美国人民支持这项法案。美国银行家和工业家从夺取无数美国人民和他国人民生命的战争中牟取暴利，这无论是从道德上讲还是道义上讲，都是错误的。但关键在于，要说服人们走上战场，奉献出他们的生命，是多么容易的一件事。

诺曼·安吉尔是 1933 年的诺贝尔和平奖获得者，他在获奖演说中提出一个尖锐的问题：

> 许多人指出，战争和民意之间的关系并不密切，最终的决定权掌握在既得利益者——军火制造商或者资本家财团手中。那么为何占绝大多数的民众，在决定战争这件事上，竟无力与那些占人口极小部分的财阀对抗呢？要知道，这些从大灾难中获利的财团的数量不过几十个或者只有几个。毫无疑问，肯定会有人对百万民众说：“我们希望你上战场，因为这能扩大我们的利益。”但是，为什么民众要乖乖听话？

安吉尔说：“假设在建筑行业投资的钱远高于军火行业。当有人意识到，一旦说服民众烧掉自己的城市，他就会从建筑业中获得巨额利润时，他就会说：‘请烧掉你们的家。’我们很清楚，当然不会有人这么做。那么为什么占少数的军火制造商就能轻易说服人们走上战场、白白牺牲，而占多数的平民却不能说服那一小部分人毁掉他们的财产？”

安吉尔为自己提出的问题给出了答案：“因为烧掉家园的行为明显太愚蠢了，而招致战争的政策却没有蠢得那么明显。”

反战争暴利 = 共产化?

奈伊委员会就阻止美国企业家将战争变成牟取暴利的工具一事，向参议院提交了三种解决方案：一是禁止向交战国及其国民提供贷款；二是禁止公民非法进入交战区域；三是禁止向交战国运送武器，如果此种行为会把美国带入战事。参议院外事委员会通过了前两个解决方案，却驳回了第三种方案。国务卿赫尔说服了委员会成员在处理与他国关系上保持开放的态度，但随着埃塞俄比亚危机日益加剧，参议院决定在最终采取行动前，重新考虑第三种方案。

1935 年 9 月，参议院休会，民众要求实施有效举措的呼声越来越高。保守派报纸《芝加哥论坛报》称，奈伊委员会的解决方案是“共产主义防御法”。该报警告称，一旦战争爆发，该方案就会允许总统“像列宁统治俄国一样，将整个美国共产化”。

真相调查白热化

伍德罗·威尔逊已经离世，不能再以政府的名义对战时的商业利益说点什么，但他的战时部长牛顿·贝克此时站了出来，给《纽约时报》写了一封信。

在信中，贝克否认了美国政府在参加一战前进行过任何关于保护美国私营企业或者财政利益的讨论。

“美国在未来战事中的安全不能由钳制舆论的银行家或是无能的军火商来保证。”贝克坚持。

4 天后，摩根财团的托马斯·拉蒙特，即那位在《凡尔赛和约》的谈判中代表美国财政部的银行家，对贝克的话表示赞同。他将美国的参战归咎于德国，并称，这与美国的商业利益毫无关系。

1936 年初，委员会的调查得以恢复，并开始寻找一个重要问题的答案：摩根财团和其他华尔街公司，是否为了从给同盟国的巨额贷款中获取高额回报，而将美国推向战争？

双方都准备决一死战了。奈伊委员会的成员花费了将近一年的时间，仔细查阅了摩根财团的账户和卷宗。他们检查了超过两百万封信件、电报和文件。

J.P. 摩根财团的发言人否认“除非美国参战，否则银行借给同盟国的钱是毫无意义的”，以及“贷款持有人以怂恿我们的政府参战”来“获取贷款利益”的指控。“贷款总是有益的，”这位著名的银行家说，“没有人会担心它的安全性。”

奈伊再次通过电台向全国民众阐明他的主张：“在我们开始把美国的中立政策扩展到可以允许为了商业利益向参战国提供贷款的时候，协约国就足以肯定美国的最终决策了。”奈伊解释道，“他们比我们更清楚，钱袋子投到哪里，美国的军队和政策就去向哪里。”

1934 年 9 月，在第一次听证会召开期间，委员会公布了一些文件。文件显示，威尔逊总统在 1914 年期间允许银行家向交战国提供贷款。在后来的听证会中，奈伊及委员会成员试图说明，美国实际上从来没有保持过中立态度。他们还试图证明，威尔逊总统只是将德国潜艇战作为一个参战的借口罢了。接着，奈伊抛下最后一枚重磅炸弹。他宣称，威尔逊在美国参战前就已经知道了协约国的秘密条约，后来为了掩人耳目，特意对参议院外事委员会撒谎，说自己是在巴黎和会上才知晓这件事情的。

奈伊委员会的调查结果显示，威尔逊实际上是在错误的前提下将整个国家卷入战争。此外，总统允许贷款和其他对同盟国的支持行为，实际上破坏了中立政策。他故意夸大了德国的战争暴行，以掩盖他知道秘密条约的事实。这不是一场以追求进一步的民主为目的的战争，而是一场重新瓜分帝国赃物的战争。

“入侵”死人墓园

奈伊委员会的调查戛然而止。民主党议员大为恼火，委员会竟然栽赃一位已经离世的总统。

“我并不在乎这些指控是怎么来的，”田纳西州议员汤姆·康纳利说，“因为它们都是无耻的谣言。”

康纳利严厉谴责奈伊说：“在那些可以下下棋、喝喝酒的密室里，最适合这位北达科他州的参议员，也即我们的委员会主席，说出这种话。这个人准备把我们带离和平。他是在攻击一位离世的伟人，一个善良的人，一个活着的时候有勇气与敌人正面对决的人。”康纳利指责奈伊和他的委员会“费尽一切心机，污蔑美国在一战中的表现”。

争论将委员会撕裂成两派。其中两位委员，议员詹姆斯·波普和沃尔特·乔治离开了听证会，以示抗议。波普随后又返回听证会，发表了一篇声明。他在声明中称，他和乔治同样对“任何试图怀疑威尔逊的动机和崇高品质的行为”感到愤怒。

两位委员非常痛心，他们认为调查的最初目的已经变味。他们担心已经失去“修正立法”的最佳时机，并对委员会调查的正义性产生了质疑。然而他们并没有辞去委员会的职务，并且还表明会回来进行最终投票。

议员亚瑟·范登堡说，他敬佩威尔逊总统，但经济动机提供了“一种必然而不可抗拒的冲动”，最终将美国拖入战争。他希望政府能保证这种事情不再发生。

范登堡对委员会的成就深感自豪。“历史在过去48个小时里被改写。”他说，“最重要的是，被掩盖的历史，无论它是何种模样，都将重见光明。”

奈伊向波普和乔治保证，他并没有对威尔逊总统怀有任何恶意，事实上，他在1916年的总统选举中还为威尔逊投了票。他承诺，“只要还有一丝不让我们再次卷入战争的希望”，他就继续努力下去。

然而在委员会内部，激烈的争论仍在继续。在78岁的弗吉尼亚州议员卡特·格拉斯的眼中，奈伊是在对威尔逊总统进行“无耻的诽谤”。“对一个已故总统如此造谣中伤，怎么对得起伍德罗·威尔逊的在天之灵！”

“啊，这真是蛊惑人心，欺世盗名！他们竟然敢说摩根财团改变了伍德罗·威尔逊的中立战略路线！”格拉斯议员气愤地连拍桌子数下，因为用力过重，连手掌都拍破了，血沾到了他的文件上。他的同伴欢呼着，以示支持。

奈伊没有道歉。相反，他继续公布信件和文件，表明“美国参战的时候，已经知道了协约国秘密分赃的事情。而我们一直认为，那是在巴黎和会上才爆出来的新闻”。

奈伊指责反对派利用威尔逊的问题作为“烟幕弹”。他坚持称，反对派真实的意图是“不择手段地利用各种借口去破坏威胁他们发战争财的法规”。奈伊及委员会似乎面临着重重阻碍，他猜想，参议院也许不会批准那笔9 000美元的调查经费了，但是奈伊错了。

民众的呼声响亮而清晰。要求继续调查的信件源源不断地飞向国会山，美国人民希望看到整件事情的真相。

参议院最终批准了7 369美元的经费，以供委员会完成调查，但是基金的下拨附带了一些忠告。委员会应该调查活人而非入侵死人的“墓园和地下墓穴”，康纳利议员说。换言之，委员会应该让威尔逊总统得享安息。

“以牟取私利为目的的军需品制造和销售是否应该禁止？”1936 年 3 月，盖洛普民意调查如此询问美国公众。82%的国民认为应该禁止，其中支持呼声最高的是内华达州，有 99%的人支持消除战争利润。支持率最低的是特拉华州，也正是杜邦家族的家乡，只有 63%的人表示支持。

即便是美国的普通老百姓，也可以看透这层障眼法。“军需品带来的利益会将我们世世代代卷入战火之中。”西宾夕法尼亚州的一位杂货店老板如是说。

一场注定失败的博弈

1936 年 4 月，奈伊委员会发布了公众期待已久的第三份报告。报告总结称 ：“委员会之前的证据没有证明战争仅仅是因为军火商们及其代理的活动而引发的。当然，发动战争很少只有单独一个原因。委员会发现，有的组织为了金钱而自私地煽动、恐吓国家加入到军事活动中，破坏了世界和平。”

委员会的四位成员，包括奈伊、克拉克、波普和伯恩，号召政府直接将军工业收归国有。其他 3 人，包括乔治、巴伯和范登堡，则呼吁“对军工业进行严格和绝对的管控”。

这份旨在消除战争利润的提案最后被分配给了汤姆·康纳利所主持的委员会小组，而康纳利则是奈伊最大的反对者。法案陷入僵局。最后，委员会小组产生了一个大打折扣的法案版本，而且法案最终也没能达到足以通过的票数。奈伊最终未能将军工业国有化，也没能控制战争利润。

19

二战升温

谁在为纳粹助威?

自 1933 年登上德国总理宝座以来，阿道夫·希特勒就开始残酷地清除任何反对自己政权的人。他想要的不是一个多党制政府，而是一个由他领导的国家社会党统治的一党制政府。

打着热爱和忠诚于国家的幌子，希特勒大肆逮捕和杀害共产党人、社会民主党人和工会领导人。美国报纸对于这些事件以及发生在德国的反犹太游说、对犹太人的恶意攻击事件，都曾刊文报道过。

找出所有居住在德国的犹太人，成为当时国家社会党的中心目标。在德国的 6 700 万人口中，犹太人占 52.3 万人，低于总人口的 1%。为了找到他们，纳粹官员搜遍了社区、教堂和政府的人口普查记录。

纳粹有一个帮助他们收录名单的工具：IBM 打卡表和名片分类系统。德国曾利用它完成了 1930 年的人口普查。

和平贸易？杀戮凶器！

国际商用机器公司，简称 IBM，托马斯·约翰·沃森是其创始人兼总裁，其座右铭是“贸易促进世界和平”。

◤ 何勒内斯代码 III 制表机及其内部的控制面板。

迪霍玛格公司是 IBM 在德国的子公司。1937 年，沃森在与希特勒会面后，在位于柏林的国际商会发表了演讲。他传达了希特勒的和平信息。

“世界将不存在战争，”沃森承诺，“没有国家希望战争发生，没有国家能承受战争的巨额代价。”

几天后是沃森的 75 岁生日，希特勒送给沃森一份生日大礼：德国鹰大十字勋章。这是作为 IBM 为德国提供了打卡表和卡片分类系统的感谢，这项技术方便了纳粹对犹太人进行定位和确认。纳粹在犹太人的身份证上做了标签，并在他们的护照上标注了字母“J”。

IBM 的机器成了希特勒消灭犹太人和其他少数目标群体的重要一环。在每一个重要的集中营里，都能发现 IBM 的机器。对此，在纽约总部，像托马斯·沃森和其他企业的高层，他们究竟知道些什么？他们知道 IBM 的德国子公司最高管理层是狂暴的纳粹分子吗？他们知道自己正在为一场大屠杀提供凶器吗？还是说利益高于一切？

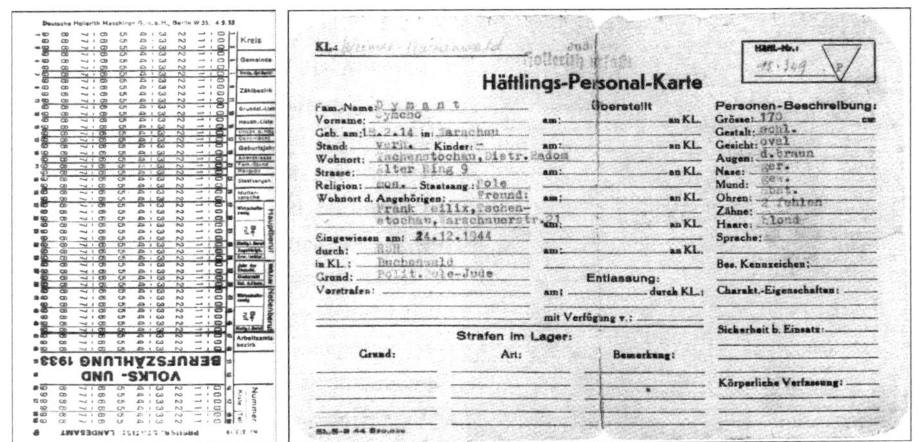

Deutsche Hollerith Maschinen G.m.b.H., Berlin W 35
Kreis
VOLKS- UND BERUFSZÄHLUNG 1933
PREUSS. STATIST. LANDESAMT

KL.:

Häftl.-Nr.: 18.349

Häftlings-Personal-Karte

Fam.-Name: Dymant
Vorname: Sycho
Geb. am: 18.2.14 in: Tarachau
Stand: verh. Kinder: –
Wohnort: Tschenstochau, Distr. Radom
Strasse: Alter Ring 9
Religion: mos. Staatsang.: Pole
Wohnort d. Angehörigen: Freund: Frank Feilix, Tschenstochau, Warschauerstr. 21
Eingewiesen am: 24.12.1944
durch: RSH
in KL.: Buchenwald
Grund: Polit. Pole-Jude
Vorstrafen:

Überstellt
am: an KL.
am: an KL.
am: an KL.
am: an KL.
am: an KL.
am: an KL.

Entlassung:
am: durch KL.:
mit Verfügung v.:

Strafen im Lager:
Grund: Art: Bemerkung:

Personen-Beschreibung:
Grösse: 170 cm
Gestalt: schl.
Gesicht: oval
Augen: d.braun
Nase: ger.
Mund: gew.
Ohren: abst.
Zähne: 2 fehlen
Haare: blond
Sprache:
Bes. Kennzeichen:
Charakt.-Eigenschaften:
Sicherheit b. Einsatz:
Körperliche Verfassung:

布痕瓦尔德集中营的监狱数据卡信息被录入成何勒内斯代码打卡表。

希特勒的“英雄”

1923 年，《芝加哥论坛报》记者来到慕尼黑，拜访了正在办公室工作的希特勒。这位记者注意到，希特勒桌子旁边的墙上挂着一幅巨大的亨利·福特的肖像。

“我想，我可以把一部分精锐部队派到芝加哥，或者美国其他大城市，帮助美国大选。”希特勒告诉记者，“我们认为，亨利·福特是美国正在日益壮大的法西斯政党的领导人。”

9 年之后，希特勒告诉《底特律新闻报》（*The Detroit News*）记者：“亨利·福特赋予我灵感。”作为世界首屈一指的汽车制造商，亨利·福特对反犹主义在美国的传播推波助澜，而反犹主义为全世界人民憎恨。

在密歇根州，亨利·福特出版了一份小城市的报纸，名为《迪尔伯恩独立报》（*Dearborn Independent*）。1920 年 5 月 22 日，该报发表了第一篇反犹文章。在此之后，该报陆续发表了 91 篇攻击犹太人的文章，文章将犹太人视为导致美国和世界各地不幸事件的罪魁祸首。工人罢工？犹太人指使的；财务丑闻？犹太人的错；大萧条？也是犹太人惹的祸。

◤ 救世军组织（Salvation Army）成员在给一家犹太人商店贴标签，上面写着：“绝不给犹太人一分钱。”

根据《迪尔伯恩独立报》的报道，犹太人计划“如果要实现控制整个世界这一野心，他们不是依靠区域争夺，不是利用军事侵略，更不是凭借政府镇压……而是通过控制商业交易机器来完成的”。该报的每周评论还宣称，“美国的电影及其影响力……已经完全处于犹太人的操纵之下，精神和经济是犹太人控制公众思想的机器。”

《迪尔伯恩独立报》虽然是一份在小城市发行的报纸，但自从出版发行以来，美国每一辆福特汽车上都有一份这样的报纸。通过这种方式，该报纸被成功送到许多潜在顾客的手中。在其鼎盛时期，发行量甚至达到 90 万份。其他新闻机构也会摘录《迪尔伯恩独立报》上的文章，然后重新印制。

1920 —1922 年，福特在《迪尔伯恩独立报》上发表了一系列反犹主义文章，并将这些文章整理成共四卷的合集，将其命名为《国际犹太人》（*The International Jew*）。

在纽伦堡审判中，希特勒青年团的前任头目布拉德福德·斯奈尔说，这本书帮助他形成了自己的政治观点。“这本书……对我和朋友们都影响深远。我们认为，亨利·福特是成功的代表，也是社会进步思想的代表。在德国贫穷破败的时候，年轻人都向往美国……而亨利·福特则是美国的象征……如果他认为犹太人是罪魁祸首，那么我们自然也会相信他的说法。”

福特还赞助印发了50万册的《锡安长老会纪要》。尽管事实已经证明它是一本伪书，但这根本不妨碍福特传播它的举动。在帮助纳粹进行反犹主义宣传方面，亨利·福特做得更多。1937年，福特的德国子公司为德国国防军——德国的武装部队制造了重型卡车和可运输士兵的船舰。

犹太人商店的老板在清理门前破碎的玻璃。

1938年，在德国吞并奥地利的4个月后，在福特75岁生日这一天，希特勒授予了他德国鹰大十字勋章，正如他曾将勋章颁发给IBM公司的沃森一样。在接下来的1个月，他又为通用汽车的海外首席执行官詹姆斯·D. 穆尼颁发了勋章。和托马斯·沃森一样，亨利·福特也相信，希特勒想要和平。

1939年8月28日，福特向《波士顿环球报》(*The Boston Globe*)保证，希特勒只是在虚张声势。德国人“不敢发动战争，他们知道后果”，他说。

结果，仅仅数天后，希特勒便入侵波兰。当德国军队在波兰土地上行进的时候，福特仍不肯相信。“枪声还没有响起，”福特对友人说，“一切都是犹太银行家们编造出来的谎言。”

与纳粹之间的交易

美国的资本主义精神在向纳粹德国渗透时表现得非常积极。美国公司始终在不断开拓和参与对德贸易，为投资积累财富。

1939 年，第二次世界大战爆发后，福特和通用公司仍在继续控制他们的德国子公司，两家公司在德国的汽车行业占主导地位。他们甚至遵照德国政府的指令，为军工生产重新组装他们的机器。

极具讽刺意味的是，当美国要求国内的福特和通用公司重组机器的时候，他们居然都拒绝了。对此，通用汽车的德国内部政策负责人阿尔佛雷德·P. 斯隆解释称，德国的运营“更有利可图”。他坚持认为“这和通用汽车的管理没有关系”(后来通用公司还是同意了美国政府的要求)。通用控股的德国欧宝汽车公司看到一个扩张公司业务的好机会。它改变了位于吕塞尔斯海姆的占地 432 英亩的工厂用地的用途：专用于制造德国纳粹空军需要的战斗机。

该公司不仅为德国的 JU-88 中程轰炸机提供了 50%的推进系统部件，还帮助德国研制出世界上第一架喷气式战斗机 ME-262，速度可达每小时 100 英里，比美国的 P-510 型野马式战斗机还要快。此外，它还制造了几十万辆卡车，这些卡车在希特勒的闪电战策略中起到了关键性作用。

图为德文版的亨利·福特的著作《国际犹太人》。这是一部反犹文章的合集。

战争期间，福特德国公司为纳粹政权提供武器，并把附近的布痕瓦尔德集中营的犯人当作奴隶劳工使用，最终，福特总公司失去了对德国子公司的有效控制。

1998 年，曾经被囚于集中营的埃尔莎·伊万诺，对美国汽车制造商提出诉讼。她声称自己曾在德

图为华沙犹太人区的犹太人正在被驱逐出境。IBM技术帮助纳粹分子查找到犹太人的居住地，将他们驱赶进货车车厢，然后运送至集中营。

国的福特工厂中被强迫劳动，并控告美国公司蓄意从奴隶劳工中榨取利益。福特汽车公司聘请了一个由研究员和律师组成的小团体为自己辩护，否认曾为纳粹提供过帮助，并否认自己曾从奴隶劳工中受益。他们还声称，当美国在1941年9月参战时，他们就和其他美国企业一样，断绝了和纳粹政府的合作。

战争结束后，美军调查员亨利·施耐德发表了一份报告，报告中将福特汽车公司称作“纳粹的兵工厂”。此外，正如布拉德福德·斯奈尔在其针对汽车工业的国会调查中所发现的那样：“通用公司和福特公司利用他们在汽车制造业中的跨国性主导地位，成为法西斯军队连同民主军队最重要的供应商。”

战争爆发后，其他一些美国公司继续和纳粹做交易。战争刚开始的时候，有250家美国企业在德国拥有价值超过4.5亿美元的资产，其中将近60%是由10家顶级公司控制的，这些公司包括标准石油公司、伍尔沃斯百货公司、美国国际电话电报公司、辛格公司、国际收割机公司、柯达公司、吉列公司、可口可乐公司、卡夫食品公司、西屋电气公司和联合果品公司等。其中，福特公司在德国的资产位列第16位，至少占据美国总投资的2%；标准石油和通用汽车名列前茅，分别拥有14%和12%的对德投资份额。

许多公司的法律顾问都来自法律界巨头苏利文 & 克伦威尔律师事务所。事务所的客户中包括1930年于瑞士成立的国际清算银行，该银行专门负责清算美国和德国之间的战争赔款。苏利文 & 克伦威尔的负责人约翰·福斯特·杜勒斯后来成为美国国务卿，他的兄弟艾伦·杜勒斯后来是中央情报局局长，也是该事务所合伙人之一。

美国于1941年参战后，国际清算银行继续为第三帝国（指希特勒统治下的德国）提供金融服务。但是，该银行不仅没有清算战争赔款，而且还囤积了大量纳粹在统治欧洲期间掠夺的黄金。纳粹通过该银行对外转移资本，而根据《禁止与敌国贸易法》（*Enemy Act*），这些财富理应是被冻结的。在纽伦堡审判中，财政部长亨利·摩根索对银行的卑鄙行为大为震惊。他指控国际清算银行的14位董事中有12位是“纳粹或者纳粹控制分子”。

1998年，大屠杀的幸存者们状告该银行，声称其在战争期间掌握着那些理应被冻结的账户。

二战期间，美国的资本家从海外投资中累积了大量财富，杰拉尔德·奈伊和他的委员会成员们成功揭露了关于军火制造商和放债者的丑陋行径。奈伊委员会将隐藏在光荣背后的丑恶真相公之于众。要知道，毕竟有无数的美国士兵因战争走向战场，因战争牺牲。

奈伊的听证会仍有两个缺陷，不过这些都是后话了。首先，他们对第一次世界大战的起因的认识过于片面；其次，他们恰恰在时局最坏的情况下加强了美国的孤立主义倾向——那时，也许仅依靠美国的影响力，就能避免这场人类浩劫的发生。

听证会传达了一个根深蒂固的观念：美国应该避开那些“纠缠不清的

结盟”，避免参与国际事务。这也许是美国历史上所犯的唯一一次重大错误：国内强烈的反战情绪让人们搞错了攻击对象，放过了真正威胁人类的敌人——法西斯及其同盟。

第三部分

二战争雄　谁真正打败了德国？

提及二战，美国被誉为“最大的功臣”。事实上，战争期间，苏联对抗的德军不下 200 个师，而美英盟军面临的德军仅 10 多个师；苏联击毙的德军超过 600 万，而英美仅 100 多万。苏联的胜利扭转了二战的战争格局，却付出伤亡 2 700 万士兵的惨重代价。尽管如此，在战争期间，英美不仅背弃自己的援助承诺，还以苏联为挡箭牌，争夺帝国利益……

20

战争压境

谁在与魔鬼做交易?

很多美国人认为，二战是一场“正义之战”：美国及其盟国打败了德国纳粹主义、意大利法西斯主义和日本军国主义。

而在世界其他地方的人看来，二战是人类历史上最血腥的一次战役。第二次世界大战结束时，全世界范围内的死亡人数超过 6 000 万，其中包括 2 700 万苏联人，1 000 万～ 2 000 万中国人，600 万犹太人，550 万德国人，300 万非犹波兰人和 250 万日本人，以及 150 万南斯拉夫人。奥地利、英国、法国、意大利、匈牙利、罗马尼亚和美国各国都有 25 万～ 41 万的人员死亡。

日本：为了生存必将侵略?

19 世纪末，当西方列强在竞相扩大各自的帝国版图时，日本通过现代化和工业化跻身世界发达国家之列。

1894—1895 年，日本在中日甲午战争中打败中国，展示了其突飞猛进的新生军事力量。10 年后，日本又在日俄战争中打败俄国，令世界为之震惊。这是自成吉思汗后的 700 年间，东方国家第一次打败了西方强国。此次日俄战争造成日本和俄国之间长达数十年的不和。

1937 年 8 月 28 日，星期六，淞沪会战期间，日本对上海南火车站进行炸弹袭击。图为一个在爆炸地点号啕大哭的孩子。

在第一次世界大战中，日本同英国和美国结成联盟。作为协约国的一员，日本本应和英国、法国、美国及其他盟国一样，在巴黎和会上赢得一席之地，然而在会议上，日本却感受到了来自其他盟国的极大敌意，其中美国对日本的反对尤为强烈。自此，日本意识到，西方列强——美国、英国和法国帝国主义，对待西方和东方国家的方式极不平等。

其他盟国的敌意让日本人备感受挫。日本领导人想要的是安全和平等，想在西方列强中拥有一个适当的地位，开展对外贸易，以及获得进入国外市场的渠道。

“当下国内外的形势实在令人透不过气来，”财务部长松冈洋右在 1931 年 1 月说道，“我们寻求的是生存所需的最低要求。换句话说，我们求的是生存。我们在寻找能呼吸的空间。”

1931 年，日本的关东军入侵中国东北，并打败了中国军队。在日本的控制下，中国东北沦为世界上最惨绝人寰的统治区之一。这次入侵也成为第二次世界大战太平洋战区的第一场战争。

1937 年，日本军队接连占领了数座中国城市，全面发动对华侵略。同年 12 月，日本士兵在南京实施了惨绝人寰的大屠杀，杀害了 20 万～30 万中国平民，强奸了约 8 万名妇女。日本很快控制了约有 2 亿人口的中国东部沿海地区。各国领导人纷纷指责日本的侵略行为，却在日本无情地轰炸中国城市时袖手旁观。日本的侵略行径不仅不人道，还威胁了美国和西方国家在该地区的利益。

1939 年 7 月，美国终止了 1911 年和日本签订的贸易协定，这一举动切断了日本包括石油在内的重要原材料的流通。美国还停止向日本出口军备物资。

与此同时，在中国的东北边境，苏联和日本也因边境争端而爆发了武力冲突，最终苏联成为胜利的一方。

战争傻子 vs 杀戮纵容者

德国和意大利的征服欲望也在蠢蠢欲动。1935 年，希特勒公然藐视一战后的国际公约对其作出的制裁规定，开始重建德国军事力量。意大利则入侵埃塞俄比亚，企图扩大与自己相邻的厄立特里亚的殖民地。

美国及其同盟虽然谴责了意大利的举动，但没有出手制止。罗斯福知道，第一次世界大战的苦涩还在美国人心中挥之不去。正如《基督教世纪》（*Christian Century*）杂志在 1935 年 1 月所写的那样 ："如果有人提议……美国应该再次加入到另一场欧洲战争，那么 99%的美国人会认为，这人肯定是个傻子。"看到美国对墨索里尼的入侵行为坐视不理，任其逍遥法外，德国和日本得出一个结论 ：美国、法国和英国无意加入战争。

1936 年，墨索里尼和希特勒结成轴心国集团。第二年，墨索里尼前往德国，拜访了希特勒。当墨索里尼的火车驶进车站时，戴着十字记号的纳粹党人群欢呼着迎接这位意大利首相。

在柏林，希特勒安排了一场由上千名纳粹士兵参与的大型正步演练，以示对墨索里尼的欢迎，同时向墨索里尼展示德国的军事实力。墨索里尼称，法西斯主义和德国的纳粹主义是"唯一真正的民主"，他们有两大共同敌人 ：自由主义和共产主义。

1936 年 7 月，在上将弗朗西斯科·佛朗哥的带领下，法西斯武装力量

1936年，希特勒和墨索里尼结成轴心国集团，并对埃塞俄比亚和西班牙发动侵略战争。

推翻了民主选举产生的西班牙政府。希特勒和墨索里尼助弗朗西斯科一臂之力，为他提供了飞机、飞行员和由成千上万名士兵组成的军队。利用这次西班牙内战，德国对自身的武器和战术进行了测试，随后将其应用到对波兰及欧洲各国的侵略中。

美国成了法西斯势力的供给站?

此时，苏联的苏维埃政府作为盟友，站在西班牙的民选政府这一边，为西班牙的防卫战提供援助。斯大林派出飞机和坦克支援西班牙的共和力量，但迫于柏林和罗马向西班牙法西斯主义提供大规模援助的压力，最终仍无法抵挡西班牙法西斯势力。遗憾的是，罗斯福和其他西方资本主义领导并没有加入苏联援助西班牙共和政府对抗法西斯主义的行动中。

美国官员和企业家对共和政府的进步政策及其对商业的严格监管感到十分困扰，他们担心，如果共和政府赢了，西班牙会变成一个信奉共产主义的国家。美国紧跟英国和法国的步伐，禁止了对苏联和西班牙的武器运输，从而大大削弱了四面楚歌且遭受猛烈火力镇压的共和军力量。

福特、通用汽车、火石橡胶和其他美国企业为法西斯势力提供了卡车、轮胎和机械工具。作为德士古石油公司的领导人，托基尔·里伯同样属于亲法西斯派。他向佛朗哥承诺，会提供对方需要的所有石油，并且可以赊账。

罗斯福对此大为恼火，扬言要进行石油禁运，并对德士古予以罚款。

里伯并没有因此止步，他仍然坚持为希特勒提供石油，就连《生活》（*Life*）杂志也对他大为吹捧。

西方领导人的袖手旁观令成千上万的美国进步人士既震惊又愤怒，他们纷纷加入世界各地为共和主义事业战斗的行列中。在扼杀法西斯主义的早期浪潮中，许多人献出了自己宝贵的生命。但是在德国和意大利的支持下，西班牙法西斯主义最终获得了胜利。

1939 年春天，西班牙共和国被推翻。连同共和国一起被埋葬的，还有超过 10 万名共和国士兵和 5 000 名外国志愿者，以及许多人的渴望和梦想。而佛朗哥则作为西班牙的独裁者，直到 1975 年去世，一直在统治西班牙。

直到 1938 年，罗斯福才终于意识到，他所奉行的中立立场是多么愚蠢。罗斯福开始试图暗地里为共和国提供援助，然而一切为时已晚。1939 年 1 月，罗斯福对内阁坦言，自己的中立政策是一个“严重的错误”，他们将很快因此付出代价。

事实上，他们确实付出了昂贵的代价。英国、法国和美国失去了制止法西斯主义蔓延的黄金机会。当法西斯在埃塞俄比亚和西班牙肆意横行之时，

欧内斯特·海明威（中）自愿帮助西班牙内战。

西方民主国家表现出来的懦弱使希特勒相信，他能实现自己征服整个欧洲的宏图伟业。这也令斯大林相信，英国、法国和美国根本没有兴趣与他携手，共同阻止纳粹。

《慕尼黑公约》：退让还是纵容？

1938年，国际形势急转直下。先是日耳曼人强占了奥地利，接着，根据《慕尼黑公约》（*Munich Agreement*），同盟国对希特勒做出让步，将苏台德区（位于捷克斯洛伐克西北部）这个以德语为主的捷克斯洛伐克地区，割让给德国。英国首相内维尔·张伯伦寡廉鲜耻地称，该公约为我们带来了“这个时代的和平”。

事实证明，张伯伦大错特错。1939年，希特勒再次发动进攻。这一次，他侵占了整个捷克斯洛伐克。

欧洲领导人知道，希特勒进犯波兰只是迟早的事情。张伯伦严肃地警告希特勒说，如果他敢入侵波兰，英国将会对德宣战。

而罗斯福则心知肚明，张伯伦的警告丝毫不会影响希特勒征服的脚步。他称，英国和法国抛弃了孤立无援的捷克斯洛伐克，并且“急于洗刷自己背信弃义的罪名”。但是罗斯福也清楚，美国自身能为反纳粹独裁提供的帮助也不过是杯水车薪。

对于那些在德国和奥地利的纳粹统治下遭受非人待遇的犹太人，美国的帮助也十分有限。1939年，美国接收了2.73万名来自德国和奥地利的移民，这是美国能够接收的最高移民数量，也是接受移民数量最多的一年。

然而，试图逃离纳粹统治的犹太人的数量有几十万，对此，美国能够提供的帮助简直无济于事。罗斯福也没有修改美国1924年制定的带有歧视性的移民法条例，提高移民数量的最低限制。

德苏之间的协议

约瑟夫·斯大林明白，苏联很快将成为希特勒的下一个目标。多年来，作为苏联领导人，斯大林一直在恳求西方国家联合起来对付希特勒和墨索里尼。为表诚意，苏联甚至在1934年加入国联，但是西方国家对苏联的请求却充耳不闻。

希特勒入侵捷克斯洛伐克后，斯大林再一次恳求英国和法国联合起来，阻止德军向东扩张。这一次的恳求依然石沉大海。斯大林担心德波联军进攻苏联，便决定为苏联争取更多的时间。

1939年8月，斯大林和死敌阿道夫·希特勒签下一份秘密的和平协议。在这份互不侵犯的协议中，东欧遭到分割，分别划入苏德两国各自的势力范围内。两个国家同意在未来10年内绝不采取任何敌对的军事行动。这份文件被解密后，全世界都大为震惊。

事实上，斯大林也曾对英国和法国表达过建立类似联盟的提议，但是英法双方都不同意斯大林把苏联军队开进波兰，以阻止德军的计划。1939年9月1日，希特勒发动突袭，占领了波兰。9月17日，苏联红军进入波兰，并很快控制了波罗的海的爱沙尼亚、拉脱维亚、立陶宛和芬兰。经过一段短暂的歇息后，希特勒用相同的方法占领了丹麦、挪威、荷兰和比利时。

1940年6月22日，法国在抵抗了6个星期后便弃械投降，只剩下孤零零的英国坚持战斗。在大多数人眼中，希特勒已经开启了征服全欧洲的野心。

在1939年9月的闪电战中，两艘德国坦克穿越波兰的卓拉河。

1940年夏天，英国时局看起来一片黯淡。纳粹德国的空军对英国大城市展开持续轰炸，所幸

◤　1940年夏末，纳粹德国派出空军，残忍地轰炸了伦敦和其他英国城市。图为位于伦敦的圣保罗大教堂。

这些轰炸未能摧毁英国的皇家空军。同年9月，德国取消了对英国的跨海袭击计划。

罗斯福想伸出援手，但美国的中立原则限制了他能为英国提供的帮助。美国不能向交战国提供贷款或者对其销售武器及战时物资。军事准备的不足和国内浓厚的孤立主义气氛让罗斯福望洋兴叹。

罗斯福还受到内阁成员和军事领导人的阻挠，他们认为英国大势已去，美国的资源应该更多地集中在保卫美国本土上。尽管如此，罗斯福还是设法为英国提供了尽可能多的帮助。罗斯福知道自己的行为不合法，他绕过参议院，为英国提供了50艘旧式驱逐舰，条件是英国同意将它在西半球管辖的8个区域租给美国建立军事基地，租期为99年。随着英国对德战争进入到白热化阶段，罗斯福不顾外界对他违反中立法令的谴责，决定帮助英国斗争到底。

1940年9月，德国、意大利和日本正式签署三国同盟条约，成立了“轴心国”集团。匈牙利、罗马尼亚、斯洛伐克和保加利亚随后也加入他们的行列。

与此同时，罗斯福签署了备受争议的《选择性训练和服务法案》（*Selective Training and Service Act*），使之成为法律，也成为美国历史上第一份和平时期的军事法案。法案要求，年龄介于21到35岁的美国男性都要接受相关登记。

罗斯福看见战争的乌云已经压境。他知道英国极度渴望美国的加入。

21

思潮碰撞

时刻酝酿的战争情绪

1940 年，正当纳粹的铁蹄在欧洲大肆践踏之时，罗斯福总统决定第 3 次参加总统竞选。共和党人甚至一些民主党同僚都对此表示愤怒。虽然宪法没有禁止总统连任 3 期，但美国第一届总统乔治·华盛顿认为，8 年任期已足够，这一直以来也是美国的传统。即便第一夫人埃莉诺·罗斯福也不同意罗斯福的决定，但她最终还是站在丈夫一边，支持他参加竞选。

罗斯福的竞争对手是共和党的温德尔·威尔基，他在印第安纳州依靠电力销售大发横财，成为一名百万富翁。威尔基曾经是一名民主党人，后来认为罗斯福新政实在太过极端，转而成为共和党人。许多共和党人对他在改变党派之后没多久就赢得党内提名感到非常气愤。前议员詹姆斯·沃森说：“如果一个妓女想进入教堂忏悔，我会接受并引领她入场。但是我永远都不会让她去指挥一个唱诗班。”

罗斯福认真地考虑了他的副总统提名人选，最终决定孤注一掷。眼看战争的乌云压境，时间万分急迫，最终罗斯福选择了他的农业部长亨利·华莱士。无独有偶，华莱士也曾转变过党派。一些民主党人质疑华莱士的忠诚，但是罗斯福确定，他是副总统的不二人选。他清楚华莱士做出的成绩，也知道他是一位能做出艰难且明智的决定的人。

嘲讽文明的政策

1933年，亨利·华莱士接任农业部长一职。当时的美国农民正处于水深火热的窘迫境遇中。棉花的价格暴跌至每磅[①]5美分，仓库里过剩的棉花堆积如山，成千上万的工人处于失业状态，能买得起商品的人越来越少。农民也无法将棉花销往海外，因为全世界都笼罩在经济危机的乌云之下。更糟糕的是，田地里的棉花眼看着就要迎来大丰收，而那些过剩的棉花该如何处置？

华莱士相信，如果可供购买的棉花数量下降，需求就会增加，价格也会随之上涨。因此，他提议给农民发放补贴，同时让他们减少棉花生产。

正当罗斯福决定第3次参加总统竞选时，德国轰炸了伦敦和其他主要城市。图为一名飞机观察员站在伦敦建筑物的屋顶上探察，照片中的背景是圣保罗大教堂。

①1磅≈0.45千克，下同。——编者注

他认为，削弱供应能增加需求，价格也会随之提高。他决定付钱给农民，让他们毁掉正在生长的棉花的 1/4，并且让部分土地闲置。

这是一项艰难的决定。华莱士在艾奥瓦州州立大学取得过畜牧业学位，相信只有充足的食品供应才能维护世界和平。“必须毁掉正在生长的农作物，”他叹惜道，“这是对文明极大的嘲讽。”华莱士也很清楚应当如何收集和分析数据，才能解决现实世界中的问题。

接下来的决定更加艰难。由于农民养殖的猪的数量过剩，因此在一位养猪户的建议下，华莱士提出宰杀 600 万头体重在 100 磅以下的小猪，或者 300 万头上市体重在 200 磅的成猪。批评者们说华莱士是“猪崽刽子手”，这种行为是“对猪进行强制节育”。

华莱士同意宰杀猪崽也许是一种不人道的行为，但他反驳道：“按照他们所说，你会认为把这些猪养大是用来当宠物的。”毁掉庄稼和宰杀牲畜的行为使饥饿潦倒之人的处境雪上加霜，并给新政增添上了“麻木不仁”的罪名。华莱士本人也很遗憾实施了这样的应变措施——通过稀缺性来促进经济复兴。

“1933 年 8 月，1 000 余万亩棉花被毁掉；同年 9 月，600 万头小猪被宰杀。这在任何一个正常社会都是无法想象的。”华莱士后来回忆道。

华莱士非常清楚人们会对自己的决策作何指责。“1920—1932 年，世界陷入无序的混乱发展，这确实是不得已的紧急方案。”他解释道。

不过，华莱士的小猪屠杀也带来了一些好处：1 亿磅的猪肉、猪油和肥皂被分给有需要的美国人。“当时没有多少人意识到这会多么有效，”华莱士说，“这相当于政府从那些产品剩余者手里把东西买回来，然后再把它们分给那些买不起的穷人。”

华莱士的举措确实颇有成效。在他的指导下，棉花的价格得以翻倍，农民的收入一年后增加了 30%。“华莱士是一个优秀的农业部长。”历史学家阿瑟·施莱辛格后来写道，“他为城市的贫民提供了食品救济券和学校午餐。他科学地安排了耕地的使用，并采取了防止水土流失的措施。他还推动了植物病虫害、动物防疫的常态化研究，培育种植抗旱和杂交的农作物以增加粮食产量。”

华莱士：自由与民主的斗士

科学家们给予华莱士很高的评价，并一致认为他是罗斯福政府中最具有科学素养的议员，是科学家们最好的盟友。

1939 年 10 月，科学家们邀请华莱士参加在纽约举行的世界博览会。华莱士演讲的标题是“科学家能做些什么来击败法西斯？”。

华莱士将法西斯定义为“某些特定人群试图通过编造虚假的种族理论，以实现他们统治他人的目的”。他同时认为，对于戳穿纳粹分子传播的虚假种族理论，科学家有着特殊的责任，科学家们必须“阻止纳粹利用这些理论来破坏人类的自由”。

他还说：“没有个人自由就没有科学自由，科学家奋发探索的动力也将无处可寻。科学家的责任也在于给人们以真相。只有科学家能澄清我们在大学、高中和大众传媒中得到的错误认识。只有科学家能够向人们证明，那些声称只有某个种族、某个国家或者某个阶级才拥有上帝赋予的统治世界的权力的言论，只不过是无稽之谈。”

作为一名直言不讳的反法西斯主义者，华莱士致力于坚持自己的政治原则。这大大地激怒了那些党魁，这些人控制着党派的投票，为党派提供政治好处。华莱士的反法西斯行为也在保守党中掀起轩然大波。然而，毫无疑问，华莱士是自由和民主的拥护者，也不是一个能够被任意打压的人。

当欧洲的民主岌岌可危时，罗斯福需要华莱士作为他的竞选伙伴。在 1940 年 7 月的全国民主党大会上，党内高层对华莱士的党内提名多加阻挠，眼看就要毁于一旦。罗斯福既恼怒又忧心，他给与会代表们写了一封信，告诫他们："当我们的党由那些满脑子都是金钱而不是人类的价值与追求的人掌握时，我们的党就会失败……除非民主党……摆脱所有保守势力、反动势力和绥靖势力的桎梏，否则它不可能赢得最后的胜利……民主党……不能在两条路线上摇摆不定。"接着，富兰克林·罗斯福做出一个令人大跌眼镜的举动：他拒绝了总统提名。

1940年，罗斯福选了亨利·华莱士作为竞选伙伴。作为公认的"理想主义者"，华莱士提倡工会联盟、全民健康保险、公共建筑工作以及妇女平等。

"这是一个不平凡的年代"

埃莉诺·罗斯福打破了当时的僵局。这位第一夫人在会上做出发言，她告诫那些心怀不满的代表们："我们现在面临着一个严峻而可怕的形势，"并提醒他们，"这是一个不平凡的年代。"其实代表们根本不需要别人的提醒，因为整个欧洲都即将在纳粹军队的攻击下倾覆。

在巨大的压力下，党魁们妥协了，其他会议代表也纷纷效仿。他们将华莱士的名字作为罗斯福的竞选同伴印在选票上。党魁们在这场战役中败下阵来，他们当然不会就此善罢甘休。4年后，报复的日子还会来临。

在1940年11月大选前，罗斯福曾承诺，他会让美国远离战争。在波士顿花园广场上，他对众多支持者说："我曾经讲过并再次重申，你们的儿子不会被派去参加任何一场国外战争。"

共和党候选人温德尔·威尔基在竞选期间，并没有做任何关于外国政策议题的发言。这是一个心照不宣的共识。

现在，威尔基觉得罗斯福背叛了他。威尔基严厉说道："那个虚伪的婊子养的！”他愤怒地说道，“这是要打败我！”

威尔基的确被打败了。罗斯福和华莱士赢得了55%的选票，罗斯福成为第一个也是最后一个赢得第三次总统连任的美国总统。1947 年，国会通过了一项修正案，规定总统的任期不超过 8 年。

战争无法避免

尽管罗斯福承诺让美国人置身于战事之外，但是实际上，美国已经一步步向冲突靠近。美国早已为英国提供了大量的军需品，包括大炮、坦克、机关枪、步枪和成千上万架飞机。

罗斯福通过电台向美国人民发表讲话。“这不是一次关于战争的炉边谈话，”他说，“这是一次关于国家安全的讲话……如果英国失败了，那么轴心国就会控制欧洲、亚洲、非洲、澳洲大陆和公海。到时候他们将占据包括军事和经济在内的巨大资源。毫不夸张地说，我们所有美国人都将生活在装满子弹的枪口之下。”为了保障美国的国家安全，美国必须成为“民主国家的兵工厂”。

1941 年 1 月初，为了给英国提供更多的军事援助，罗斯福向议会提交了一项代号为 H.R.1776 的《租借法案》(*Lend-Lease Act*)。该法案允许罗斯福向危机重重的英国提供一切必要的非战斗援助，而不必担心被扣上“借机发财”的帽子。

此时，共和党人的批评声也比以往任何时候都更为激烈。后来成为共和党总统候选人的托马斯·杜威，指责这一法案“将会终结美国的自由政府，让国会成为政府的摆设”。前任总统候选人、堪萨斯州州长阿尔夫·兰登称该法案是“罗斯福实行独裁统治的第一步，他将一步一步将我们引向战争”。

在次日的媒体会议上，埃莉诺·罗斯福称，当她听到共和党人的冷漠回应后，感到“非常震惊和悲哀”。

反对者担心，贷款给英国会再次将美国卷入战争，1917年的情景将会重演。议员杰拉尔德·奈伊就第一次世界大战美国参战的事务举行了听证会，认为“战争将无法避免”。

第一夫人埃莉诺·罗斯福在1940年的民主党全国会议上发表讲话，她告诉会议代表，“这是一个不平凡的时代”。图为埃莉诺和富兰克林·罗斯福一同乘车前往他们在纽约海德公园附近的家。

《租借法案》在国会中引起了激烈的讨论。来自蒙大拿州的民主党议员伯顿·惠勒并不认为希特勒会对美国开战，并且指责《租借法案》是“新政的一项非常危险的外交政策，将断送许多美国男人的性命”。

罗斯福被激怒了。他反击说，惠勒的批评是“他在公开场合所听到的最虚假、最卑鄙、最反动、最恶毒的评价”。罗斯福拥有众多拥护者。他们同意罗斯福的做法，帮助英国是避免美国卷入战争的最好办法。

“希特勒是个战争疯子，他发动了人类迄今为止杀伤力最强的战争机器。”俄克拉何马州的议员说，“美国唯一能逃过战争旋涡的机会就是帮助英国，英国是使美国免于战争浩劫的唯一屏障。”

1941年3月，国会以压倒性的高票数通过了《租借法案》，并向英国拨付了70亿美元。而这笔钱仅是总价值高达500亿美元的贷款中的第一笔，这笔钱将用于资助军用物资的运输。

英国首相丘吉尔由衷地感谢美国的出手相助。他致电罗斯福总统说：“我谨代表大英帝国全体国民向你致敬。”丘吉尔和罗斯福都心知肚明，不管愿不愿意，美国都已经踏上战争之路。“我倒希望把美国拉进来，”丘吉尔坦言，“但是他们现在已经踏进来了。”

1941 年，根据《租借法案》，美国向英国提供军事援助。图为正准备装船运往英国的美国造榴弹炮。《租借法案》加快了美国卷入二战的进程，遭到美国国会中奉行孤立政策的共和党人的强烈反对。

美国人民似乎也越来越希望把自己拴在战场上，他们几乎将所有的同情都给予了同盟国。1939 年 10 月的民调显示，84%的美国人希望英国和法国能够获胜，只有 2%的人支持德国。当然，95%的人不希望美国卷入战争。

毫无疑问，希特勒给英国带来了一个强大的盟友，这真是一件讽刺的事。

22

巨人觉醒

美国终于踏入二战之路

1941 年 5 月，阿道夫·希特勒意识到入侵英国的时机还未成熟，所以取消了对英国的轰炸袭击，将注意力集中在苏联。

1941 年 6 月 22 日，德国打破了 1939 年与苏联签订的互不侵犯条约，发动了代号为“巴巴罗萨”的计划，发起了对苏联的全面进攻。

由于斯大林忽略了之前国内关于德国即将进攻苏联的警告，当 320 万德军长驱直入苏联时，斯大林的军队猝不及防，苏联 2 000 英里的防线全部失守，德军以迅雷不及掩耳之势，向苏联内部快速推进。

纳粹德国的空军摧毁了苏联的空军部队，希特勒的国防军也将苏军团团包围了起来。秋季来临时，德军已经占领了苏联的大片领土。他们一路高歌猛进来到列宁格勒、斯摩棱斯克和基辅附近，给苏联造成重创。

该不该支援苏联?

纳粹的攻击引起了伦敦和华盛顿的恐慌。只有极少数人相信苏联能抵抗住纳粹的狂轰滥炸。美国军队估计，苏联最多只能坚持不超过 3 个月，甚至可能在 4 个星期内全军覆没。

在侵略中，德国骑兵离开了苏联陷入火海的村庄。

美国领导人担心斯大林会和希特勒单独媾和，正如列宁在 1918 年和德国签订了《布列斯特 - 立托夫斯克和约》一样。英国和美国明白，他们必须让苏联的军队牵制住德军。如果苏联溃败，英国也在劫难逃，整个欧洲将失守。如果苏联能在东边牵制住德国的 200 个作战单位，那么英国就能获得些许喘息的机会。如果想要战事拖得久一点，就需要给苏联军队提供额外补给。

丘吉尔明白，他必须咽下长期以来对共产主义的怨恨。他请求支援苏联，并催促他的盟友美国也支持苏联。他承诺："摧毁希特勒和每一个纳粹余孽。"

密苏里州的议员哈里・杜鲁门同样也对共产主义恨之入骨，他在为苏联提供援助一事上犹豫不决。"如果我们看见德国快赢了，我们就应该帮苏联。"他说，"如果是苏联要赢了，那么我们应该帮德国。总之，要尽可能地让他们互相残杀。”

罗斯福与杜鲁门的想法大不相同，他非常清楚帮助苏联的必要性。他请苏联大使拟定了一份美国可以提供援助的物资清单。1941 年 7 月，罗斯福派出他最亲近的顾问哈里·霍普金斯，前往莫斯科与斯大林会面。

斯大林向霍普金斯坦言，德国的军队正占据上风。但是冬天就要来临，届时气温会在零度以下，苏联可以利用短暂的停歇为来年春天做准备。“给我们一些高射炮和制造飞机用的铝，我们就可以坚持 3 ～ 4 年。”斯大林说。

霍普金斯向罗斯福转述了斯大林的话，随后罗斯福下令，为苏联提供 100 架战机，作为第一批援苏物资；并且承诺，还有许多物资会源源不断地向苏联输送。

第一次背叛：迟迟未到的援助

美国的一些军方领导人不同意为苏联提供物资。他们认为，美国不应该帮助苏联，而应该集中资源，构筑美国自己的军事防御，做好作战准备。一些英国的军方领导人也极力反对为苏联提供物资援助。

许多人认为，共产主义国家不值得帮助。“我们没有必要牺牲自己的利益，冒着养虎为患的危险，与一个宣称与我们所珍视的价值不共戴天的政府联手。”《芝加哥论坛报》如此评价。该报将斯大林描述为“这个时代最野蛮的刽子手”。大多数美国人对此表示认同。盖洛普调查显示，只有 35%的受访者愿意为苏联提供援助。

罗斯福知道，斯大林曾对他的国民犯下了罪行；但是他也知道，盟国需要苏联。他命令战争部长亨利·史汀生和其他内阁成员加紧向苏联提供帮助。他还宣布，美国将派出一个代表团前往莫斯科，为苏联带去更多的军事援助项目。

1941 年 11 月 7 日，罗斯福宣布，美国将增加对苏联的贷款援助。他将为苏联提供一笔价值10亿美元的无息贷款，在战争结束后的5年内偿清。苏联对此欢欣鼓舞。然而，美国所承诺的援助却迟迟未到。

根据《纽约时报》报道，在1941年秋，美国运往苏联的物资与承诺的数量“相去甚远”。

事实上，美国为苏联提供的援助不及承诺的一半。当时，美国的国内生产已经滞后，那些不同意提供援助的军方领导人认为没有加快援助的必要。这对苏联造成了毁灭性的打击。列宁格勒和莫斯科正在被德军包围，已陷入四面楚歌的情形。乌克兰已经失守，红军遭受到前所未有的损失。苏联感觉遭到了背叛。

如何迫使美国参战？

罗斯福希望美国参战。他认为希特勒妄图统治世界，这种野心必须制止。无论如何，他必须说服美国人民参战，让美国人民相信战争才是最符合美国当下利益的选择。不管怎样，他必须让德国人尝点苦头。罗斯福像此前的威尔逊总统那样，悄悄用计刺激德国军队，德国海军的U型潜艇刚刚击沉了不计其数的英国船只，破坏了美国对英国的物资运送。

1941年4月，罗斯福开始允许美国舰船为英国提供有关德军战舰和战机分布的重要情报。随后，他授权美国舰船运送英国军队抵达北非。罗斯福知道，此举将促使英国军队与德国潜艇的直接交锋。一次事故后，德国发表公报，指责罗斯福“不择手段，故意挑起事端，将美国拖入战争”。9月，罗斯福以遭到无故袭击为由，宣布美舰可以对任何行驶在美国水域的德国和意大利舰船进行打击。

1941年8月，罗斯福在纽芬兰秘密会见了丘吉尔。两位领导人共同签署了《大西洋宪章》（*The Atlantic Charter*）。如同威尔逊的《十四点和平原则》一样，《大西洋宪章》表示，在战后需要建立体现民主和进步的国际新秩序。

《大西洋宪章》还宣布，支持民族自治，战胜国和战败国在对外贸易和获得资源方面享受平等机会，享受“免于恐惧和匮乏的自由”，公海航行自由，解除军备，建立持久而全面的安全体系等。

丘吉尔担心罗斯福的提议会威胁到英国的殖民统治，因此对条款做了补充，对平等地实现世界经济的繁荣做了限定，其前提是“彼此尊重已有的义务”。但是，英国能指望美国马上加入战争吗？尽管那是丘吉尔愿意看到的，但是罗斯福拒绝了。

丘吉尔随后召集了内阁会议。他对内阁成员说：“尽管罗斯福说他会加入战争，却并没有做到，这种做法最终会让战事升级。如果德国人一旦被惹怒了，便会立刻对美国发动进攻。我们现在要做的事情就是制造一个‘事件’，迫使美国参战。”

罗斯福撒谎了

在罗斯福与丘吉尔会面期间，美国“基尔号”驱逐舰和英国皇家空军飞机侦测到德军在北大西洋的潜艇。轰炸机释放了深水炸弹，但并没有击中潜艇。飞机随后飞回基地补充燃料，“基尔号”则继续跟踪潜艇。突然，该潜艇对“基尔号”发射了一枚鱼雷。

“基尔号”迅速作出回应，发射了深水炸弹进行反击，但是双方都没有受损。一段时间后，双方再次展开战斗，这次同样没有对彼此造成任何损伤。在接下来的一个星期里，罗斯福总统就该事件发表了一次电台讲话。

首先，罗斯福总统的陈述更像是引导人们认为德军对“基尔号”的攻击是无缘无故的；其次，他遗漏了一项关键信息——英国飞机当时也在场，并且正在对德军潜艇进行追踪；最后，罗斯福总统并没有提及，最初是美军飞机首先投放了深水炸弹，挑衅对方潜艇作出反应。对此，罗斯福只是说，德国潜艇“在防御水域，在没有任何警告的情况下，首先对美国驱逐舰蓄

1941 年 8 月,《大西洋宪章》会议期间,罗斯福和丘吉尔在“威尔士亲王号”上。《大西洋宪章》废除了一系列带有帝国主义色彩的做法，宣布支持民族自治和解除军备。

意发射鱼雷，试图击沉舰船”。他将此次攻击描述为“海盗行为——非法且不合乎道德”。

此外，罗斯福宣称，德国潜艇的船员在明确知道“基尔号”是一艘美国舰船的情况下仍向其开火。然而，在罗斯福发表讲话的两天前，海军代表曾经告诉他说：“没有确切的证据说明潜艇的船员知道他开火的船只隶属何国”。

罗斯福接着告诉美国人民：“过去，我们并不希望与希特勒挑起战争，现在也是。”但是他的行动与他的言论相悖。最终，罗斯福总统试图参战的愿望终于实现了。触发美国参战的事件，并没有发生在大多数人预测的欧洲或者北大西洋。

1941 年 12 月 7 日，在这个后来被罗斯福总统称为“耻辱日”的日子里，日本海军突然袭击了美国夏威夷的珍珠港海军基地，造成近 2 500 人死亡，击沉或损毁了美国太平洋舰队的大部分船舰，给美国海军带来极大损失。

“珍珠港遇袭”也在计划之内？

一个星期天的早上，夏威夷当地的人们还在睡梦之中。大约早上 8 点时，近 360 架日本轰炸机和战斗机横扫美国海军基地和附近的珍珠港，每一架飞机的机翼上都印有象征日本军队的太阳旗。

“所有人！出来！”威廉·梅尔尼克记得他手下的一名中士大声喊道，“该死的日本兵正在轰炸我们！”日本轰炸机一波接一波地向美军飞机场及附近区域投放炸弹。他们发射鱼雷，猛烈炮轰船只、飞机和建筑物。

“当时，我目睹了日军轰炸机对基地的狂轰滥炸，他们轮番投掷炸弹，还扫射街上的行人。”一位名叫威廉·F. 鲁德尔的电工说，“飞机的飞行高度非常低，我们甚至能看见飞行员的护目镜。”

攻击持续了大约 1 小时 15 分钟，摧毁了 21 艘船和 323 架飞机。总计 2 388 名美国人在这次轰炸中死亡，1 178 名美国人受伤。在死亡名单中有 48 名是平民，包括 1 名在火奴鲁鲁拥有一个小型飞机场的男人，他是第一个在攻击中无辜死亡的平民。遇害者中年龄最小的是一位年仅 10 岁的小女孩。而日军的死亡人数仅为 64 人。

关于这场袭击，之前早有许多警报信号。罗斯福等人知道，日本很快会发动一起针对美国的袭击。密码破译员已经破译出关于日本即将来袭的警报信息，但是信息并没有透露具体的海军或者陆军计划，几乎没有人预测到攻击的目标会是夏威夷。大多数人相信，夏威夷与日本的距离太遥远，不具备作为目标的现实性。在很大程度上，这次遇袭是情报部门的失察。

珍珠港事件的阴谋论随之萌发。这与 2001 年的“9·11”事件引起的阴谋论十分相似。迄今为止，仍有许多人相信 1941 年美军在珍珠港的遇袭是罗斯福的策略，目的是将美国引向战争。虽然美国缺乏应战准备的情况可疑，但是也没有确切证据证明，美国高层领导人已经提前知道珍珠港将被袭击的消息并且任其发生。

第二天，英国和美国对日本宣战，苏联并未紧随其后。3 天后，德国和意大利对美国宣战。丘吉尔后来写道 ：“希特勒的命运已经注定，墨索里尼的命运也已注定。至于日本人，他们将被碾成碎末……每一天，我都怀着被救和感恩的心情上床睡觉。”

唤醒一个沉睡的巨人

美国一直是日本妄图征服的猎物。当纳粹控制了法国和荷兰，日本领导人也开始图谋为日本攫取富饶的殖民地。虽然一些日本军官曾提出联合德国在北方对苏联发动进攻，但最终其他军官的战略占据了上风。因此，日本在 1941 年入侵法国在太平洋的殖民地。他们在掠夺资源的同时，建造基地，巩固地盘。

美国通过彻底切断向日本出口原油的航线来反击日本。没有了原油供应，日本决定依靠荷属东印度群岛来确保石油来源。

在美国及其同盟将关注重心放在欧洲战场时，日本的侵略进程异常顺利 ：泰国、马来半岛、爪哇岛、婆罗洲岛、菲律宾群岛、香港、印度尼西亚、缅甸、新加坡被悉数收入囊中。这些国家和地区的许多人还为此感谢日本，认为日本将他们从欧洲殖民者的统治下解救了出来。

对此，罗斯福总统曾私下说过 ：“如果不是因为法国、英国和荷兰的鼠目寸光和贪婪，就不会有美国人死在太平洋战场。”然而这些曾经感谢日本的人很快就意识到日本人有多么残酷。

日军轰炸珍珠港是因为他们害怕美国太平洋舰队会阻碍他们的征程，但是日本并没有实现彻底摧毁美国太平洋舰队的愿望。由道格拉斯·麦克阿瑟将军和切斯特·威廉·尼米兹将军率领的美军向日军发起了反攻。

1942 年 6 月，美国海军在中途岛战役中打败了日本海军，陆续收复了被日本占领的太平洋岛屿，其中采用的就是著名的“跳岛战术”。

一位美国海军炮手成功击落了一架盘旋在珍珠港上方的日本轰炸机。

1941 年 12 月 7 日，在日本的狂轰滥炸下，滚滚浓烟从珍珠港的美国海军基地中升起。

终于，美国在太平洋战役中占据上风，相继夺得距离日本本土越来越近的岛屿。

美国，这个沉睡的巨人，已经苏醒。

23

孤军之战

在利益交织的战争中反抗

救苏联于水火的计划

1941 年晚秋，德国人已侵占乌克兰并占领了苏联的大片领土。因此，斯大林打算在冬季期间为苏联的军事反攻做好筹备。在此之前，他需要实现自己的第一个要求：英美所允诺的援助。

然而，美国已卷入战争，只能自顾不暇地部署自己的防御，这使得美国很难完成对苏联的承诺。

1941 年 12 月，美国供应给苏联的物资总量仅占事先承诺的 25%，而且大部分装备都存在缺陷。那么，没有足够装备的苏联人是如何抵御并战胜德军的呢？

罗斯福担心苏联会因美国的冷漠“全面溃败”。缺乏外部援助也许会让苏联羸弱不堪，但苏联绝不会轻易被德军摧毁。尽管苏联红军在战争的前几个月损失惨重，但他们却在 1941—1942 年横跨秋冬两季的莫斯科保卫战中赢得了胜利。德国势不可挡的铁军第一次停下了脚步。

罗斯福知道，在战争前面，苏联人首当其冲。1942 年 5 月，罗斯福告诉麦克阿瑟将军：“我发现很难否认这样一个明显的事实，那就是，苏联军队消灭的敌人以及摧毁的物资，比其他 25 个同盟国加起来还要多。”

此外，罗斯福还说，当前唯一合理的事情，就是美国将允诺的军需物资运送到苏联。罗斯福知道，由于美国没有及时将军事装备送往苏联，自己已经丧失了一次获得斯大林信任的机会，而这种信任是至关重要的。

美国仍然希望苏联能在对日战争中提供帮助，也希望在击败日本与德国后可以与苏联合作，共同重塑战后世界。

斯大林向美国和英国提出了另外两个要求。如果美国能够达成斯大林的要求，那么罗斯福将能够重获优势。

斯大林要求的是领土让步。斯大林提出，一旦击败德国，他要求保留苏联在 1939 年与德国签订的互不侵犯条约后的实际占领地区。这些地区包括波罗的海各国（立陶宛、拉脱维亚和爱沙尼亚）、波兰东部以及罗马尼亚和芬兰的部分地区。

英国人倾向于同意斯大林的要求，但又感到左右为难。英国人既需要苏联的帮助来撑过这场战争，也需要美国的帮助以便在战后保住自己的帝国地位。因此丘吉尔向罗斯福施压，让罗斯福答应给予苏联想要的领土。丘吉尔警告罗斯福，如果与苏联决裂，美国现在的政府将有可能会被一个“奉行共产主义的亲苏”政府取而代之。

然而罗斯福并不愿退让。1941 年 12 月下旬，英国外交大臣安东尼·艾登出使莫斯科时，罗斯福还指示他不要做任何战后承诺。艾登断然拒绝了斯大林的要求，斯大林对此十分恼怒。丘吉尔只得再次恳求罗斯福。他坚持说：“《大西洋宪章》不应该被理解为否定苏联在德国进攻前占领的领地。”

斯大林依然没有得到美国曾经答应的军备援助，也没有得到关于领土利益的承诺。誓不罢休的斯大林又提出第三个要求，这个要求意义重大，即开辟欧洲战场打击德国，迫使德国双线作战，以缓解苏联红军的压力。斯大林催促英国进攻被纳粹占领的法国，他还坚持让英国向苏联增援 25 到 30 个师的兵力。

对于斯大林的这一提议，罗斯福表示认同，也认为开辟第二战场是阻止苏联战败最好的方案。

正如德怀特·艾森豪威尔将军解释的那样："我们不应该忘记，正是800万苏联军队在东线作战，为我们开辟第二战场创造了有利条件。"这是击败德国的唯一方法。

罗斯福想尽快在西欧战场发动对德国的进攻，他派了两位顾问，哈里·霍普金斯与乔治·马歇尔，去说服丘吉尔同意开辟第二战场的计划。于是，两位顾问带着罗斯福的信出发了。

罗斯福在信里提醒丘吉尔："英国人民和美国人民要联合起来，开辟一条缓解苏联压力的新战线。两国人民也很清楚，苏联人消灭的德国人和摧毁的敌军坦克、飞机，比英美两国加起来还要多。"

丘吉尔回复道："我完全同意您及参谋部提供的建议。"在确信得到英国的支持后，罗斯福便请求斯大林派自己的外交大臣与一名信得过的将军来华盛顿访问，以商讨于随后在欧洲开辟第二战场的紧急任务。

苏联士兵利用冬天为对德战争做筹备。斯大林寄望于美国允诺的援助。

罗斯福向来访的苏联官员展示了激动人心的战后合作计划。他解释说，战胜国将“保留自己的武装”，并组织建立“一支国际维和部队”，分别由美国、英国、苏联与中国的维和军人组成。这一部队将解除德国及其盟友的武装，并“凭借武力维护和平”。

罗斯福说：“这个第二战场会在今年之内于晚些时候开启。”获悉向罗斯福提出的战后计划与建立第二战场的要求得到同意，斯大林十分高兴。不过，当斯大林得知，形成第二战场意味着美国对苏联的军事援助将缩减60%之多，他就没有那么高兴了。

无论如何，第二战场仍是斯大林优先考虑的事情，而罗斯福也开始为此进行筹划。

第二次背叛：苏联告急，英美挥军北非

不久，斯大林再次感到失望。他意识到英国根本无意执行开辟新战场的计划。英国宣称他们缺少足够的部队，并且无法召集足够多的船只，来让部队穿越英吉利海峡，实施登陆作战。

更糟糕的是，丘吉尔说服了罗斯福答应延迟欧洲第二战场计划。与执行计划相反，美国和英国的军队进入了纳粹占领的北非地区。这对英国控制的石油资源丰富的中东地区来说至关重要，在那里，对英国而言十分重要的殖民利益正遭受着希特勒的严重威胁。

对英国来说，为了保住波斯和伊拉克地区的石油资源，对北非、地中海和中东的控制是必要的。英国也想保住他们通过苏伊士运河和直布罗陀海峡进入印度和帝国其他殖民地的通道。

事情远不止于此。战争爆发前，沙特阿拉伯、科威特和卡塔尔发现了大量的石油储备，而希特勒的势力正威胁着英国在以上地区的石油利益。新的石油储备使英国更渴望加强对这些地区的保护。

为了扫除轴心国在中东的势力，英国向中东地区调集了大量军队和坦克。而英国之所以声称没有足够的军队在欧洲开启更加迫在眉睫的第二战场，是因为英国已经将军队和坦克派驻中东，用以保护石油资源。

一名身穿战斗服的苏联飞行员站在他的T-16飞机前，飞机上印着“致斯大林”的字样。

获知推迟开辟第二战场的消息，苏联高层十分恼火。他们认为，英美政府已经决定将苏联扔给纳粹，让他们孤军抵抗，直至精疲力竭。而他们自己，这些所谓的盟友，却在忙着开发和维护自己的全球利益。等到苏联击败德国的时候，英美盟友就会来插上一脚，建立所谓的“和平条款”。

更为不利的是，斯大林派出的大使维亚切斯拉夫·米哈伊洛维奇·莫洛托夫出于对英美答应开辟第二战场的感激，并没有进一步向盟友提出苏联的领土要求。当时的苏联感觉自己关于援助、领土和第二战场的三项要求通通落空。斯大林再一次感受到了背叛和被利用。

1942年，纳粹开始围攻斯大林格勒，苏联和英美的关系至此跌落谷底。希特勒的军队包围列宁格勒已经超过一年，现在他们开始发起对斯大林格勒的全面进攻。

这座城市之所以尤为重要，在于它阻断了德国进入苏联石油产地巴库的道路。失去石油产地意味着苏联红军将面临灭顶之灾，更重要的是，这座城市是苏联的通信和工业中心。

英国的小算盘

并不只有苏联对英美的行为感到怒不可遏。美国陆军参谋长乔治·马歇尔对英国将军队调往北非一事非常气愤。

为了加快赢得欧洲战场胜利的步伐，美国本计划延迟在太平洋战场对日本的大规模作战。为了拯救英国在中东、南亚和南欧的“帝国”利益，这些计划都被搁浅。

对于马歇尔来说，北非战场没有意义。他认为英国进军北非只不过会“伤及敌人的皮毛”。马歇尔怒火难耐，他提议改变计划，先拿下日本，再解决德国。

实际上，后来率领英美联军登陆北非的艾森豪威尔将军和马歇尔一样，十分厌恶计划的改变。艾森豪威尔将军预言称，英国决定入侵北非的那一天将被记载为“历史上最黑暗的一天”。

一些美国高官相信，英国害怕与强大的德国正面交锋，而勇敢的苏联人则无所畏惧。美国海军作战部长欧内斯特·金嘲笑说，英国不会入侵欧洲，“除非背后有一支苏格兰风笛乐队助阵”。

不管是因为恐惧还是受帝国利益的驱使，英国从来没有打算与强大的德国纳粹军正面交战。相反，他们打算通过海军来攻击希特勒力量薄弱的南部防线，那里主要由实力较弱的意大利军队把守。

对苏态度大逆转

在许多美国人眼中，1939 年的《苏德互不侵犯条约》使他们特别仇视苏联的共产主义。这也导致在战争刚开始的两年间美国国内反苏运动的高涨。

但是现在，苏联人民正顽强地与卑鄙的纳粹军队进行抗争，这种无所畏惧的勇气赢得了美国人民的支持和同情。美国人民对苏联的态度开始有了重大的转变。美国国内到处都是对苏联的赞誉，许多人希望，这能为战后两国的友谊与合作奠定基础。

珍珠港遇袭后，苏联外交官马克西姆·李维诺夫拜访了美国国务院。国务卿也利用这次机会赞美了苏联与纳粹对抗时的“英勇无畏”。1941—1942 年的冬季战役将以苏联的胜利而告终。

不久后，许多美国人开始谈论勇敢的苏联人民和他们不畏牺牲、不畏艰难的革命品格。

“得要托尔斯泰才能描述出苏联千千万万的男人和女人表现出来的英雄气概，他们把不可能的事情变成了可能。”《纽约时报》记者拉尔夫·帕克在 1942 年 4 月如此写道。

1942 年 6 月，《纽约时报》书评人维奥威尔·普雷斯科赞誉称，红军必将赢得战争，拯救全人类。当然，战争并没有就此结束，还有一场最为血腥的战斗即将展开，但这并不会改变普雷斯科的想法。

妇女和老人在挖战壕，以阻止德军进攻莫斯科。

维奥威尔·普雷斯科宣称："苏联红军的强大战斗力、灵活的战略战术以及顽强的斗争勇气，将是赢得反法西斯战争和拯救全人类的决定性因素。"美国远东陆军部队指挥官麦克阿瑟将军将苏联红军在1941—1942年对抗纳粹取得的胜利描述为"有史以来最伟大的军事壮举之一"。

好莱坞的电影工作者也加入歌颂苏联人民英勇气概的行列中。曾经他们小心翼翼地避开苏联题材的电影，但在1942年，事情发生了改变。

在主流电影公司中，至少有9部关于苏联的电影在拍摄或者计划中，最终有5部陆续上映，这意义非凡：《出使莫斯科》（*Mission to Moscow*）、《北极星》（*The North Star*）、《苏联之歌》（*Song of Russia*）、《三个苏联姑娘》（*Three Russian Girls*）和《光荣岁月》（*Days of Glory*）。

来自后方的参战呼声

在美国的大后方，大家达成了共识，即如果不开辟第二战场，反法西斯战争就不会取得胜利。

"苏联人民已经为战争做出了艰苦卓绝的斗争和牺牲，"《大西洋宪章》写道。虽然开辟第二战场将使许多美国家庭承受痛苦，但"它是赢得战争的必经道路"。

普利策新闻奖得主利兰·斯托提醒读者："在过去13个月的战斗里，已经有超过450万苏联人或死或伤，或成为俘虏……这是美国在一战期间伤亡人数的15倍。"斯托强调："苏联是一个强大的国家，如果我们想要赢得战争的话，它将是美国不可或缺的盟友。"

随着支持苏联和赞同开辟第二战场的呼声越来越高，美国人民的热情也随之高涨。1942年的盖洛普调查显示，48%的美国民众希望美国和英国立刻对欧作战，只有34%的美国民众希望等到英美联军的实力壮大后再开辟第二战场。

1942年9月24日，2.5万名美国群众聚集在纽约的联合广场，要求美国开辟第二战场，缓解苏联在反法西斯战争中承受的巨大压力。

许多美国人在自己的车上贴上了“立即开辟第二战场”的标语，要求立刻开赴欧洲痛击希特勒的读者信件也如潮水般涌来。2.5万人聚集在纽约的联合广场上，要求“立即开辟第二战场”。支持的声音来自四面八方。

美国产业工会联合会的38位领导人告诉罗斯福：“现在只有立刻进攻西欧，才能确保战争的胜利。”共和党1940年的总统候选人温德尔·威尔基也表示支持。

苏联不可能永远孤军奋战。它需要德国受到另一个方向的攻击，需要美国和英国实现他们的承诺，开辟第二战场。

24

战局逆转

第二战场终于开辟

虽然民众普遍要求在欧洲开辟第二战场，但是美国和英国的军队却继续开往北非。苏联红军在没有得到承诺中的支持和援助的情形下，在纳粹强攻斯大林格勒的时候，靠着自己的力量顽强地挺了过来。

1942 年 7 月—1943 年 2 月，在斯大林格勒保卫战中，双方各有超过百万士兵投入战斗。德国试图控制高加索地区丰富的石油资源，苏联则不惜一切代价进行防御。这场为时半年的战争异常惨烈，所及之处哀鸿遍野、血流成河。双方伤亡人数都在 75 万以上，平民的死亡总数超过 4 万人。

最终，苏联击败纳粹。在遭受惨重的失败后，德军不得不从东部战线全面撤退。当希特勒得知第 6 集团军包括 23 个将军在内的 9.1 万人被俘之后大为震惊，黯然道：“战争之神已弃我们而去。”

战争局势发生了转变。红军展开反攻，向西行军。

尽管没有得到英国和美国承诺的大部分援助，苏联仍成功地扭转了战争局势。斯大林不再欠他们任何人情。这使得英国和美国之后在谈判桌上一直处于道德劣势。

更糟糕的是，罗斯福和丘吉尔决定登陆西西里岛，向力量较弱的意大利军队开刀。他们再一次推迟了第二战场的开辟，同时也失去了把握战争

在斯大林格勒保卫战中，一名苏联士兵正在用绷带为另一位士兵包扎腿部。

主动权的机会。

而苏联红军在追击德军的过程中也付出了非常惨重的代价。1943 年 11 月，斯大林在纪念十月革命胜利的集会上发表了演说。在演讲中，他庆祝苏联顽强地生存了下来，转危为安，由防御转入反攻。

斯大林谴责了纳粹的无情屠杀和掠夺，并发誓要对德国的侵略者进行复仇 ：“在德国的占领区，德军屠杀了成千上万的苏联人。他们就像中世纪匈奴部落的野蛮人那样，占领我们的土地，烧毁我们的村镇，破坏我们的工厂和文化场馆……我们的人民誓死都不会忘记这帮德国鬼子犯下的累累罪行。”

“三巨头”首次会晤

1943 年 11 月 28 日，罗斯福、丘吉尔和斯大林第一次在伊朗德黑兰的苏联大使馆中会晤。这场战略会议是二战中“三巨头”领导人举行的第一次会议。

罗斯福没有如愿将丘吉尔排除出这场为时四天的会议。一年前，罗斯福告诉丘吉尔 ：“比起你的外交官和我的政府官员，我以个人的名义应付斯大林会更有效。斯大林讨厌你手下的那群高官，看起来他更喜欢我，所以我希望他能将这种好感一直保持下去。”

斯大林邀请罗斯福在苏联的大使馆举行会议，罗斯福同意了。第二天早上，罗斯福早早就到了，他被用轮椅推进会议室。斯大林已经在房间里了。丘吉尔也在半小时后抵达会议室。

会议伊始，罗斯福就发现斯大林铁青着脸。罗斯福担心自己与这位苏联领导人无法结成友好而密切的关系。终于，在一场正式会议前，罗斯福为他将要在会议上做的事情提前向丘吉尔道歉。

会议期间，罗斯福嘲笑丘吉尔的英国人风格，包括他的雪茄，还有他的生活习惯。这让丘吉尔大为恼火，但是丘吉尔越是恼怒得脸红脖子粗，越是紧锁眉头，斯大林就越是高兴。

“我一直拿丘吉尔开玩笑，直到斯大林终于开怀大笑为止。”罗斯福后来说，“就在我把他叫作‘乔大叔’的时候……他笑了，走过来和我握手。”

罗斯福和斯大林的关系破冰，情况随之取得了重要进展。美国和英国承诺在来年春天开辟延迟已久的法国战场，斯大林则同意在击退德国后对日宣战。罗斯福接着同意了苏联一直想要得到在东欧的领土要求。该要求也已在1939年与德国签订的互不侵犯条约中被认可。斯大林由此可以在战后占据波兰。

罗斯福还表示，同意这一点的条件是请斯大林以一种不会惹怒世界舆论的方式执行领土的转变。他还建议苏联在波罗的海诸国实行全民公决。对此斯大林一口回绝。罗斯福劝他重新考虑。他提醒斯大林说，他可以允许苏联自由地主导这些国家的未来。

会议即将结束时，罗斯福还鼓励说，他与斯大林之间建立的信任关系将有助于缓和苏联高层对西方的恼怒。他保证让斯大林在未来掌控东欧进行的自由选举，以便能够产生亲苏政府。

1944年1月，在苏联红军挺进波兰之时，美国陆军部长亨利·史汀生和国务卿柯德尔·赫尔也在谋划波兰的未来。赫尔认为，建立一种“不诉诸武力”的原则至关重要。

史汀生认为还有其他更现实的考虑，例如“会刺激苏联的感情”。

“苏联把我们从战争失败的阴影中拯救了出来。”史汀生后来解释说，“1914 年前，苏联控制着包括华沙在内的整个波兰，并像德国那样深入波兰腹地，但苏联一直没要求获得这些土地的控制权。”

在波兰的卢布林，苏联迅速建立了一个符合苏联利益的政府。新的波兰政府驱逐了那些生活在伦敦并对苏联怀有敌意的流亡政府的代表。那些被驱逐的波兰人感到被丘吉尔和罗斯福出卖了。一年后，红军挺进罗马尼亚、保加利亚和匈牙利，这些国家曾支持轴心国政权。

当美国和英国指责苏联，称他们之前只同意苏联对这些国家实行象征性占领的时候，斯大林针锋相对地回应说，苏联得到的信息也只不过是英美象征性地占领意大利而已。

斯大林（左）、罗斯福（中）和丘吉尔（右）在伊朗德黑兰的苏联大使馆中相谈甚欢。

姗姗来迟的第二战场

1944 年 6 月 5 日，温斯顿·丘吉尔对妻子说："当你今天早上醒来的时候，能否意识到，就在你醒来前不久，可能已有两万名士兵死在战场上？"

午夜过后，盟军的伞兵空降在被德国占领的法国诺曼底。凌晨，5 000 只同盟军船舰覆盖了诺曼底海岸，13 000 架同盟军飞机开始对德军的防御工事展开了持续轰炸。这就是著名的诺曼底登陆。

期待已久的第二战场终于拉开了序幕。

逾 10 万盟军部队和 3 万辆运输车在法国诺曼底海岸登陆。仅在登陆期间，就有超过 4 000 名士兵死亡。之后，又有 5 000 多名士兵死亡或受伤。

同年秋天，德国发动了另一场进攻，但为时已晚。在多场战斗后，德国在 1945 年 1 月开始全面撤退。虽然苏联遭受了巨大的人员伤亡，但也占据了中欧大部分地区。现在，同盟国的军队正在从东西两面夹击德国。

在诺曼底登陆前，苏联几乎是孤军奋战。与苏联红军交火的德军不下 200 个师，而美英盟军面临的德军仅 10 多个师。丘吉尔承认："是苏联红军给了德军致命的打击。"

1944 年 6 月 6 日，在纳粹炮火的攻击下，美国士兵在诺曼底海岸登陆。

1944 年 6 月 6 日，人们聚集在纽约时代广场，关注期待已久的第二战场的最新消息。

25

战后重建

通往新世界秩序之路

到了 1944 年夏天，盟军在欧洲与亚洲的胜利已经指日可待。意大利早已战败，德国军队也在仓皇撤退。

1944 年 6 月，美国夺取塞班岛后，日军高层开始意识到，失败已经不可避免。日本新首相小矶国昭却始终坚信，再获取一个重大的胜利，就能使他从美国那里得到更有利的投降条款。此时距离欧洲战争的结束还有数月之遥，离日本战事结束更是长达一年。

当战场上的双方还在厮杀时，重建世界的工作已经开始了。整个世界都面临着重重挑战，许多欧洲国家和大部分亚洲国家都已沦为废墟。农业和工业遭到毁灭性的打击，交通和通信网被切断，成为战争目标的城市被夷为平地，流离失所的难民寻求庇护，孤儿在街上游荡。

战胜国要如何做，才能让这个满目疮痍的世界恢复正常?

“布雷顿森林体系”确定霸主地位

虽然德国在 10 个月之后才缴械投降，但是战后文件的撰写已经被提上日程。

图为一名被遗弃的男孩抱着一只布偶，坐在被德国空军轰炸后的伦敦街道上。放眼欧洲，城市和农场大部分沦为废墟。因战争而流离失所的人们在寻找食物和他们失散的家人。

1944 年 7 月，在预见了盟国的胜利后，美国邀请其友好国家的政府代表参加在新罕布什尔州举行的布雷顿森林会议。会议在盟军登陆诺曼底后的一个月召开，总计有 730 位代表参加了会议。与会者的工作就是厘清战后应该建立一个什么样的世界。

会议同意美国在战后成立两大经济组织：关注经济发展的世界银行和关注资金的国际货币基金组织。美国当时控制着世界上 2/3 的黄金储备，坚持主张“布雷顿森林体系”要以黄金和美元为共同基础，以确保美国在未来的经济霸主地位和世界信贷者的角色。美国将在本质上成为世界的银行家，并确保能在战后资本主义秩序的重建过程中处于最有利的位置。

苏联代表也参加了会议，但是他们拒绝在最后的协议上签字。他们指责新的体系是“华尔街的分支机构”。一位苏联代表评价道，“第一眼”看到布雷顿森林体系，它“就像美味的蘑菇。但是仔细检查后才发现，它们居然都是有毒的”。

英国也明白，这个新体系必将侵蚀他们的殖民利益。虽然丘吉尔在1942年底曾严厉指责道：“身为一国首相，我竟然不能在大英帝国的战后清算问题上做决定！”但无论如何，权力的天平开始逐渐倒向美国。

是谁在掌控殖民地人民的命运?

战争期间，一些批评家曾对罗斯福反对殖民主义的诚意表示怀疑。尽管罗斯福没有像副总统华莱士那样坚定地反对殖民主义，但是他确实多次控诉殖民者对殖民地人民不仁不义。

罗斯福的儿子艾略特·罗斯福曾描述过父亲在1941年对英国殖民主义的严厉批评。“我简直不敢相信，我们能和法西斯主义的奴役做斗争，”罗斯福对丘吉尔说，“却不能解救那些殖民统治下的人民。”他敦促丘吉尔结束在印度及其他殖民地国家的殖民统治。

1944年2月，在一场记者发布会上，罗斯福公开谴责英国在西非冈比亚的殖民统治，他此前曾亲眼看见当地的状况。“这是我一生中经历过的最恐怖的事情，”罗斯福说，“这个国家有着5 000多年的历史……但英国已经统治了他们200多年。英国在冈比亚每投入1美元，就会拿走10美元的回报。这是对冈比亚人民赤裸裸的剥削和掠夺。”

罗斯福一再表示，战后的托管体系要为恢复殖民地国家的独立做准备。他坚持战后将不会把包括印度支那在内的几个国家还给法国，而丘吉尔和

◤ 罗斯福批评了法国对 3 000 万印度支那居民的所作所为，包括今天的越南、老挝和讲柬埔寨语的人。罗斯福认为，在被法国统治了近 100 年后，他们的情况并没有好转。

法国抵抗军领袖戴高乐将军则要求归还。

“法国统治这里的 3 000 万人民近 100 年，”罗斯福说，“当地人民的生活却一天比一天悲惨……这些国家的人民有权过上更好的生活。”

丘吉尔明确表示，他不会允许罗斯福利用印度支那作为契机全面废除殖民主义。大英帝国当然不希望失去其建立起来的殖民地或领土的控制权。

“‘不干涉大英帝国事务’是我们的根本立场，”丘吉尔说，“谁也不能削弱或玷污帝国利益。”

华盛顿和莫斯科对反殖民运动的发酵均十分关注。如果去殖民化的计划实现了，那么新兴的第三世界国家将成为潜在的盟友，这些国家也许会为他们提供军事基地、资源和贸易市场。

虽然斯大林极力支持反殖民主义，但罗斯福担心英国会因此从战时军事同盟中分裂出去，所以最后选择了妥协。随着时间的推移，正义渐行渐远，罗斯福甚至在他最为坚决的印度支那问题上做出了让步。

然而罗斯福对去殖民化的态度仍然没有改变。次年，也就是 1945 年 4 月 5 日，罗斯福对菲律宾总统塞尔吉奥·奥斯米纳承诺，一旦日军从菲律宾撤退，美国将“立即”承认菲律宾独立。但是直至去世，罗斯福都未能兑现这一诺言。战后的丘吉尔扛住了美国的压力，并没有承认印度支那的独立，不过他的胜利果实并没有维持多久。印度支那的人民还是将命运掌握在了自己的手中。

一份卑鄙的文件

1944 年 10 月，正当罗斯福支持结束殖民统治之时，斯大林和丘吉尔在世界的另一端举行了一个秘密会议，代号“托尔斯泰”。

丘吉尔希望解决波兰日益陷入僵局的情况。斯大林坚持，波兰的政府必须对苏联持友好态度。他不会为此冒险。要知道在过去的 25 年间，德国两次入侵苏联均是取道波兰。他希望已经由共产党领导执政的波兰政府得到西方的承认。丘吉尔则希望保留已被驱逐到伦敦且强烈反对共产主义和苏联政府的波兰代表。斯大林将这些代表称为恐怖分子。

坐在克里姆林宫的壁炉旁，丘吉尔说了一些他最喜欢的波兰笑话。两位领导人接着划定了双方在巴尔干半岛的势力范围，并就西方国家承认苏联在波兰利益的一些基本问题进行了协商。

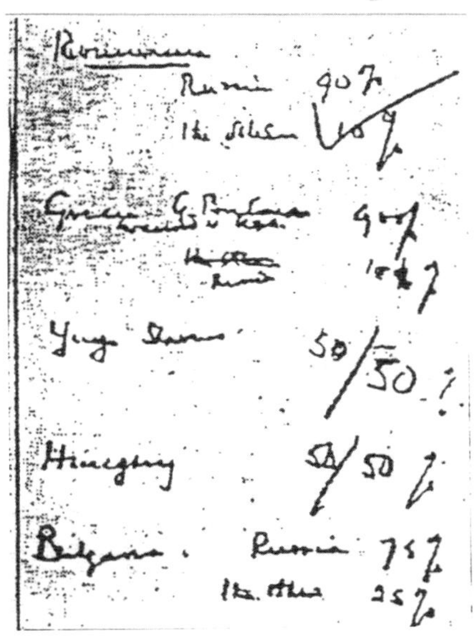
Roumania
Russia 90%
The others 10%
Greece 90%
10%
Yugoslavia 50/50%
Hungary 50/50%
Bulgaria Russia 75%
The others 25%

1944 年 10 月，在莫斯科的秘密会议上，丘吉尔和斯大林达成协议，并在这张纸上划定了英、苏两国在战后各自的势力范围。

在一张纸的背面，丘吉尔写下了自己对英国和苏联应占据的势力范围的提议：罗马尼亚的 90%、匈牙利的 75% 和保加利亚，归苏联管辖；希腊的 90% 归英国管辖；南斯拉夫将一分为二。

斯大林接过纸，看了一会儿，

然后用一支蓝色铅笔勾勾画画，随后又把纸递回给丘吉尔。丘吉尔说："我们用这种轻率的方式处理了对数百万人而言意义重大的事情，不会让人觉得太玩世不恭了吗？我们还是把这张纸烧掉吧。"

但是斯大林劝说丘吉尔保留这张具有历史意义的纸。丘吉尔称，这是"一份卑鄙的文件"。这正是罗斯福一心想要阻止的阴谋。

斯大林很快履行了协约中的承诺，给予英国90%的希腊管辖权。会议结束的两个月后，当英国军队残忍地镇压希腊的左翼势力时，斯大林站在了英国这边。斯大林遵守和丘吉尔的承诺，拒绝对左翼分子出手相助，尽管左翼势力已经得到广大希腊人民的支持。英国的这一行径让美国民众惊讶不已。

各怀异胎的雅尔塔会议

1945 年 2 月上旬，罗斯福、斯大林和丘吉尔在黑海沿岸的雅尔塔进行了第二次会晤。这一次会议旨在针对战后重建计划进行谈判，包括对德国的处置。此时的罗斯福已经重病缠身，与他见面的人都能察觉到他身材消瘦，脸颊凹陷，并伴随着急促的呼吸。

每一位领导人都是带着明确的目的参加会议的，他们的希望折射出各自对塑造战后世界的欲望，代表了他们本质迥异的地缘政治战略，这也导致了彼此之间深刻的分歧。苏联优先考虑领土安全，英国想继续维护其帝国统治，美国希望苏联能协助结束太平洋战争，改革世界经济，成立联合国，维护世界和平。

斯大林坚持认为，必须永久地削弱德国，以确保苏联不会再次受到德国的攻击。苏联为反抗德国纳粹的侵略付出了极其高昂的代价：约有 2 700 万苏联士兵和平民牺牲，大部分城市沦为废墟。美国和英国虽然帮助了苏联，但是他们的努力和损失在苏联面前简直不值一提。对比之下，英国的死亡人数在 40 万～ 45 万之间；美国的死亡人数不超过 41 万。

战争结束后，美国的经济实力和军事实力比以往任何时候都要强大，在外交上却声名狼藉。因为在战争最黑暗的时候，美国未能及时兑现其对斯大林进行军事援助的承诺。

然而美国领导人手中还紧握一张大牌：承诺战后经济援助，帮助苏联重建他们满目疮痍的国家。曾经不可一世的英国现在已经大大衰落，不再具备独立话语权。大英帝国如今要依靠美国的扶持和慷慨解囊，才能保住其在战后世界的强国地位。

他们的分歧主要出现在如何处理波兰的问题上。“波兰问题并不只是荣誉问题，还关系到苏联的领土安全问题。”斯大林称，“纵观历史，波兰一直是敌国进犯俄国的通道。”这是一个“关系到苏联国家生死存亡的大问题”。

苏联在波兰扶持了一个亲苏政权。现在，斯大林要求各国承认，波兰由在其东部城市卢布林成立的共产党政府执政。但是罗斯福和丘吉尔支持逃窜到伦敦的流亡政府，该流亡政府中的大部分成员都是激进的反共产主义分子。斯大林曾指责他们是恐怖分子。

三巨头最终做出妥协，在波兰建立了一个民族团结临时政府，英国、美国和苏联都会派出代表作为波兰领导人的顾问。此外，波兰将实行自由选举，所有“民主和反纳粹的政党”都可以参加。三巨头同意将寇松线作为波兰的东部边境，但在西部边境问题上却未能达成一致，只能将其作为遗留问题，留待日后解决。

协议的很多内容都没有具体说明。罗斯福的幕僚长、海军上将威廉·莱希提醒罗斯福：“协议太模糊了，苏联人钻空子的机会很大，而且还不会落下违反协议的把柄。”

罗斯福同意道：“我知道，我都知道。但这已经是我此次能为波兰人

1945 年 2 月，三巨头丘吉尔（左），罗斯福（中）和斯大林（右）在雅尔塔会面。他们克服了种种分歧，最终就战后波兰问题和西欧问题达成了一系列协议，使美国和世界其他各国对战后世界充满了信心。

所做的最大努力了。”

罗斯福明白自己在雅尔塔并没有过多筹码，所以他更热衷于让斯大林同意《欧洲解放宣言》（*Declaration on Liberated Europe*）。

《欧洲解放宣言》承诺要在欧洲通过民主选举，建立具有广泛代表性的民选政府。三巨头同意将即将要被征服的德国一分为四，苏联、英国、美国各占一区，第四区由法国控制。

苏联同意在欧洲战场结束后的 3 个月内对日宣战，作为回报，美国答应了苏联在远东的领土要求和经济特权，其中苏联要求归还的大部分领土是 1904 —1905 年日俄战争时俄国割让给日本的。

雅尔塔会议的消息点燃了人们已经消失了数十年的乐观情绪。美国前总统赫伯特·胡佛称，这次会议“展示了人类美好的未来”。

罗斯福意外离世

苏联举国也沉浸在雅尔塔会议后的喜悦中，但他们不确定罗斯福的继任者会作何举动，毕竟罗斯福的健康状况已经十分糟糕了。1945 年 3 月 1 日，在经历了疲惫的雅尔塔之行后，罗斯福第一次在总统任期内坐着而不是站着，向国会发表演讲。

“我希望你们能原谅我在接下来的演讲中，是以坐着这种不同寻常的姿态进行的。”罗斯福开场时说，“但是我知道你们会意识到，如果我的腿上没有 10 磅的钢铁缠绕，我会轻松很多。此外，我刚刚完成了一次 14 000 英里的旅行。”

虽然关于罗斯福病重的流言四起，但是罗斯福劝服国会称：“我一直很好，一秒钟都没有病过……我从克里米亚会议（即雅尔塔会议）回来，带着一个坚定的信念：我们在通往世界和平的路上，取得了良好的开端。”

罗斯福赞美美国军队和“英勇的红军”在德国的“奋勇前进”。这两支军队很快便在德国会师，即将结束与纳粹之间的战争。他继续说：“希特勒已经失败了。”

“不允许有中间地带。”罗斯福称，“我们应该承担起团结世界各国的责任。或者说，我们应该承担避免另一场世界性冲突的责任。”

在演讲接近尾声时，罗斯福赞扬了美国人民，并表达了他对一个更加美好的新世界的希冀。“我相信美国人民接受这次会议的结果，因为这是一个永恒的和平体系的开始。在上帝的庇佑下，我们开始构建一个更美好的世界。让我们的子孙，无论是你的还是我的，乃至世界人民的子子孙孙，都能在这个世界中生存和生活。我的朋友们，这就是我唯一能传递给你们的信息，因为我对此感受深刻，并且我知道，你们所有人今天已经能感受到这样一个更美好的世界，并在未来也能够感受得到。”

那晚，在国会上见证了罗斯福演讲的人，都注意到总统恶化的身体。

◤ 据悉，这是罗斯福最后一次拍摄的照片，拍摄于 1945 年 4 月 11 日，在佐治亚州一次短暂的温泉之旅。

他的私人医生诊断他的病症为“流感”和支气管炎。事实上，他承受着高血压、心脏病和左心室心机能不全及支气管炎的痛苦。

在接下来的几个星期，美国和苏联在波兰及其他问题上不断产生分歧，这些棘手的问题不断折磨着这位总统，但是他未放弃联合三个大国之力继续为世界和平及人民友谊共同努力的希望。

在发送给丘吉尔的最后一封电报中，罗斯福建议：“我会尽可能地解决苏联提出的这些问题。这些问题如果得不到解决，日后它们还是会冒出来，但此种问题都是可以解决的。”

1945 年 3 月 29 日，罗斯福来到他位于佐治亚州具有“小白宫”之称的农庄小别墅，开始了短暂的工作休假。4 月 11 日，他在室内安静地工作。次日下午，他抱怨说后脑勺“非常痛”。在遭受了一次严重的中风后，罗斯福去世了。

26

新总统上任

美苏关系再次陷入僵局

1945 年 4 月 12 日，哈里·杜鲁门像往常一样走向国会大厦众议院发言人萨姆·雷伯恩的办公室。此刻，这位副总统脑袋里只想着两件事：打扑克牌，再趁机干掉一批雷伯恩最新到货的威士忌。

刚到那里，杜鲁门就被告知要立刻致电白宫新闻秘书，杜鲁门照做了。随后，史蒂夫·厄利让他立刻返回白宫。

在白宫，埃莉诺·罗斯福告诉杜鲁门，总统已经病逝了。杜鲁门对此大为震惊，因为罗斯福不久前才向所有人保证他的身体没有问题，只是支气管炎而已，甚至就连罗斯福的私人医生也这么说。

杜鲁门好一会儿才从震惊及悲伤中回过神来，他向埃莉诺·罗斯福表达了自己的哀悼之情，并问自己能够为她做些什么。但罗斯福夫人回答道：“应该是我们有什么事可以为你效劳？因为你现在可是身陷险境。”

这一刻是杜鲁门始料未及的。他就任副总统才 82 天，在此期间，只见过罗斯福总统两次，而且他们之间并没有就美国正在面临的实质性问题进行过任何讨论。最让杜鲁门震惊的是，他对美国正在研制原子弹之事一无所知。包括罗斯福在内的其他高层官员，都没有向副总统透露过丝毫信息。

现在，哈里·杜鲁门成为新总统了。

“请为我祈祷吧”

次日，杜鲁门总统便在国会大厦门外遇到大批等候多时的记者。其中一位记者问他，当总统的第一天要如何度过，会面临什么工作。

“小伙子们，如果可以，请为我祈祷吧。”杜鲁门回答，“我不知道你们背负着什么任务，但是当他们昨天告诉我发生了什么事情后，我感觉自己就像是月亮，所有的星星以及整个宇宙，都向我压了过来。我已经接下了一份人类所能承受的最大压力的工作。”

另一位记者大声喊道：“祝你好运！总统先生！”

杜鲁门回答：“真希望你不是喊我‘总统先生’。”

图为哈里·杜鲁门在罗斯福病逝8天后拍摄的照片。杜鲁门向顾问提出咨询，以便快速掌握整个局势。

这并不是杜鲁门虚伪的谦卑。他的确感到困难重重，他告诉遇到的每一个人，这一切是个错误，他并不适合当总统。

一些人也赞同杜鲁门的想法，包括战争部长亨利·史汀生，还有罗斯福的前任副总统亨利·华莱士，他现在在内阁担任商务部长一职。这两人都担心杜鲁门会受一些路线强硬者的摆布。史汀生估计，最大的压力将来自丘吉尔。他认为，提醒新总统“英美之间过去的分歧”是不可避免的。

罗斯福已在1945年3月16日的内阁会议中清晰地阐明了英美之间最重要的意见分歧。“总统提出了与英国关系的种种困难，”美国海军部长助理斯特鲁维·亨塞尔在日记中写道，“他还略带诙谐地说，英国特别希望美国能和苏联干上一架。”在罗斯福看来，如果按照英国人的计划去做，那么美国的好日子就该到头了。

杜鲁门知道，他必须进行一场演讲，报告当前的世界形势。

热锅上的总统

第二天，杜鲁门向国务卿爱德华·斯退丁纽斯寻求建议。但是许多人认为斯退丁纽斯只是一个无足轻重的政客，对罗斯福几乎没有产生过影响。斯退丁纽斯对斯大林和苏联的看法与罗斯福不同，他并不信任苏联。

斯退丁纽斯告诉杜鲁门，苏联人非常狡诈。在一份备忘录中，斯退丁纽斯抱怨，自从2月份的雅尔塔会议后，苏联“在每一个重要问题上都固执己见，不肯做出一点让步”。他指责苏联人经常在解放区单方面活动。他还说，丘吉尔在这些问题上比他还要反感苏联的做法。

丘吉尔没有时间对斯退丁纽斯的观点进行确认。他第一时间向美国发去电报，并派外交大臣安东尼·艾登拜访杜鲁门。

驻美国的英国大使也对杜鲁门做了评价。哈利法克斯勋爵认为，新总统是位“老实勤奋”的平庸之人，而且笨拙愚蠢，充其量也就是业余水平，

杜鲁门（中）、詹姆斯·伯恩斯（左）和亨利·华莱士（右）在罗斯福的葬礼上。作为议员的伯恩斯一直是杜鲁门的良师益友，现在成为这位新总统在外交政策上最亲密的顾问。后来在伯恩斯的怂恿下，杜鲁门向内阁成员华莱士发起攻击。

他的周围也都是些“密苏里州县级法官水平”的朋友。

见过斯退丁纽斯后，杜鲁门向另一个人寻求了帮助。他拜见了他的良师益友——议员詹姆斯·伯恩斯。伯恩斯曾作为美国的代表之一出席了雅尔塔会议，杜鲁门认为伯恩斯应该清楚雅尔塔会议上发生的事情。不过，在几个月之后，他才发现，伯恩斯其实对此也知之甚少。

杜鲁门坦言，自己知道的事情少得可怜，他请伯恩斯告诉他“从德黑兰到雅尔塔”的所有事情，包括那些“见不得光的事情”。

总统迫切需要伯恩斯告诉他一些精确的信息。但是伯恩斯强调了斯退丁纽斯的观点，称苏联正在违反雅尔塔协议。他建议杜鲁门对此要坚决制止，绝不能妥协。

伯恩斯还将原子弹的真实情况告诉了杜鲁门。伯恩斯将原子弹描述为“足以毁灭整个世界的爆炸物”“可以让我们在战后拥有绝对的话语权”。

但他并没有详细说明美国会对谁发号施令。

杜鲁门的密友兼秘书直言不讳地揭露了杜鲁门和伯恩斯的关系："伯恩斯先生来自南卡罗来纳州，和杜鲁门总统谈话后，便被任命为国务卿。"马修·康纳利写道，"恐怕，在伯恩斯眼里，杜鲁门不仅无足轻重，而且没有过人的才能。"

杜鲁门究竟是否拥有过人的才能还不能下定论，他和伯恩斯都为建立战后世界付出了许多心血，但是两人看起来并不合拍。杜鲁门接受过更多的正规教育，至少也从高中毕了业，而伯恩斯在 14 岁便退了学。

必须延续的事业

美国驻苏联大使威廉·哈里曼匆匆赶往克里姆林宫，告知斯大林罗斯福病逝的消息。在那里，哈里曼知道苏联领导人对这个突如其来的消息确实感到哀痛万分。斯大林握住哈里曼的手，为人类的损失而惋惜。他请求哈里曼代他向罗斯福夫人和他的孩子们表达最沉痛的哀悼。

哈里曼努力向斯大林保证，他将会和杜鲁门总统一同发展平等、牢固的关系。哈里曼称杜鲁门是"一位重行动胜于言语的实干家"。

斯大林回复称："罗斯福虽然离开了我们，但是他的事业必须延续下去。我们会尽一切所能支持杜鲁门总统。"

哈里曼向来是一个多疑的人，但这一次，他发现自己被斯大林深切的情谊打动了。不过哈里曼还是想要和杜鲁门谈谈苏联的意图。正如杜鲁门的许多其他顾问一样，哈里曼出生于特权阶层，讨厌任何与共产主义沾边的事情以及任何"劫富济贫"的思想。

哈里曼的父亲是一位铁路业的百万富翁，帮助成立了布朗兄弟哈里曼银行。该银行是一家实力强大的私人银行，另一位合伙人是普理斯科特·布什，即之后的老布什总统的父亲，小布什总统的祖父。

当哈里曼获悉，苏联外交部长莫洛托夫在前往旧金山出席联合国计划会议之前，打算在华盛顿做短暂停留，便匆忙返回国内。他希望赶在苏联外交部长之前，先行向杜鲁门总统汇报。

哈里曼如愿了。他提醒杜鲁门总统，美国现在所面临的是苏联“野蛮入侵欧洲”的问题，他叮嘱总统要坚定立场。他让杜鲁门告诉莫洛托夫：“我们不会允许在波兰问题上存在任何欺骗。”

哈里曼进一步强调了丘吉尔和艾登此前对斯大林压迫性措施的态度。一旦苏联控制了某个国家，并在此建立起其专制体系，就会出现秘密警察并消灭自由言论，哈里曼如是说。

哈里曼相信苏联不敢和美国翻脸，因为他们迫切需要罗斯福生前许诺的战后重建援助。国务卿斯退丁纽斯和海军部长詹姆斯·福莱斯特基本上也都同意哈里曼的观点。

他们三人都鼓励杜鲁门在波兰问题上对苏联保持强硬态度。但是杜鲁门要做的却不止于此。

“硬汉”还是“莽汉”

1945年4月23日，距离罗斯福逝世不到两周，杜鲁门在坐下来与莫洛托夫谈话前，召集了所有的外交政策顾问举行了最后一次会议。战争部长亨利·史汀生、陆军参谋长乔治·卡特莱特和参谋长威廉·莱希就苏联形势为杜鲁门提供了一个较为公正的观点。毕竟，《雅尔塔协定》的很多条款过于含糊。

莱希提醒杜鲁门，判断苏联是否违约存在一定的困难。事实上，如果苏联没有任何违反约定的举动，才会令人感到惊讶。

曾被《时代》杂志列为1943年年度人物的马歇尔也毫无保留地发表了自己的意见。他警告称，破坏与苏联的友好关系的后果将是灾难性的。

美国需要苏联打败日本。

史汀生则对苏联的困境表示充分的理解。他提醒杜鲁门总统在处理苏联利害关系时必须加倍谨慎。“苏联一直是我们可靠的盟友，”史汀生说，“它能提供的帮助往往比承诺的要多，尤其在军事方面，更是如此。”

史汀生提醒总统，波兰问题对苏联的安全来说至关重要，同时也承认“在他们自身的安全性问题上，苏联也许比我们务实得多”。他还提到，除了美国和英国之外，极少有国家能和美国一样持有自由选举信仰。

然而，杜鲁门还是打算一如既往地用恫吓和蛮横来掩盖自己对问题的狭隘认识。他表示，自己将会直接向莫洛托夫发出声明，要求苏联停止破坏《雅尔塔协定》的行为。在联合国一事上，美国将“按照此前为了在旧金山召开联合国大会所做的计划行事。如果苏联不和我们合作，就让他们见鬼去吧”。

杜鲁门向哈里曼坦言，他无法百分百地要求苏联按照他的意见行事，但至少也能做到 85%。这天稍晚些时候，杜鲁门和莫洛托夫见面，便摆出了他的硬汉架势。他指责苏联破坏了在雅尔塔达成的协定，尤其是在波兰问题方面。

莫洛托夫试图解释，波兰对苏联而言是极重要的国家安全问题。他指出，协约要求的是一个友好的波兰盟友，而不是伦敦那些对卢布林政府怀有敌意的波兰人。

杜鲁门对此依旧置若罔闻，无礼地忽视他的解释。当莫洛托夫试图提出其他问题时，杜鲁门打断说：“就说到这儿吧，莫洛托夫先生。请你将我的意见转达给斯大林，我将不胜感激。”

莫洛托夫对杜鲁门的侮辱性行为抗议道：“我一生中都没有遇到过这样的谈话。”“履行你们签下的协定，你就不会遇到这样的谈话。”杜鲁门立马反击称。

莫洛托夫被激怒了，随后愤然离开了房间。许多年后，莫洛托夫还记得杜鲁门用“蛮横语调”和“极其愚蠢”来显示“谁才是老大”。

第三次背叛：谁违背了《雅尔塔协定》?

杜鲁门竟然狠狠地训斥莫洛托夫，对于这种幼稚且极其无礼的外交行为，斯大林勃然大怒。在短短 25 年间，德国已经通过波兰和东欧国家两次入侵苏联，他坚持认为苏联的西边边境需要亲苏政府，尤其是波兰这样的近邻。

斯大林第二天向杜鲁门发送电报，大体说明了雅尔塔会议的真实情况。他认为罗斯福已经同意以卢布林政府的成员为核心成立新的波兰政府。因为“波兰和苏联接壤”，苏联有权扶植一个亲苏政府。斯大林说，他并不知道比利时或者希腊政府是否真正实现了民主，但是他也不会反对，因为他们对英国的安全至关重要。

斯大林在电报中写道：“我已经准备满足你的要求，做了一切可能的事情来实现一个和谐的解决方案。但是你的要求太多了……你要求我放弃苏联的国家安全利益，但是我不能背叛我的祖国。”

斯大林又一次感到了背叛。

27

德国投降

美苏进入短暂蜜月期

1945 年 4 月 26 日，欧洲战场一切进展顺利。美军和苏军在德国托尔高地区会师，那里距离美国西海岸有 4 500 英里远，距离伤痕累累的斯大林格勒 1 400 英里。而这 1 400 英里，是苏联红军用鲜血和牺牲换来的。

士兵们在易北河边扎营，个个欢欣鼓舞。德国虽然还没有投降，但是战争已经接近尾声。他们清楚，欢庆的时刻将要来临。他们享受着美食，畅饮着各种美酒——香槟、伏特加、白兰地、红酒、啤酒、威士忌。

一等兵利奥·卡明斯基将其描述为“从未有过的欢乐时光”，“(苏联)给了我们丰盛的晚餐，我们吃了 60 个烤面包”。这位来自纽约金斯县的 28 岁的小伙子对苏联士兵产生了深刻的印象。“天呐，”他说，“即使在纽约繁华的布鲁克林区，也没这么个喝法。”

《纽约时报》报道称：“他们喝酒、唱歌，共同表达了对未来永久和平的美好祝愿。”庆祝活动发生在距离柏林 90 英里之外的地方。当托尔高地区载歌载舞、一派欢乐气氛之时，柏林却是另外一幅场景。

5 天前，苏联人到达柏林郊外，德国的首都被团团包围。苏联人摧毁并烧掉了柏林沿途的街道。希特勒郑重宣告，苏联人将在柏林遭受最惨重的失败，他号召德国人民保卫柏林。许多人为保卫他们的城市而投入战斗，

图为一位苏联士兵登上柏林的德国国会大厦，并扬起了苏维埃旗帜。

也有些人躲了起来。他们害怕苏联人因希特勒的背叛以及德国士兵对苏联犯下的暴行而对他们实施报复。

联合国大会上的硝烟

正当柏林被苏联军队重重包围之时，来自 46 个国家的代表齐聚 7 500 英里外的旧金山，召开了联合国关于创建国际组织的会议。代表们计划就联合国宪章的起草进行讨论，联合国的目标是维护世界和平。

会议于 1945 年 4 月 25 日开始。在这里，用来表达对未来美好希冀的美酒佳肴和欢歌乐舞都已齐备，这本该是一个庆祝的场合，庆祝一个世界和平、各民族和谐相处的新时代即将来临。初期的会议受困于苏联和美国之间紧张的关系。哈里曼与美国代表团的成员们见面后说，他希望确保“所有人都明白苏联……不准备履行他们的战后协约”。

哈里曼坚持认为，苏联会使用一切不正当手段来统治东欧。当他在非公开报道的媒体会议上，再三向记者重复对苏联的指责时，一些记者被激怒了。他们称哈里曼为“战争贩子”，并愤然离席。

美国代表们却没有和那些不满的记者一样，对哈里曼的观点持有同样的质疑。当莫洛托夫要求让卢布林政府代表波兰出席会议时，美国代表拒绝了他的请求。但是，美国官员却成功迫使拉丁美洲代表以阿根廷政府代表的身份出席会议，尽管这些人同情纳粹。

身在白宫的杜鲁门则接连两次向大会致电。他向那些“为公平至死不渝”的“勇敢的拥护者”发起号召，并告诉他们：“让我们努力实现值得我们做出伟大牺牲的和平。我们必须确信，通过你们的努力，另一场战争将绝不会发生。”

杜鲁门对待苏联的强硬手段并不如预期的那样产生效果。他两次召见前任美国驻苏联大使约瑟夫·戴维斯，一位保守的业务律师，并向他征求意见。杜鲁门向戴维斯坦承，在他激烈的长篇演说后，莫洛托夫“身体颤抖，脸色煞白”。一开始，杜鲁门认为是他的“强硬手段”奏效了，因为苏联在旧金山会议中做出妥协，没有要求国际社会承认卢布林政府。但是杜鲁门自己也注意到，美国和苏联的关系在迅速恶化。

“你怎么看？”杜鲁门问戴维斯，“是我做错了吗？”

戴维斯对此直言不讳，给了一个杜鲁门总统意料之外的答案。

互惠主义的坚持者

戴维斯向杜鲁门解释，莫洛托夫在 1945 年 4 月 23 日与杜鲁门会面之前，曾来拜访过他。莫洛托夫告诉戴维斯，罗斯福的病逝对苏联而言是一个“极大的悲剧”，因为“斯大林和罗斯福彼此心意相通”。莫洛托夫希望知道杜鲁门是否了解雅尔塔会议的全部事实。

戴维斯告诉杜鲁门，苏联一直“在同盟国之间奉行互惠互利原则”。基于这点，苏联承认了英国在非洲、意大利和希腊安排的亲英政府，即使这些政府并不代表反法西斯主义力量。因为苏联明白，他们涉及美国和英国的“切身利益”。

在波兰问题上，苏联同样希望美国从他们国家的安全层面考虑。戴维斯提醒杜鲁门，当美国和英国正在谋划全球战略规划时，苏联一直在浴血奋战。

杜鲁门对此非常惊讶。当他知道苏联竟然是因为“基于罗斯福总统的建议”才同意不向丘吉尔提出领土要求时，他意识到自己一直被伯恩斯、斯退丁纽斯等人误导了。他向戴维斯承诺，会将国会中所有将他引入歧途的反苏分子“清除”出去。

戴维斯指出，在过去的6周中，美国与苏联的关系已经从根本上发生了变化，作为煽动者的英国难辞其咎。戴维斯进一步提醒杜鲁门，如果苏联认为美国和英国正在“联合起来对付它”，那么苏联肯定会以牙还牙，与西方国家斗争到底。他们此前就曾这样做过：当西方国家拒绝帮助苏联反抗纳粹时，苏联就和希特勒签订了互不侵犯条约。

没有人希望看见旧事重演。戴维斯向杜鲁门保证：“当我们向苏联伸出慷慨和友善之手，苏联会更积极地予以回应。若采取‘强硬’的手段只会激怒苏联，导致其作出激烈反应，与仇视他们的人‘斗争到底’。”

戴维斯同意为杜鲁门和斯大林举行一次会谈。后来，戴维斯在日记中记下了杜鲁门的自嘲：“我自然要关心这件事。兹事体大，而我是最不擅长处理这件事的人。但无论如何，我已经尽力了。”

戴维斯并不是唯一一个支持苏联的人，曾任美国驻苏联大使的威廉·史丹利将军也是其中一位，后者曾公开反对那些认为斯大林不怀好意的人。

史丹利在《科里尔杂志》（*Collier's*）中坚称，苏联真诚希望和美国共同建立持久的和平世界。他认为，苏联不仅“极度”渴望和平稳定，“而且斯大林是发自内心地期盼和平的到来”。

“我们的世界，”史丹利写道，“已经无力承受另一场战争了。”

德国投降了

1945 年 4 月 30 日，当苏联军队踏进距希特勒藏身地堡几百码[①]的范围时，希特勒和她的妻子爱娃·布劳恩，以及几位亲密的参谋及其家属自杀了。德国人民从电台中得知，他们的领袖死于此次的柏林战役。

一周之后，即 1945 年 5 月 7 日，德国投降了。一位美国外交官写道，苏联人民高兴的心情是“难以言状”的。有些人聚集在莫斯科的美国大使馆门前，高喊道：“罗斯福万岁！”

在红场上，斯大林向参加集会的数万名群众发表了胜利演说。他说：“我们为了我们祖国的自由和独立而遭到的巨大牺牲，我国人民在战争进程中所经受的无数苦难，为了祖国而在后方和前线进行的紧张劳动，这一切都没有白白过去，而是获得了完全战胜敌人的结果。”

美国人民也认识到苏联人民在这场战争中遭受到的深重苦难和做出的巨大牺牲。1945 年 6 月，获奖新闻记者 C.L. 苏兹贝格在《纽约时报》上撰文描述了战争给苏联留下的难以想象创伤：“到处都是绵延不尽的悲痛和创伤，疾病与灾荒。经过漫长的鏖战，虽然最后赢得了荣光，但损失也难以估量。这种重创即使苏联人民本身也难以全面理解和认识。”

一位美国陆军军官在走进德国柏林的地堡时行礼致敬，那里是希特勒自杀的地方，两位苏联士兵正在守卫地堡。

苏兹贝格明白，如此巨大的创伤，一时难以抚平。他预测道：“这种可怕的痛苦和空前的破坏，不仅会在苏联人民和苏联的大地上留下深深的印记，

① 1 码 ≈0.91 米，下同。——编者注

还会对苏联今后的决策、政治以及心理情感带来深刻的影响。”这意味着苏联将要求在东欧拥有“绝对忠诚的盟友”，削弱德国的军事力量并渴求与苏联毗邻的中亚和远东各国建立友好关系。

美国人希望帮助苏联人民纾缓民困。在整整一年的时间里，美国国内开展了多项旨在帮助苏联的慈善活动。

元旦这天，《华盛顿邮报》的编辑们号召美国人不要忘记那些同样也在庆祝新年的苏联小朋友，“捐出一点钱财”来纪念“我们和苏联人民同舟共济的深厚友谊”。

第一夫人贝丝·杜鲁门也伸出援手。1945 年 7 月，她成为一个全国性捐书委员会的名誉主席，该委员会发动广大美国民众向苏联捐赠了百万册图书，以弥补纳粹德国造成的破坏。每一本捐赠的图书扉页上都印有美苏两国的国旗，上面写着“美国人民向英勇的苏联人民致意”。大学、中学、图书馆、教堂和个人纷纷捐出书籍，杜鲁门总统本人也捐赠了 40 册乔治·华盛顿的作品，也许他认为苏联人民愿意读读美国历史。

许多赞美苏联士兵和普通民众勇敢与无私的故事竞相流传。当欧内斯特·M. 葛林柏格上尉和两位士兵从战俘营中逃出来后，他们只花了 14 天就到达了莫斯科。

“我们基本不用走路，”这位伞兵部队的军医在接受《华盛顿邮报》采访时回忆道，“总会有卡车或者火车捎上我们，没人管我们要钱或者车票。我们什么也没有，就因为我们是美国人，苏联人民对我们太好了。到哪儿都有人收留我们……我们进莫斯科的时候坐了一辆为苏联军官准备的车，当然，这也是免费的。”

苏联人民十分慷慨地分享他们原本就匮乏的食物，葛林柏格说。他相信，自己在狱中减掉的 25 磅肉又补回来了。这种同志般的感情让两国人民都对战后的友谊满怀美好的希冀。

战争不过是互相报复

苏联士兵在进攻柏林途中解放迈丹尼克、索比堡、特雷布林卡和奥斯维辛等集中营时，目睹了德国人的累累罪行：他们迫使犹太人和其他被囚者遭受了恐怖、羞辱、驱逐和死亡。

“苏联红军亲眼看见了满目疮痍的城市，看到了填满俘虏尸体的万人坑，他们不是被杀死的，就是被活活饿死的。”战时记者亚历山大·沃斯写道，“在苏联士兵的心中，纳粹德国、希特勒、希姆莱和他们的劣等民族哲学，以及无法形容的病态虐待，统统变成了可怕的现实。”

一位苏联士兵在寄给妻子的家书中描述了死亡集中营里可怕的场景：

> 昨天，我们清理了一座囚禁了 12 万人的死亡集中营。集中营四周被两米多高的铁丝网包围，铁丝网都通上了电。此外，德国人还到处埋放了地雷。岗楼每隔 50 米就有一个，配备有武装警卫和机关枪。
>
> 牢房不远处就是焚尸房。你能想象德军在这里焚烧了多少具尸体吗？在这座被炸毁的焚尸房旁边，到处都是尸骸，堆放的鞋子有几米高，其中还包括孩子的。那是一种令人发指的恶行，难以言状的恐怖。

苏联报纸特意报道了这些骇人听闻的暴行。当苏联士兵到达德国境内时，他们内心的愤怒再也无法遏制。他们以一种违背良心和不可原谅的方式，为德军对苏联人民实施的践踏、毁坏和羞辱进行了复仇。他们以牙还牙，以残酷无情的方式对待德国人，首当其冲的是德国妇女，她们为德军的罪行付出了昂贵的代价。在短短几个星期，就有超过 10 万妇女因遭受强奸而寻求治疗。

在俄罗斯战争援助基金会的领导下，美国人民给予苏联盟友慷慨援助。

一开始，斯大林只是冷眼旁观。后来，他的态度也发生了转变，下令停止这种可怕的行为。

此后，苏联士兵和世界人民也见识到了苏联劳改营——古拉格的残忍。历史学家史蒂文·A. 巴尔内斯称之为“20 世纪最残酷的致命机关之一”。数百万人被扣留，被迫从事艰辛的劳作，大部分人被随意枪决。

让杜鲁门欣慰的真相

虽然杜鲁门的许多顾问认为，斯大林会在红军占领的领土建立起红色政权，但斯大林并没有急着进行革命性变革。他意识到，共产党人在被占领的国家中只占少部分，即使他们在反法西斯主义运动中扮演了领导角色。他曾评论说，共产主义之于波兰，就好像马鞍之于奶牛。为了避免在西欧和东欧各国爆发革命，斯大林并不急于建立红色政权。他催促共产党组织建立广泛的民主联合政府。

比起国际共产主义战士，斯大林更愿意做一个民族主义者。他首先考虑的是苏联的利益，希望美国支持苏联的战后重建。他需要盟友的帮助，共同抵制德国力量的复辟。他仍然将德国视为苏联的头号威胁。

斯大林告诉他的共产党同盟，不要模仿布尔什维克的模式，而是要以其他“政治制度”，例如民主制、议会共和制甚至是君主立宪制为基础，来建立社会主义政权。他从来没有有意破坏苏联与英美之间的关系。因此，他在苏联解放的东欧和中欧国家中建立的亲苏政权并非完全由共产主义者主政。

杜鲁门也比以前更感欣慰，开始努力改善与苏联的关系。丘吉尔向杜鲁门施加压力，请求英美联合，继续利用军事上的优势迫使苏联继续妥协，但杜鲁门顶住了这一压力。

真相逐渐浮出水面。杜鲁门意识到，斯大林对《雅尔塔协定》的理解比自己更接近事实。不久，杜鲁门的前指导者伯恩斯承认，他在协定最终敲定之前便离开了雅尔塔，并缺席了许多重要会议。杜鲁门还了解到，罗斯福事实上同意了苏联在东欧的势力范围，美国和英国在波兰建立新政府问题上的要求缺乏充足的理由。

在捷克斯洛伐克的布拉格，人们欢呼着迎接苏联军队的到来。

5月下旬，杜鲁门派霍普金斯与斯大林会面，双方就波兰问题达成了一致并签署了协议，双方同意在波兰建立一个类似于南斯拉夫自治模式的政权。协议呼吁举行战后选举，以选出新政府并确定经济体制。

杜鲁门告诉记者，对于斯大林而言，这代表着“一个非常愉快的让步”。这给了斯大林希望，美国与苏联在未来的合作也成为可能。

波茨坦会议背后的暗潮涌动

1945年7月，杜鲁门、丘吉尔和斯大林在占领区波茨坦会面。当杜鲁门离开会场时，他比两个月前更乐观了。

然而，7月份的《生活》（*Life*）杂志发文警告读者：“苏联仍然是美国的头号问题，因为它是当今世界唯一能挑战我们的真理、正义和美好生活的国家。”而两年前，《生活》杂志曾经将斯大林作为英雄人物登上封面。

波茨坦会议表面上一团和气，但对长期合作却有害无利。7月16日，波茨坦会议开始的前一天，美国在新墨西哥州举行的第一次原子弹试验试爆成功。有如此强大的武器，杜鲁门相信，即便美国不顾虑苏联，也能一切顺利。他的这种傲慢态度在与斯大林交往时便传递了出来。

在乘坐奥古斯塔号战舰从波茨坦返航的途中，杜鲁门对一群军官说，如果苏联再不听话，美国也无须再迁就了。“因为美国现已研制出一种全新的武器，它的威力如此巨大，我们已经不需要苏联或任何一个国家的帮助。”

唯一的问题是，这种超级武器该如何使用。德国已经宣布投降，欧洲战场的战争也已全面结束。现在，就剩下日本了。

第四部分

核爆　小个子酿成大悲剧

德国盟军的投降击碎了日本最后的希望，大厦将倾，独木难支，日本成为和整个世界作对的国家，它声称宁可“一亿玉碎”也要“本土决战”。面对败局已定的日本，美国为何仍然坚持投下两枚原子弹？原子弹是日本投降的真正原因吗？

28

科学之战

曼哈顿计划开启

1945 年 5 月，年轻的少尉保罗·福塞尔正准备从法国战场转战太平洋战场。和许多美国步兵一样，他相信美国进攻日本本土的日期已经临近。

尽管只有 21 岁，这位步枪排长已经经历过许多军事行动，背部与腿部都曾受过枪伤。现在，他伤口差不多已经复原，所以重新回到自己的部队。福塞尔的双腿由于受伤而略蜷曲，每次从卡车后面跳下来时总会跌倒在地。尽管他后来被确定为 40%的残疾，但就当时而言，军队认为他仍然可以继续参加太平洋战场的战斗。他说："每当想到还有更多战争，我便会倒吸一口气，全身哆嗦。"

随后，就传来了日本广岛在 1945 年 8 月 6 日遭到原子弹轰炸的消息。当福塞尔意识到不再会有进攻行动时，他如释重负。他再也不需要在敌人的枪林弹雨之下冲向日本海岸，不必"冒着被机关枪射击、炮弹袭击的危险，向日军开火"。

1988 年，福塞尔在他的文章中回忆了自己听到广岛原子弹爆炸时的心情："天啊，多亏了原子弹！""别看我们表面上看起来坚不可摧，但听到这个消息的时候，我们真心感到如释重负，高兴得大声呼喊起来！我们终于可以活下来了！我们终于不必担心这么年轻就和这个世界说再见了！"

福塞尔认为，是原子弹对广岛的轰炸以及三天后对长崎的轰炸拯救了他。美国人民相信，为了不让千千万万个像福塞尔那样的年轻战士在进攻日本时丢掉自己的性命，美国才不得已向日本扔下了原子弹。一代接一代的美国人对此都深信不疑。但事实远非这么简单，而是剪不断，理还乱。

日本偷袭珍珠港后，美国于 1941 年 12 月 8 日加入第二次世界大战。当时，轴心国侵略势如破竹且气焰正足，而美国及其盟友却不断吃败仗。尽管日本成功袭击了珍珠港，但美国还是将目光聚焦在德国纳粹身上。罗斯福坚持“欧洲第一”的策略。

美国迟早会对抗日本，但是罗斯福反对“在太平洋战场上不遗余力”。在他看来，击败日本并不意味着击败德国，但是击败德国，日本的末日也就不远了。罗斯福还说：“我们不费一兵一枪就能让日本弃械投降。”于罗斯福而言，这只是要事优先而已。所以美国一定要先打败德国，然后再对抗日本。

美国加入太平洋战场的时候，日本发动了猛烈的攻击，即便美国当时有望获得胜利，也不得不付出惨重的代价。但是美国发达的工业生产让美国军队占绝对优势。截止到 1943 年，美国工厂每年生产的战机数量近 10 万架之多，而日本就相形见绌了，整个二战期间总共生产了 7 万架战机。

1944 年夏天，美国已经在太平洋部署了近 100 艘航空母舰，而在整场战争中日本部署往太平洋的航空母舰只有 25 艘。美国控制了越来越多的被日本侵占的太平洋岛屿领地，这使日本本土逐渐进入美国轰炸机的进攻范围。

爱因斯坦犯下的最大错误

一直以来，科幻小说作家和科学家都在思考利用核能的可能性。有些人构想着核能的和平用途，另一些人则构思其军事用途。

自 1896 年以来，法国的亨利·贝克勒尔及居里夫妇、英国的弗雷德里克·索迪和欧内斯特·卢瑟福有了一系列科学发现，激发了人们对放射现象的兴趣。包括这些举世闻名的科学家在内，很多科学家都在谈论物质中蕴藏的巨大能量，以及它们炸毁整个宇宙的可能性。但是他们也相信，这种巨大的能量可以造福人类，为人类建设一个美好的理想社会。

有些人开始醉心于镭等放射性元素的治疗功效，并尝试着将它们添进时下流行的药物中。药品广告信誓旦旦地说，这些药包治百病，从秃顶、风湿病到高血压、肠胃气胀甚至是性功能障碍，无所不能 。

埃本·拜尔斯是一位社交名流、运动员兼实业家。1927 —1931 年，他大量服用一种名为“镭钍水”的专利药品，剂量多达 1 000 ～ 1 500 瓶。之后，他开始出现体重下降、头痛及牙齿慢慢掉落的症状，甚至脑壳上还出现了孔洞。最后，他通过手术移除了整个上颌以及大部分下颌。拜尔斯死于 1932 年，之后华尔街登出头条 ：“镭水效果良好，直到他的颌被移除”。

1914 年，H.G. 威尔斯写了第一部关于核战的小说《自由的世界》（*The World Set Free*）。在书中，他描写了德国与奥地利的核战争，还有英法和美国之间的核战争。故事中，交战国通过“原子弹爆炸燃起的熊熊大火”成功摧毁了 200 多座城市。在原子弹真正用于战争后，威尔斯提议自己的墓志铭这样写 ：“我已经说过了，你们都该死。”

威尔斯描写的故事令才华横溢而又脾气古怪的匈牙利物理学家利奥·齐拉特深受启发。纳粹掌权后不久，齐拉特便离开了德国。之后，他试图与著名的英国物理学家欧内斯特·卢瑟福讨论核能的可行性，但卢瑟福对此不以为然，认为这种能量不过是一种“不着边际的空话”，还将齐拉特赶出实验室。不屈不挠的齐拉特最终于 1934 年获得关于链式核反应如何工作的专利证书，不过他错误地将铍而不是铀，视作最可能引发核链式反应的化学元素。

1938 年 12 月，两名德国物理学家成功实现了铀裂变，该消息震惊了整

1941 年 12 月 8 日，富兰克林·罗斯福总统签署对日宣战书。

个科学界。这项成就意味着卢瑟福之前所说的“不着边际的空话”很可能已经成为现实。

随着纳粹的上台，一些杰出犹太科学家纷纷逃离德国，其中许多人来到美国。在接下来的几年，逃离德国与意大利法西斯主义的人陆续加入这个流亡团体，其中包括阿尔伯特·爱因斯坦、利奥·齐拉特、汉斯·贝特、爱德华·泰勒、恩里科·费米、尤金·维格纳和约翰·冯·诺依曼。

德国科学家成功实现铀裂变的消息使那些“流亡科学家”脊背发凉。他们担心，如果阿道夫·希特勒这种疯子获得这件毁灭性的武器，将会给世界带来惨重的后果。

德国确实开启了一项原子弹研究项目，但美国人直到战争后期才知道，德国很早就放弃了原子弹研究项目，转向对 V-1 和 V-2 飞行炸弹的研究，因为后者可以立即派上用场。希特勒并不想花费人力、物力去研究一种在当前战争中用不上的武器。

1939 年夏天，“流亡科学家”建议美国制造原子弹，以此作为一种威慑力量。但当时的美国高层对制造原子弹并没有兴趣。齐拉特和他的同事、匈牙利物理学家维格纳在失望之下，转而求助于当时世界上最著名、最受尊重的科学家——阿尔伯特·爱因斯坦。他们催促爱因斯坦写信说服罗斯福总统，让他相信启动原子弹项目是必要的。

爱因斯坦的确给罗斯福总统写了一封信，但随后他就后悔了。他对化

Albert Einstein
Old Grove Rd.
Nassau Point
Peconic, Long Island

August 2nd, 1939

F.D. Roosevelt,
President of the United States,
White House
Washington, D.C.

Sir:

Some recent work by E.Fermi and L. Szilard, which has been communicated to me in manuscript, leads me to expect that the element uranium may be turned into a new and important source of energy in the immediate future. Certain aspects of the situation which has arisen seem to call for watchfulness and, if necessary, quick action on the part of the Administration. I believe therefore that it is my duty to bring to your attention the following facts and recommendations:

In the course of the last four months it has been made probable - through the work of Joliot in France as well as Fermi and Szilard in America - that it may become possible to set up a nuclear chain reaction in a large mass of uranium, by which vast amounts of power and large quantities of new radium-like elements would be generated. Now it appears almost certain that this could be achieved in the immediate future.

This new phenomenon would also lead to the construction of bombs, and it is conceivable - though much less certain - that extremely powerful bombs of a new type may thus be constructed. A single bomb of this type, carried by boat and exploded in a port, might very well destroy the whole port together with some of the surrounding territory. However, such bombs might very well prove to be too heavy for transportation by air.

-2-

The United States has only very poor ores of uranium in moderate quantities. There is some good ore in Canada and the former Czechoslovakia, while the most important source of uranium is Belgian Congo.

In view of this situation you may think it desirable to have some permanent contact maintained between the Administration and the group of physicists working on chain reactions in America. One possible way of achieving this might be for you to entrust with this task a person who has your confidence and who could perhaps serve in an inofficial capacity. His task might comprise the following:

a) to approach Government Departments, keep them informed of the further development, and put forward recommendations for Government action, giving particular attention to the problem of securing a supply of uranium ore for the United States;

b) to speed up the experimental work, which is at present being carried on within the limits of the budgets of University laboratories, by providing funds, if such funds be required, through his contacts with private persons who are willing to make contributions for this cause, and perhaps also by obtaining the co-operation of industrial laboratories which have the necessary equipment.

I understand that Germany has actually stopped the sale of uranium from the Czechoslovakian mines which she has taken over. That she should have taken such early action might perhaps be understood on the ground that the son of the German Under-Secretary of State, von Weizsäcker, is attached to the Kaiser-Wilhelm-Institut in Berlin where some of the American work on uranium is now being repeated.

Yours very truly,
A. Einstein
(Albert Einstein)

这是爱因斯坦敦促罗斯福总统授权开展原子弹研制工作的三封请愿信中的一封。后来爱因斯坦为这一举动感到懊悔，他对化学家莱纳斯·鲍林说："写信建议罗斯福总统同意制造原子弹，是我这辈子犯的最大的错误。"

学家莱纳斯·鲍林说："写信建议罗斯福总统同意制造原子弹，是我这辈子犯的最大的错误。"

1939 年 10 月，罗斯福批准了美国的原子弹研究项目。一开始，这个项目进展缓慢。后来，一个重大发现加快了这一进程：约 11 ～ 22 磅纯铀就可以制造一枚原子弹，而不是一开始估计的 500 吨。

1941 年 10 月 9 日，即美国正式参战的两个月前，一位名叫万尼瓦尔·布什的负责学术管理的高官拜见了罗斯福与华莱士，向他们介绍了原子弹最新的研究信息。他说，美国在两年内就有可能制造出第一颗原子弹。罗斯福命布什继续推进该项研究，并向他提供需要的所有资源。

美国投入 20 多亿美元用于原子弹的秘密研制，该项目就是赫赫有名的曼哈顿计划。原子弹的出现不仅将改变历史进程，也将改变美国，以及美国与苏联的关系。

原子弹会将地球付之一炬吗?

芝加哥大学的冶金实验室是曼哈顿计划的前哨基地之一，也被称为“M实验室”，是由阿瑟·霍利·康普顿博士领导的，目标是在原子反应堆中产生链式核变反应。康普顿邀请具有卓越领导才能的杰出理论物理学家罗伯特·奥本海默及一些超一流的理论物理学者组成一个研究小组，共同解决一系列重大难题。奥本海默称他的团队成员都是“科学精英”。

1942 年的夏天，“科学精英”们在他们的讨论过程中突然意识到，原子弹的爆炸可能会点燃海水中的氢和空气中的氮，从而将整个地球付之一炬。他们因此极为恐惧，不得不暂时停止了研究计划。

当所有人意识到这个惊人的可能性后，极度的恐惧弥漫了整个会场。奥本海默死死地盯住黑板，脸上露出“大惊失色”的表情。其他人同样也被惊呆了。奥本海默立刻坐上东去的火车，前去和康普顿协商。

康普顿认为这个风险太高了，除非科学家们能得出“确切可靠的结论……原子弹不会引爆空气和海水。否则，他们将永不制造原子弹”。“即使接受纳粹的奴役，”康普顿总结说，“也好过冒险毁灭整个人类。”

但是回到加州伯克利的实验室后，科学家汉斯·贝特经过重新计算发现，他的伙伴爱德华·泰勒并没有将被射线吸收的能量考虑进去。这次发现将原子弹会引爆整个世界的概率降低到了微小得多的百万分之三——这是一个科学家可以放手一搏的概率。

人类历史上的黑暗日子

1942 年 12 月 2 日，冶金实验室的科学家们成功地制造出第一个链式核反应堆。考虑到当时缺少安全保护措施，该反应堆没有将整座芝加哥市摧毁可真是一个奇迹。

齐拉特告诉恩里科·费米，12 月 2 日将会“作为人类历史上的一个黑暗日子载入史册”。他所言非虚。

曼哈顿计划成为一个应急计划。1943 年，在莱斯利·格罗夫斯将军的领导下，曼哈顿工程特区启用了。格罗夫斯在进入西点军校前，曾在麻省理工学院学习了两年。事实上，他监视了曼哈顿计划的所有阶段：科学研究、生产、安全和使用计划。

在格罗夫斯的指导下，原子弹制造工厂选址在了田纳西州的橡树岭、华盛顿州的汉福德和新墨西哥州的洛斯阿拉莫斯。洛斯阿拉莫斯位于美丽的桑格里德克里斯托山脉上，隐秘而不为人知，是秘密行动的最佳地点。

格罗夫斯指派奥本海默负责洛斯阿拉莫斯实验室。在很多人看来，他们两人的合作就像是一桩地狱之姻，因为他们简直是天生的冤家，水火不容。他们在方方面面都没有契合之处。格罗夫斯将军的体重几乎是这位瘦弱科学家的两倍。奥本海默的身高超过了 1.8 米，在项目开始之前，他的体重是 58 公斤，但到了结束的时候，他的体重已不足 53 公斤。格罗夫斯来自寒门，而奥本海默则是含着金勺子出生的。他们宗教信仰不同，在饮食、吸烟及喝酒习惯上也大不相同。

1942 年 12 月 2 日，科学家们在芝加哥大学的冶金实验室中成功地研制出世界上第一个核反应堆，利奥·齐拉特和恩里科·费米在反应堆前握手祝贺。

这两人的政治立场甚至也截然不同。格罗夫斯是一位坚定的保守派，而奥本海默则是一个死不投降的左派分子。奥本海默大部分的学生、朋友和家人都是共产主义者。这位科学家承认自己是美国共产党西海岸支部的成员。在西班牙内战期间，奥本海默将每月工资的10%捐给共产党，以支持西班牙内战中的共和国军队。

格罗夫斯将军（右）和奥本海默（左）站在“三一”试验的原爆点。他们在检查原子弹爆炸试验后的塔楼残骸。

两个人的脾气性格也各不相同。奥本海默深受身边朋友的喜爱，而格罗夫斯周围的人却对他有失尊敬。他的助手用“苛刻、严厉、粗暴、刻薄、狡猾”等贬义词描述他，并称他为“我认识的最狂妄自大的人”以及“曾经共事过的最恶劣的混蛋”。

格罗夫斯的坏脾气、恃强凌弱以及不留情面的风格恰好与奥本海默卓越的领导才能形成互补，能够将大部分科学家团结在一起并予以鼓励，从而推动计划的顺利实施及完成。

奥本海默还有自己的秘密武器，那就是他的幽默感以及敢于站起来反对格罗夫斯的勇气。当他们在安全保护装置及其他问题上发生冲突的时候，奥本海默总能代表其他科学家出面进行调解。

有一次，格罗夫斯告诉奥本海默，他不想看到奥本海默再戴那顶有签名的馅饼式圆帽，因为那样容易被人认出来。后来，人们发现奥本海默头上缠着印度式头巾，头巾底下还是他的馅饼式圆帽。奥本海默声称他将戴着它直到战争结束。格罗夫斯最终还是妥协了。

29

权力角逐

如何登上总统宝座

洛斯阿拉莫斯实验室的原子弹工作在稳步推进，与此同时，盟军在太平洋战场上也取得了节节胜利。

1944 年 7 月，乔治·马歇尔——后来的国务卿及诺贝尔和平奖获得者，领导的联合参谋长委员会为了赢取太平洋战争的胜利采取“双管齐下”的策略：一方面，从空中和海上封锁日本，通过“密集的空中轰炸”重创日本本土；其次，随着日本军事实力的下降，士气大不如前，美军准备直接进攻日本本土作战。

1944 年 6 月，随着盟军在欧洲和太平洋战区连连告捷，丘吉尔和罗斯福决定启动拖延已久的第二战场，派出 10 万大军在法国诺曼底强行登陆。德国军队不得不从苏联撤兵，实行双线作战。

1944 年 7 月，即诺曼底登陆后的一个多月，美国军队占领了在太平洋具有重要战略意义的塞班岛，也因此付出了惨重的代价——在长达一个月的塞班岛之战中，美军约有 3 000 名士兵牺牲，超过 1 万名士兵负伤。这场战役成为当时整个太平洋战区伤亡人数最多的一场。

日本政府曾对日本民众说，一旦落入美军手里沦为阶下囚，那么他们将遭受令人难以置信的痛苦与折磨。这导致塞班岛上的许多日本人选择跳

1942年6月，一艘日本驱逐舰被鱼雷击中，图为该舰沉没的场景。

在1942年5月菲律宾的巴坦战役中，美国士兵利用临时制作的担架，运送因缺少食物和水而晕倒在路边的同伴。

在马里亚纳群岛附近，一架日本飞机在试图袭击美国基特昆湾号航母时被击落。

海自杀，他们投海的地点也被称为“自杀崖”。

对于大部分日本领导人而言，塞班岛的惨败意味着日本必败的命运。1944 年 7 月 18 日，日本首相东条英机及其内阁成员集体辞职。

美国有责任去领导全世界吗?

当东条英机辞职的消息传开时，民主党全国代表大会正在芝加哥召开。富兰克林·罗斯福不费吹灰之力，便获得史无前例的第四次总统候选人提名。真正激烈的竞争是党内副总统候选人的提名之争。现任副总统是广受美国人民欢迎的亨利·华莱士。华莱士否定了亨利·鲁斯的“美国世纪”之说，由此赢得了高度赞誉。

“美国世纪”是指战后由美国统治的世界。鲁斯曾经被独裁者墨索里尼和法西斯主义冲昏了头脑，但他现在认为，美国有责任去领导全世界。

“我们必须深刻地认识到我们作为世界上最强大、最重要的民族所要承担的责任和面临的机遇。”鲁斯写道，“因此，我们必须按照我们的意图和方法，最大限度地向世界展现我们的影响力。”

亨利·鲁斯关于美国影响力的观点发表在 1941 年 2 月 17 日的《生活》杂志上。10 个月后，美国加入二战。

一些人对此立即表示怀疑。他们注意到这位言辞激昂的媒体大亨不久前为法西斯主义辩护。曾任罗斯福新政高级顾问的雷蒙德·莫利提醒美国人民，要拒绝这种“试图将合众国变为帝国的诱惑”。

亨利·华莱士谴责了所有帝国，不管它是英国、法国、德国还是美国。1942 年 5 月，华莱士公开反对鲁斯的民族主义观点。他呼吁建设一个“人民当家做主的世界”。

“没有国家能以上帝之名剥削其他国家，”华莱士说，“军事上或者经济上的帝国主义都是不允许的……那些为美国的贪婪或者德国的权力意愿服务的跨国卡特尔，必须予以消灭。”

华莱士提醒美国人民，历史上许多伟大的革命都是普通人民的反抗，例如 1775 年的美国革命、1792 年的法国革命、玻利维亚时代的拉丁美洲革命、1848 年的德国革命以及 1917 年的俄国革命。

华莱士称，这些革命都代表了普通民众的呼声。“有些人走向了极端。”他承认，但是“人们在黑暗中探索着走向光明的道路”。

华莱士指出，现代科学伴随着革命而生，同时也是人民革命必不可少的部分。他还回顾了自己研究植物遗传学，以及为研制出比普通玉米更高产、更抗病的杂交玉米而做实验的时光。他写道，科学已经使全世界所有人不再挨饿成为可能，只有当饥饿真正消失时，和平才有可能实现。

华莱士向全世界呼吁“人民的革命”。他为普通民众、想要加入工会的工人、为公民权利斗争的美国黑人、追求平等的妇女、为结束殖民压迫而斗争的世界各国人民发声。这使华莱士招致了不少仇视的目光。他的敌

亨利·鲁斯拥有传教士般的热忱和无限的好奇心。他的时代公司旗下拥有许多流行出版物，包括《时代》杂志和《生活》杂志。1967 年，鲁斯逝世后，他的歧视与偏见逐渐被众人熟知。

人主要是华尔街的银行家、反工会的商人、南方种族隔离主义者、英国和法国殖民主义的维护者以及民主党内的保守派成员。

几个月之前，即 1944 年 4 月 9 日，华莱士在《纽约时报》上就美国的法西斯主义发表了一篇文章。“真正危险的美国法西斯主义支持者并不是那些与轴心国有直接或者间接关系的人，”他提醒道，“因为 FBI 会监视他们。真正危险的是那些不喜欢使用暴力的人。他们的手段是污染公众信息渠道……利用新闻欺骗公众，让他们将更多的钱或者权利给予法西斯及其团队。”

“如果我们将美国法西斯主义者定义为，在发生冲突的情况下，认为金钱和权力的意义凌驾于人类本身的人，那么，美国的法西斯主义者无疑会有几百万之众。”华莱士继续说，“如果我将定义的范围进行收缩，仅指那些为了追求金钱和权力而冷酷无情、欺世盗名的人，那么人数也许只有几万……在战争期间，他们表现出了极大的爱国情怀，因为战争涉及他们的利益。但是在和平时期，他们就会盲目地跟着权力和金钱走。”

丘吉尔很忌惮华莱士，他将之后成为作家的英国皇家空军上尉罗尔德·达尔安插在华莱士身边。达尔偷取了华莱士即将刊印的宣传册《我们在太平洋上的任务》（*Our Job in the Pacific*）。

英国官员迅速复制了宣传册，将其交给丘吉尔。丘吉尔因华莱士在小

◤ 英国皇家空军上尉罗尔德·达尔负责监视亨利·华莱士。图片拍摄于 1954 年，作为一名作家，达尔的作品众多，《查理和巧克力工厂》（*Charlie and the Chocolate Factory*）便是其中之一。

册子中宣称支持英属印度、马来亚、缅甸、法属印度支那和荷属东印度以及其他许多太平洋岛屿的“殖民地解放”而大为震惊。

英国领导人根本无意放弃大英帝国的殖民地。他们向罗斯福施压，要求他严厉批评华莱士。

英国情报局局长威廉·斯蒂芬森说：“我开始将华莱士视为一个威胁，并采取行动，确保白宫能够意识到，英国政府高度关注华莱士是否会在接下来的美国大选中当选。”

但是，世界上的大多数人民都尊敬和钦佩这位副总统。这使得华莱士更被那些忌惮他的人视作眼中钉。

1943 年 3 月，华莱士对拉丁美洲的 7 个国家进行了为期 40 天的友好访问。他用西班牙语进行演说，立刻征服了台下的听众。在哥斯达黎加，他同样俘获了 6.5 万哥斯达黎加人民的心。这只是一个开始。

在智利，华莱士一下飞机就受到 30 万智利人的欢迎。他和智利总统胡安·安东尼奥在逾百万人的欢呼中走过首都圣地亚哥的大街。10 万听众涌进只能容纳 8 万人的体育场，只为聆听他的演讲。

亨利·华莱士本人又是怎样表现的呢？就华莱士的出访，克劳德·鲍尔大使呈交给华盛顿一份报告，报告中如此写道：“在智利，从来没有一个外国人受到如此盛大而满怀真挚的欢迎……他真诚简单、平易近人，能与不同的人打成一片；他身着便服，探望了工人的住处……他亲自视察建设中的安居工程。他的来访在广大智利人民中引起强烈的反响。”

在厄瓜多尔的瓜亚基尔大学，华莱士以动人的话语描绘了战后世界的未来。“如果今天我们用热血和汗水为之奋斗的解放事业，换来的只是明天帝国主义的压迫，那么这场可怕的战争是徒劳无益的。”他说，“如果一次次的抛头颅、洒热血，换来的却是财富的高度集中，少数人占据着大量财富，而老百姓依旧穷苦，那么，这将是民主的失败和徒劳的牺牲。”

在秘鲁首都利马，华莱士依然受到超过 20 万民众的欢迎。这趟出访不只是华莱士一个人的胜利，还是一次成功的外交之旅。出访结束时，有 12 个拉丁美洲国家开始对德宣战，20 个国家宣布与德国断绝外交关系。

华莱士在国内也同样受欢迎。一项针对民主党选民的盖洛普调查显示，如果罗斯福没有第 4 次参加总统竞选，那么在 4 个候选人里，华莱士的支持率达到了 57%，比第 2 名的支持率高出两倍还多。

虽然华莱士获得众多人的支持，但是他的劲敌却不希望看见他成功。民主党的权势人物决定将华莱士从候选人名单中剔除，让一个更听从党内保守势力的人取而代之。不过，他们需要找到一个这么听话的人。

我看中了你的平庸

石油大亨埃德温·保利是民主党的财务负责人。他曾经不无讽刺地说，他之所以进入政界是因为他意识到，自己做一个国会议员比收买一个现有议员花的钱要少得多。

保利和几位党魁在背后密谋要把华莱士拉下台。他们列出了候选人的备选名单，然后选择了一个毫不起眼的密苏里州议员——哈里·杜鲁门。

他们选择杜鲁门并不是因为他具备成为总统的资质，他们甚少考虑选出来的总统能否带领美国和世界在变化万千的时代中前进。他们选择杜鲁门是因为他树敌很少，不会给他们惹来什么麻烦。

1884 年，杜鲁门生于密苏里州的一个小农场家庭。他从小就希望获取

图为13岁时的哈里·杜鲁门，他喜欢阅读、弹钢琴。

父亲约翰·杜鲁门的宠爱。哈里的父亲身高只有1.6米，但他喜欢和比他个子高的人打架，这样才能显示他的强壮。他希望自己的儿子也能像他一样强壮有力。

杜鲁门儿时被诊患有远视，或者说，他的眼球扁平。因此，他不得不戴上瓶底一样厚的眼镜，因而无法像其他小男孩一样参加体育活动或者互相打闹。“我担心打闹太过分时会把我的眼镜打掉。”他解释说。

杜鲁门经常被别的男孩欺负或者戏弄。虽然他是一个好学生，对历史有浓厚的兴趣，但是家庭的经济条件却无法使他进入大学学习。他糟糕的视力又使他无法进入西点军校。

高中毕业后，他经历了一段起伏不定的生活，后来回到父亲的农场帮忙。他的三次经商历程都以失败告终。1917年，杜鲁门加入国民警卫队。在法国，他服役于一支参加过许多次一战行动的部队中，期间由于英勇善战的表现而荣获上尉军衔。

35岁的时候，杜鲁门与在五年级时便相识的贝丝结婚。“她有金色的卷发和美丽的蓝眼睛。”杜鲁门在回忆录中写道。根据杜鲁门的亲属回忆，“世界上没有比贝丝更适合他（杜鲁门）的了。”

三年后，即1922年，杜鲁门经营的男士服装店也关门大吉了，他的最后一次商业冒险至此结束。此时，38岁的杜鲁门只能和妻子相依为命，前途一片黯淡。

就在杜鲁门处于人生低谷之时，民主党一位名叫汤姆·彭德格斯特的党魁向杜鲁门伸出了援手，帮助杜鲁门选举，并使之成功当选为杰克逊郡的法官。彭德格斯特给工人提供工作机会，帮助政客选举，在这个过程中，他也得到了大量的财富。

选举期间，深受密苏里州农村教育影响而带有偏执个性的杜鲁门，向三 K 党捐赠了 10 美元，请求入会。然而由于他拒绝承诺停止雇用天主教徒，而天主教徒与黑人和犹太人一样被三 K 党所蔑视，所以他的入会计划泡汤了。

20 世纪 20 年代至 30 年代，杜鲁门一直是腐败的彭德格斯特政治集团的忠实成员，但他一直没有找到人生方向。

1933 年，在他 49 岁生日前夕，他沉思着说："明天我就 49 岁了，但是这 40 多年来，我感觉自己白活了。"第二年，当杜鲁门厌倦了做一个政

1940 年，当杜鲁门再次竞选议员时，罗斯福总统并没有支持他。最后，杜鲁门以微弱优势勉强连任。

治机器并打算告老还乡时，彭德格斯特推选他竞选参议员。

杜鲁门不知道的是，彭德格斯特首选的四个人都断然拒绝了他。彭德格斯特指导了杜鲁门的整个选举。当被问到为什么要选择一个像杜鲁门这样不合格的人去参加竞选时，彭德格斯特说："我只是想证明，一台高效运转的政治机器可以把一个不起眼的勤杂员送上议员的宝座。"

在新任参议员同僚当中，杜鲁门因自己是"彭德格斯特旗下的参议员"而受到大部分人的嘲笑和疏远。但是，杜鲁门通过在华盛顿的努力工作，终于赢得应有的声望。

杜鲁门差点就没能获得连任。1939年，彭德格斯特因其肮脏的交易被控逃税而锒铛入狱，再也没有能力帮助杜鲁门了。罗斯福总统也没有支持他，他拒绝推荐杜鲁门参加1940年的连任竞选。没有了庇护人和总统的支持，杜鲁门举步维艰。

最后，杜鲁门只好求助于密苏里州的另一个政治机器——圣路易斯市汉尼根－迪克曼政治集团。最后，他以极其微弱的优势勉强连任参议院议员。

世界格局也许仅在5英尺

选择了华莱士的美国人民显示出比民主党领导人更加睿智的判断力。根据盖洛普调查，当被调查者们被问及心目中理想的副总统候选人时，65%的人选择了华莱士。与华莱士一样，他们相信20世纪应该是"普通民众"的世纪。

同时，美国民众一致拒绝了南卡罗来纳州议员詹姆斯·伯恩斯。此人支持种族隔离，后来成为杜鲁门外交政策的顾问。在调查中，伯恩斯的支持率仅为3%。

杜鲁门的情况更糟。在8位候选人中，他只赢得了2%的支持率，排名垫底。

然而此时，罗斯福总统的健康状况不断恶化，精力也大不如前，他需要依靠这些党魁帮助他再次赢得大选。他不愿意、也没有能力再像1940年那样与华莱士并肩作战了。罗斯福只是表明，如果他被选为大会代表，他会投票给华莱士。

党魁们自信满满，相信他们能用铁腕来操纵整个选举大会，但是一些基层的民主党议员不想坐以待毙，他们发出了激烈的反对之声。在会场中，支持华莱士的呼声震耳欲聋。在选举中，佛罗里达州的议员克劳德·派帕尔意识到，如果他当晚提名了华莱士，华莱士肯定会大获全胜，重新获得党内副总统提名。

抗议还在进行，派帕尔跳了起来，奋力挤过人群。他离麦克风只有5英尺（约1.5米）了，马上就能大声喊出华莱士的提名了。

党魁埃德·凯利，芝加哥市市长，发现了派帕尔。他不允许派帕尔靠近麦克风阻碍党魁们的秘密计划，他必须拦住派帕尔。

凯利成功了。他向主席塞缪尔·杰克逊议员大声喊道，会场有火灾隐患。他要求杰克逊立刻休会。

杰克逊暂停了会议。只有极少数人同意休会，其余大部分人表示抗议，并拒绝休会。但杰克逊依然宣布会议暂停。他的小锤子落下之际，会议便宣布结束了。

根本没有火灾隐患。这只不过是为了阻止派帕尔提名华莱士而玩的花招。第二天，杰克逊向派帕尔道歉。“我知道，如果你行动了，”他解释说，“会议会提名亨利·华莱士。我得到了严厉的指示，不能让大会在那天晚上提名副总统人选。我希望你能够理解。”

“我能够理解的是，”派帕尔后来在自己的回忆录中写道，“无论好坏，从芝加哥的那一天晚上开始，历史变成一片混乱。”

第二天，当投票开始时，华莱士遥遥领先。但是党魁们关上了门，不让更多代表们进来。他们提供了大使的职位、邮政局长的工作以及其他高级职位来贿赂代表们投杜鲁门一票。果然，万恶的金钱奏效了。

党魁们召见了每个州的党主席，授意他们大局已定，罗斯福总统想找一位密苏里州的议员作为竞选伙伴。

在第三轮投票中，杜鲁门终于处于领先地位。如果派帕尔拿到了麦克风，在党魁们违反代表们的意愿强制休会前提名华莱士，那么华莱士将成为副总统，并将在 1945 年罗斯福总统病逝后成为美国总统。

只是 5 英尺之遥，历史的进程由此发生了巨大的改变。

只是 5 英尺之遥，可能就不会有原子弹爆炸，不会有核武器竞赛，更不会发生冷战。

30

大势已去

日本最后的挣扎为哪般?

民主党在想方设法地将杜鲁门推上副总统的宝座，与此同时，绝密的曼哈顿计划也在迅速展开。

科学家们一直担心德国会首先制造出原子弹。1944 年底，盟军发现，这场原子弹竞赛已经结束了。德国早在两年前就放弃了原子弹计划。

现在，美国研制原子弹的最初动机不复存在了，已经没有必要为了震慑德国而制造原子弹了。意识到了这一点后，出生于波兰的科学家约瑟夫·罗伯莱特决定退出曼哈顿计划。罗伯莱特后来赢得了诺贝尔和平奖。

但是其他科学家的研究热情仍然不减。他们相信，原子弹将加速战争的结束，因此，他们甚至比当初干得更起劲了。他们研究并设计出了两种不同的原子弹，一种使用铀，另一种使用钚。

杜鲁门面临的艰难抉择

如果说华莱士的落选意味着战后和平事业首次遭到重大打击，那么原子弹研究就是第二大重创。而且，不久之后，原子弹会为人类命运带来毁灭性的打击。

1945 年 4 月 12 日，德国投降在即，富兰克林·罗斯福总统在他为之奉献了 12 年的岗位上与世长辞。整个美国都沉浸在一片悲痛中。对于罗斯福的继任者及其会有怎样的作为，人们翘首以待。

在接下来的 4 个月里，重大事件接踵而至。杜鲁门面临着一系列美国有史以来最重大的决定。

继任之前，杜鲁门对曼哈顿计划毫不知情。4 月 12 日，也就是罗斯福去世当天，在一场紧急召开的内阁会议之后，战争部长亨利·史汀生向杜鲁门汇报了原子弹的秘密。第二天，杜鲁门从他曾经的参议院指路人詹姆斯·伯恩斯口中，了解到了关于原子弹更全面、更不祥的信息。

4 月 25 日，亨利·史汀生和莱斯利·格罗夫斯将军与杜鲁门总统进行了面谈。他们解释说，按照预期计划，在 4 个月之内，人类历史上威力最为强大的武器研制项目将完成，那就是仅用一枚便能够将整座城市化为灰烬的核武器。

不久后，他们又警告称，其他国家也已开始研发自己的原子弹，人类的命运将取决于如何使用这种武器以及今后如何控制它们。“当前世界的道德水平与科技发展水平相比，最终还是要受到这种武器的支配。”他们说，“换言之，现代文明有可能会被全部摧毁。”

会后，杜鲁门对这次会议做了个简短的记录。他写道：“史汀生严肃地说，他不知道我们是否应该使用原子弹，因为他担心原子弹威力过大，最后会摧毁整个世界。我也感到了同样的忧虑。”

此时，德国气数将尽，日本还在垂死挣扎。

痴人说梦的“一亿玉碎”

日本士兵的抵抗激烈而英勇，很少有人会投降。他们相信，投降将为他们的家族尤其是他们的天皇带来耻辱，战死沙场则将带来至高无上的荣誉。

1943 年 11 月，塔拉瓦有 2 500 名日军在防守，最后只有 8 名士兵活了下来。在长达 5 周的硫磺岛战役中，6 281 名美国水手和士兵牺牲，近 19 000 名士兵受伤。在太平洋战场上规模最大的战役冲绳岛战役中，1.3 万名美国士兵死亡或失踪，3.6 万名士兵受伤。日军约有 7 万人战死，超过 10 万名冲绳岛平民在这场战役中丢了性命。

美国人也震惊万分，他们看着一波又一波的神风特工队队员驾着飞机撞向美国军舰，用同归于尽的方式作最后一搏。

1945 年，日本面临失败。一些日本高官开始高呼“一亿日本人玉碎”的口号，他们更愿意自己的国家战斗到最后一刻，而不是投降。但是美国政府高层，包括马歇尔和史汀生，并不理会日本的叫嚣，始终认为日本一旦战败必将投降。

1945 年 7 月初，史汀生提出《敦促日本投降的计划》（*Proposed Program for Japan*）。该计划称，暂且不论日本是否有能力“击退美军的攻击”，他相信“在如此危急的时候，日本的反应将不会像我们的报纸或者其他时事评论所鼓吹的那样，而是会充满变数。日本并不是一个完全由疯狂的法西斯主义者组成的民族，他们这个民族从心理上与我们完全不同”。

关于进攻日本本土需要付出多大的代价，引起了相当激烈的辩论，一时之间难以给出定论。在 1945 年 6 月 18 日举行的参谋长联席会议上，联合计划参谋部向杜鲁门提交了一份报告。他们在报告中预计，进攻日本本土将导致 19.35 万名士兵伤亡。有人说这个数字远不止于此，也有人说这个数字要低一些。

杜鲁门最初预计说会有几千人牺牲，到了后来，这一数字越来越高。他后来还说，马歇尔曾对他说过，或许会有 50 万军人为此献出生命，但这种说法一直缺少事实依据。事实上，马歇尔预测的数字要比负责进攻日本本土计划的麦克阿瑟将军预测的数字低得多。

史汀生称日本人诡计多端。残酷的拉锯战依然在进行着，进攻日本本土似乎遥遥无期。在 1944 年年底时，日本海军损失惨重，12 艘战列舰损失 7 艘，25 艘航空母舰损失 19 艘，160 艘潜艇损失 103 艘，47 艘巡洋舰损失 31 艘，158 艘驱逐舰损失 118 艘。日本空军的实力也遭到重创。

日本的铁路系统已经支离破碎。食物供应迅速减少，民众斗志低落。在战争后方，情况非常糟糕，一些日本领导人担心大规模暴动随时会爆发。1937 —1941 年连续 3 次当选首相的近卫文麿，在 1945 年 2 月向裕仁天皇递交了一份备忘录。“我很遗憾地说，日本的战败是不可逆转的。我们现在担心的是，与战败一同到来的，或许是一场共产党领导的革命。”

1945 年春天，媒体大亨亨利·鲁斯访问了太平洋前线，亲眼看见了当时的战况。他写道：“就在向广岛投下原子弹的几个月前，我和海尔赛将军的舰队一同参与了进攻日本海岸的战事。有两件事令我印象十分深刻，同行的高级将领们也深有同感。第一，日本必败。第二，日本人也知道自己必败无疑，而且有迹象表明，他们希望停战的想法与日俱增。”

历史学家理查德·弗兰克曾在作品《日本帝国的毁灭》（*Downfall*）中为美国投掷原子弹辩护，但他也发出这样的感叹：“我们有理由相信，即使没有原子弹，铁路系统的严重损毁、海上禁运和空中轰炸的双重打击都严重威胁到日本帝国内部的统治秩序，而这必将迫使他们伺机停止战争。”

如果日本不是一个崇尚自杀的民族，在军事胜利的希望非常渺茫的情况下，为什么日本领导人还不愿意投降，以减轻日本人民的痛苦呢？

裕仁天皇和他的政府阁僚必须承担起各自的罪责。但是这个问题的答案在很大程度上在于美国开出的投降条件，而美国的要求只有一条而已。

早在 1943 年 1 月，在卡萨布兰卡市，罗斯福总统就提出了德国、意大利和日本“无条件投降”的想法。罗斯福说到做到，甚至连丘吉尔也表示吃惊。

在丘吉尔写给他的传记记者的信中，丘吉尔说：“我第一次听到‘无条件投降’这个词是在一次新闻发布会上，是由罗斯福总统亲口说出的。”

要求日本无条件投降的代价将会难以估量。

天皇该不该保留?

日本明白,“无条件投降”意味着日本国体(帝国体制)的毁灭。他们担心,天皇将被作为战犯受审,然后被处死。对于大多数日本人而言,如此糟糕的结果是他们难以接受甚至难以想象的。从公元前 660 年神武天皇时代起,天皇就一直像神一样受到日本人的膜拜。

麦克阿瑟将军明白处死天皇对日本人意味着什么。在一项西南太平洋指挥报告中,他解释道:“不管是废黜还是绞死皇帝,都将引起所有日本人的激烈反抗。绞死天皇就像把基督钉在十字架上一样可怕。日本人将会像蚂蚁一样前赴后继,战斗至死。”

由于意识到了这点,许多政治家纷纷劝说杜鲁门修改投降条件。代理国务卿约瑟夫·格鲁此前曾任驻日大使,他比任何其他高官都更为了解日本人。

1945 年,他力劝杜鲁门向日本人民保证,如果他们接受投降的话,他们的皇帝会得到保留。否则,他警告称:“即使日本在军事上注定失败,如果没有得到保留天皇的许诺,他们也会宁死不降。”海军部长詹姆斯·福莱斯特和战争部长助理约翰·麦克罗伊也督促杜鲁门修改投降条款。

1945 年,走在官员前面的裕仁天皇骑在马背上行礼致敬。

其他军事领导人也有类似的忧虑。海军上将威廉·莱希在 6 月份召开的一次参谋长联席会议上曾忧虑地说:“如果我们坚持无条件投降,那么结果只会逼迫日本人来个鱼死网破，徒增我们的人员伤亡。”

因为他们曾经截取过日本的情报，里面反复强调投降条件的重要性，美国官员也通过这些情报明白了投降条件对日本人是何其的重要。

结束战争的最后一道屏障

日本高层公开表示，他们将奋战到底，但私下里，他们正在寻找停止战争的方法。1945 年 5 月，日本的军事参议院在东京召开会议。

参议院中的“六巨头”决定寻求苏联的帮助。到目前为止，苏联一直保持中立。他们希望苏联能帮助日本从美国手中获得更好的投降条件，而作为回报，他们将在领土问题上向苏联做出让步。然而他们不知道的是，美国早已为斯大林提供了一笔更好的交易。

日本一位高级政治家几次拜访了苏联驻东京的大使。这位大使总结说，日本极度渴望停止战争。

6 月 18 日，裕仁天皇指示最高战争委员会，希望日本尽快重返和平。委员会同意试探苏联是否有意作为战争的调停人，来使他们的天皇制度和帝国体制维持不变。

7 月 12 日，日本外务大臣东乡茂德向驻苏联大使佐藤尚武发去电报：“天皇陛下希望战争尽早结束……（然而），如果美国和英国坚持我们必须无条件投降，我们的国家就别无选择，只能拼尽全力，维护大日本帝国的生存与荣耀。”

第二天，佐藤尚武回复电报称：“‘无条件投降’是实现和平的唯一阻碍。”有大量证据表明，修改投降条款就能迅速结束这场战争。然而杜鲁门再次听从了现任国务卿詹姆斯·伯恩斯的话。

伯恩斯坚称，美国人民不会容忍在无条件投降上做出妥协。他警告总统说，如果他让步了，那么他将受到猛烈的政治抨击。但是有什么理由能认为，杜鲁门保留天皇制度就应该受到批评呢？共和党领导人已经为杜鲁门提供了他需要的一切政治掩护。

1945 年 7 月 2 日，来自缅因州的共和党人、参议院少数党领袖华莱士·怀特催促杜鲁门就“无条件投降”做出澄清。

怀特希望以此加快日本的投降。如果日本忽略或者拒绝总统为投降做出的让步，怀特认为：“那也不会增加我们的损失或者损害我们的正义事业。做出这样一个声明只会让我们收益更多，而不会有任何损失。”

来自印第安纳州的共和党参议员霍默·凯普哈特举行了新闻发布会，支持怀特对杜鲁门的提议。凯普哈特称，怀特已经收到了日本的投降请求，唯一的条件就是裕仁天皇不会被废黜。

凯普哈特对媒体说：“这不是你是否讨厌日本人的问题。我当然恨他们。但是如果我们拒绝了这个几乎和原来要求差不多的条件，导致战争再拖延两年，我们又能得到些什么呢？”

《华盛顿邮报》于 6 月份刊登了一篇评论文章，谴责使用“无条件投降”这个“致命短语”，因为这造成了日本民众的普遍恐慌，使之成为结束战争的一道障碍。

要让日本投降，除了使用原子弹和修改投降条件，还有其他办法。日本害怕苏联也加入战争，他们已经见识过苏联红军对德军的反抗。美国人也清楚这一点。

7 月 6 日，联合情报委员会向参谋长联席会议中要参加 7 月 17 日德国波茨坦会议的代表们提交了一份机密等级为最高级的报告：《关于敌方形势的评估》（*Possibility of Surrender*）。

报告包含了一段对“投降的可能性”做出评估的文字。其中描述了苏联参战将对早已绝望的日本产生的影响：“苏联加入战争，最终将使日本人相信，他们的完败实在是在劫难逃。”

日本若想获取更宽厚的投降条件，就需要另一个计划：拼死抗争到底，在美国进攻日本时采取激烈反抗，直到美国筋疲力尽，愿意妥协。

日本领导人已经准确地认定，盟军将把日本本岛最南端的九州岛作为登陆作战的地点，因此加强了那里的防御。九州岛的居民们也手持竹制长矛参与备战，准备和日本士兵一同血战到底。

美国领导人知道，修改投降条件或者等待苏联参战都可能结束战争。既然有别的办法确保最终的胜利，美国为什么还要向手无寸铁的日本平民投下两枚原子弹呢？

31

我憎恶！

“东京大爆炸”背后的刻骨仇恨

终于爆发的反日情绪

想要弄清楚美国向日本投放原子弹的原因，必须先理解在做出这个决定时美国民众对日本民众的民族情绪。与美国战时宣传煞费苦心地区分“邪恶的纳粹领导人”和“善良的德国民众”相比，美国不会在日本人中间做这样的区分。

美国人对日本军人和民众都心怀深仇大恨。“或许翻遍整个美国历史，都不会找到有比日本人更让我们憎恨的对象了。”美国历史学家、普利策奖获得者艾伦·内文斯写道。

正如1945年1月的《新闻周刊》所报道的那样，“从来没有一场国家间的战争像现在这样，让我们的军队怀有如此深的仇恨，希望把所有敌人斩尽杀绝。”南太平洋军队的指挥官威廉·海尔赛将军在侮蔑日本人上是出了名的。他常常号召他的手下去杀死“黄皮肤的野猴”，然后“将这些猴子们扒皮抽筋”。

美国人民也在质疑日本人是否真的毫无人性。《时代》杂志写道：“一般的日本人都是不讲道理、愚昧无知的。也许他们还是人，但是也没有明证。”英国驻美国大使在给伦敦的报告中称，美国人将日本人视为“一大群无名的害虫”。

英国大使称，几乎每个美国人都持有将日本人“斩尽杀绝”的想法。许多美国人视日本人为蟑螂、毒蛇和老鼠等该消灭的物种。

1945 年 2 月，当备受欢迎的战地记者尼内·派尔从欧洲来到太平洋战区时，他说道：“在欧洲，我感觉敌人虽然可怕和凶残，但他们还是人。然而来到这里，我很快就发现，日本人看起来更像一种类似人的动物，就好像蟑螂和老鼠一样令人恶心。”这些反日情绪显然受到了种族歧视的影响，也的确有一些大事件激发了美国民众对日本人的仇恨。早在美国参战之前，美国人民就已经听说了日本在中国犯下的滔天罪行——轰炸、强奸，尤其是发生在南京的大屠杀。

美国对日本的仇恨情绪在日本“偷袭”珍珠港后达到顶峰。接着，1944 年初，政府公开了两年前日本在菲律宾巴丹半岛对被俘的驻菲美军和菲军进行的惨无人道的虐待。

很快，关于日本人罪行的报道充斥各大媒体，罄竹难书，包括折磨、拷打、阉割、肢解、斩首、生焚、活埋、活体解剖、把俘虏钉在树上练刺刀等。日军在战争期间的一些行为确实难以饶恕。然而，并不是只有他们罪行累累。美国士兵的行为有时也不是那么光彩。根据美国太平洋战争记者埃德加·琼斯所言，在战争中，暴行是一种事实，怀有不同想法的人都是在自欺欺人。

在 1946 年 2 月出版的《大西洋月刊》（*Atlantic Monthly*）杂志上，埃德加·琼斯问道：“作为文明人，我们是否知道自己从事的是一场怎样的战争？我们无情地射杀囚犯、摧毁医院、炮轰救生艇，杀害或虐待敌国平民、杀死敌军伤员，将垂死之人扔进死人堆。在太平洋战场，甚至有人将敌人的头盖骨做成装饰物送给爱人，或者将他们的骨头做成开信用的小刀。”

美国对日本怀有深仇大恨，一些宣传甚至将日本人描绘成各种害虫。

在战争爆发前的美国，种族主义也有所抬头，美国国内经常发生虐待具有日本血统的人的事件。数十年来，日裔美国人在选举、就业和教育方面一直面临着不平等对待。

早在1924年的美国《移民法》（*The Immigration Act*）规定，1907年后移民到美国的日本人不能自然地成为美国公民，并对移民美国的日本人或者亚洲人在数量上作出限制。甚至在珍珠港事件爆发之前，美国西海岸的一些人就开始编造谎言，称日裔美国人在战前从事破坏活动。

一位美国记者写道："在日本人的舰队驶向珍珠港的时候，日裔美国人在美国本土也没闲着，他们立刻行动起来。他们的渔船在我们的港口布下鱼雷，用神秘的炸弹摧毁海军船坞、机场和我们的部分渔船……垄断加利福尼亚蔬菜生产的日本农民将把注满砒霜的豌豆和马铃薯输入市场。"

珍珠港事件爆发后，对日本人的不公平对待事件激增。一家加利福尼亚的理发店打出"免费为日本人理发，但对会出现的事故概不负责"的标语。一家殡仪馆公然宣称："比起美国人，我们更愿意做日本人的生意。"

为了防止日裔美国人在美国从事破坏活动，美国政府出台了一个计划，试图将日裔美国人从美国西部各州赶走，然后囚禁他们。

第 9066 号行政命令

1941 年 12 月 9 日，即珍珠港遇袭两天后，美国第四军团指挥官和西部防御司令约翰·德威特中校在国民自卫委员会会议上发表了讲话。他告诉委员会的成员们，日本的战斗机已经在前一天晚上飞越旧金山，这座城市随时都有可能遭受日本的袭击。

海军少将约翰·格林斯莱德对台下的听众说：“由于上帝的恩典，我们已经从一场可怕的灾难中获救。”德威特说：“至于炸弹为什么没有落下来？这点我并不清楚。”

日本飞机没有投放炸弹的一个原因是，他们的战斗机根本就没有飞往旧金山。这也恰好解释了为什么美国军队从来没有击落过任何一架飞过美国本土的日本飞机，以及为什么陆军和海军对日本航空母舰的搜索总是一无所获。

无论如何，德威特还是下达了灯火管制的命令。他对旧金山那些没有关掉灯、拉下窗帘的居民们大为恼火，谴责他们“愚蠢、无知、可笑至极”。德威特威胁说：“如果我不能说服你们认清事实，那么我不得不把你们送到警察局，让警察用棍棒敲醒你们的脑袋，帮助你们认清形势。”

1942 年 1 月末，最高法院发布了一份关于日本偷袭珍珠港的报告，报告中指责间谍促成了偷袭事件。该报告更加重了人们对日裔美国人的疑心。

最开始的时候，德威特将驱逐日裔美国人的提议斥责为“简直是胡闹”。但是随着公众压力的增大，他改变了原来的想法。现在，德威特认为美国国内所有的日本人，无论是不是美国公民，都有策划袭击行动的嫌疑，尽管当前并没有发现这些人参与破坏行动的具体证据。

包括战争部长史汀生和助理国务卿麦克罗伊在内的其他人，也随声附和了德威特的推断。他们向罗斯福总统施压，督促他尽早采取行动。

联邦调查局局长 J. 埃德加·胡佛并没有和这些人站在同一战线上。他告诉司法部长弗朗西斯·比德尔，大规模驱逐日本侨民的措施没有必要。当时所有人都知道安全警戒的级别已经提高，比德尔却向罗斯福总统保证：“我们没有大规模驱逐日本侨民的理由。”

罗斯福忽视了胡佛和比德尔的建议。虽然没有证据表明日裔美国人在从事破坏活动，但是罗斯福还是在 1942 年 2 月 19 日，即珍珠港遇袭的 10 个星期之后，签署了第 9066 号行政命令。根据该命令，美国政府必须做好加利福尼亚州、俄勒冈州和华盛顿州日本侨民和日裔美国人的迁离和限禁的准备工作。该命令涉及的日本人中，有 2/3 都出生在美国。

在加利福尼亚州，日本人占该州人口的 2%。根据第 9066 号行政命令，总计 12 万日本人被迫举家迁移到被隔离的地区。

其他州也不欢迎日本人。爱达荷州州长蔡斯·克拉克鄙夷地说：“日本人像耗子一样生活，像耗子一样繁殖，像耗子一样鬼鬼祟祟。我们不欢迎他们。”怀俄明州的司法部长警告说，如果日本人迁移到了他们州，每一棵松树上都会吊着一具日本人的尸体。爱达荷州的司法部长说：“我们想要的是个只有白种人的国家。”

美国集中营中的日裔公民

在接下来的 8 个月里，即 1942 年 3—10 月，战时民事管制委员会为日本人建立了临时性营地，称之为“禁闭中心”。日本囚犯们被关押在这些集中营里，并被登记造册。

在加利福尼亚州的圣塔安妮塔和坦佛兰，一些日本家庭被关押在马厩里，一个简陋的畜栏里通常关押着 5 ～ 6 个人。他们之后会被转移到当时被称为“集中营”的地方，在那里会被关押得更久。

这些被驱赶的日本人只能带走一些便于携带的东西。他们的老邻居们迫不及待地用低廉的价格收购了那些不能带走的东西，或者直接将其白白

报纸新闻版以大标题宣告了政府驱赶日本人的命令。桃乐茜·兰格摄于加利福尼亚州奥克兰市。

占有，例如庄稼地。日本人的个人财产损失总计约 4 亿美元，按照今天的价格算，更是高达 54 亿美元。

加州中部的蔬菜种植运输协会的一位领导人坦承，该组织对日本人带有偏见。“人们指责我们出于自私的原因赶走日本人，这样说也许太直白了，但事实确实如此。这是一个涉及是白种人还是黄种人执掌美国西海岸地区的大问题。”

有时候，贪婪和自私也会朝着相反的方向发展。当美国政府宣布驱赶夏威夷庞大的日本人口的计划时，富裕的白人甘蔗和菠萝种植园主抱怨说，他们会失去劳动力。政府只能允许种植工人继续在种植园工作，但是他们的公民权利被暂时剥夺，约有 2 000 名日本移民或者拜访过日本的、具有日本血统的人被囚禁。

1942 年 3 月，战时搬迁管理局开始将囚犯们转移到了紧急建造起来的 10 所安置中心，这些安置中心分别位于亚利桑那州、阿肯色州、加利福尼亚州、科罗拉多州、艾奥瓦州、犹他州以及怀俄明州。

这些集中营被带刺的铁丝网包围，并设有机枪扫射站和警卫塔，里面的环境非常恶劣，经常缺少干净的水、洗浴设施、像样的学校、独立的卧室和遮风挡雨的屋顶。

在亚利桑那州和加利福尼亚州炎热的荒漠中，在阿肯色州的沼泽地中，在怀俄明州、艾奥瓦州和犹他州的冰天雪地里，被囚禁的日本人被迫从事辛苦的工作。

没有技术的苦力工人每个月只能拿 12 美元的薪水，有技术的工人可以拿到 19 美元。日本医生每年的薪水是 228 美元，而一个白人高级医生每年能拿 4 600 美元。在怀俄明州的心脏山集中营，白人护士一个月能挣 150 美元，是日本同行的 8 ～ 10 倍。

联邦政府派摄影师安塞尔·亚当斯和桃乐茜·兰格到这些集中营里拍摄囚犯们的日常生活。他们被告诫，拍摄的照片中不能出现带刺的铁丝网、警戒塔或者武装的士兵。然而，亚当斯和兰格及一位名叫东洋宫武的日本囚犯还是偷偷拍了一些违禁的照片。

1943 年 2 月，美国政府对待日本人的态度突然来了个大逆转。由于需要更多的男丁上战场打仗，罗斯福号召在美国出生的第二代日本移民加入实行种族隔离的第 442 步兵团，并将该团与此前在密西西比州谢尔比集中营里的夏威夷日裔美国人组成的第 100 步兵营合并了起来。夏威夷士兵把他们的部队叫作“普卡普卡”。他们经受住了长期艰苦斗争的考验，获得了普遍的认可。

第 442 步兵团成为美国军事史上一支功勋卓著的部队。在 1944 年 10 月与意大利和法国的战争中，他们英勇杀敌，共有 1 072 人受伤，216 人牺牲。

日裔美国人为国家做出了如此大的牺牲，这显然是美国西部防御部司令官德威特将军所不能理解的。

1943 年，德威特告诉海军事务支委会的官员说，他根本不担心德国人和意大利人，只有日本人是我们需要时刻警惕的，直到他们从地球上消失。“日本人就是日本人。”他如此说道，全然不顾那些人是否已经成为美国公民。

德威特的种族主义言论引起《华盛顿邮报》的不满，后者立刻给予反击。“应该告诫这位将军，美国的民主和宪法至高无上，不可以被这些战争狂人无视和亵渎。无论当初以什么理由驱赶和歧视这些人，现在都不应该再有了。”一些美国人甚至将其与纳粹政策相提并论，尽管两者之间有着很大的不同。

1942 年 6 月，《基督世纪》杂志上写道：“集中营政策是对宪法赋予的公民权利的破坏……而且它正促使种族歧视成为政府的办事原则，这种做法与纳粹德国如出一辙。”

1942 年 6 月，最高法院在此前的两起诉讼中，却做出了有利于政府一方的判决。1945 年 2 月 2 日，战时重建中心结束了对日裔美国人的拘禁。但是当这些囚犯们试图重建家园时，当局却几乎没有给予他们任何帮助。一些人决定远离西海岸，到更远的地方定居。根据国家公园管理局的记述，这些日本人每人只获得了“25 美元，一张火车票，路上所需的食物，总计不超过 500 美元”的帮助。

1952 年，《美国移民和归化法》（*Immigration and Naturalization Act*）通过，许多上了年纪的日本移民才被认定为“适合成为美国公民”。

◤　图为1942年春，一位日裔被疏散儿童守在家庭行李旁等待汽车，他们即将被送去某处安置中心。

◤　集中营中的日本人拿着低得可怜的薪水，在亚利桑那州和加利福尼亚州炙热的荒漠中，在阿肯色州的沼泽中，在怀俄明州、艾奥瓦州和犹他州的冰天雪地中做苦工。

图为摄影师安塞尔·亚当斯站在警戒塔上拍下的曼扎拿集中营。照片并没有显示防止日本人逃走的铁丝网和机枪扫射岗。

40 多年后，美国政府才对曾被送往集中营的在世者给予正式道歉和总计 15 亿美元的经济赔偿。

道德危机肆意蔓延

美国的道德标准怎么了？从什么时候美国开始对人类苦难和大规模的平民伤亡变得麻木不仁？

冰冻三尺，非一日之寒。在历时多年的战争中，尤其是在与日本的战争中，对平民地区的狂轰滥炸使得美国的道德标准大幅降低。对城市进行大轰炸的行为首先出现在一战中。德国、英国、法国、意大利和奥地利都曾对别国的城市大肆轰炸。即使是在两次世界大战的间隔时期，也有国家继续实施这种野蛮的行径。

值得称道的是，美国曾对 1937 年日本对中国的轰炸行为进行了强烈的谴责。欧洲战争爆发时，罗斯福还呼吁交战双方避免“非人道的野蛮行径”，不要对手无寸铁的平民进行轰炸。

随着战争的继续，美国的道德标准开始降低。德国和英国喜欢向对方的城市投放炸弹，造成大规模平民伤亡，而美国只针对重要工业设施和交通网络进行精确轰炸。

1943 年 10 月，美军对德国明斯特的轰炸成为政策的转折点。1945 年 2 月，在欧洲战场上，当美国加入盟军对德累斯顿的轰炸行动时，美国的道德标准可以说到达了最低点。

美国对日本采取了更加无情的轰炸政策。当第 21 轰炸机军团司令海伍德·汉塞尔将军拒绝使用燃烧弹攻击城市目标时，他被撤职了，由更愿意服从命令的柯蒂斯·李梅将军取而代之。

士兵们给李梅取了一个绰号叫“铁蛋”，他在战场上以打仗凶悍、纪律严明而著称。在欧洲战场上，他已经声名大噪。在日本，他对轰炸战术进行了颠覆性改革，并将之前的“恐怖轰炸”提高到前所未有的水平。

1945 年 3 月 9—10 日，李梅派出 334 架战斗机，对东京投下大量含有凝固汽油、铝热剂、白磷和其他易燃物的燃烧炸弹。凝固汽油就像果冻般黏附在其所到之处，温度高达 1 600 ～ 2 400 华氏度（约为 871 ～ 1 316 摄氏度），能持续燃烧 15 分钟。

炸弹摧毁了 16 平方英里的建筑，造成 10 万人死亡，难以计数的人受伤。滚滚的大火煮沸了河水，熔化了钢铁，自然也将火海中的平民烧为灰烬。李梅报告称，受害者“或被烧死，或被烫死，或被烤死”。

1945 年 5 月，投放的炸弹中有 75%是燃烧弹，旨在烧掉日本那些“像纸一样的城市”。众所周知，日本建筑大部分是由纸和木头建成。根据日本学者田中由纪所言，美国的燃烧弹曾经对日本 100 多座城市实施了轰炸。

1945 年 8 月 1—2 日晚间，美国轰炸机向富山市投放了燃烧弹，整座城市 99.5%的区域沦为人间地狱。

◤ 图为第 442 步兵团成员。在到达密西西比谢尔比集中营的第一天，日裔美国人在一场简单的介绍会上向美国国旗行礼致敬。

◤ 1943 年 7 月的最后一个星期，德国汉堡经历了破坏最为严重的一次轰炸。爆炸引起了熊熊大火，吞没了整座城市。

意识到这一点之后，美国战争部长史汀生告诉总统杜鲁门，他“不希望美国背上比希特勒还要残暴的罪名”。但是史汀生并没有采取任何措施阻止即将降临的大屠杀。他自欺欺人地说服自己相信亨利·H. 阿诺德将军的承诺——他会控制对平民的伤害。

美国人对日本人的仇恨如此之深，国内几乎没有人反对美军对日本平民进行大规模杀戮。

史汀生对美国的冷漠态度感到失望，奥本海默对此回忆说：“我记得史汀生先生说过，对日本东京的轰炸导致难以计数的平民伤亡，最可怕的是居然没有一个人站出来质疑我们对日本的空袭。他并不是说空袭不应该继续，而是认为，一个国家若没有人站出来质疑，那它肯定是出了问题。”陆军准将邦纳·费勒称这场空袭为“史上最惨无人道的野蛮屠杀”。陆军航空部队司令官阿诺德将军认为：“90%的美国人都想杀死这些日本人。”

日本竟不是投弹的真正目标

回顾在洛斯阿拉莫斯实验室进行的曼哈顿计划，莱斯利·格罗夫斯将军的目标委员会决定，原子弹的投掷目标将从此前没有经历过轰炸、周围分布有工人家庭的日本军事重镇中选择。原子弹的爆炸将举世震惊，所有人都将见识到它的威力。

然而，史汀生所在的临时委员会就原子弹的使用发出一连串质疑，并提出代替方案。杜鲁门派詹姆斯·伯恩斯为代表出席了临时委员会的会议，伯恩斯否定了所有的代替方案，其中包括在无人居住区以核演示来恐吓日本投降。

在 5 月 31 日的会议上，临时委员会还提出了未来核武器使用的问题。科学家们明白，已经生产出来的原子弹几乎都是最基本、最原始的，但对核武器未来的预测令委员会惶恐不已。

美国轰炸机朝日本函馆投下如雨点般密集的炸弹。

奥本海默告诉那些高级军官们，美国在3年之内可以生产出在千万吨至10亿吨级的原子弹。它们的威力将会是投放在广岛的原子弹的7 000倍。

同样在5月底，包括利奥·齐拉特、诺贝尔化学奖获得者哈罗德·尤里和天文学家沃尔特·巴特基在内的三位科学家，都试图劝告杜鲁门不要使用原子弹。由于未能与杜鲁门会面，三位科学家转机来到南卡罗来纳州的斯帕坦堡，找到了伯恩斯。

伯恩斯的回应令齐拉特震惊。“伯恩斯并没有为赢得战争而被迫使用原子弹对日本进行轰炸辩解……当时伯恩斯和其他政府官员都知道，日本实质上已经被打败了……伯恩斯更关心的是苏联在欧洲的影响力。他坚持认为，我们拥有原子弹并展示原子弹的威力，将使苏联不敢在欧洲太放肆。”

格罗夫斯将军同样认为，苏联一直是美国的敌人。格罗夫斯说：“自从我负责这个项目以来，在不到两个星期的时间里，我就坚定了自己的看法——苏联是我们的敌人，而原子弹计划就是以此为基础展开的。”

1944 年 3 月，格罗夫斯将军在晚宴上说的一番话也使科学家约瑟夫·罗伯莱特惊骇不已。“你们都应该知道，曼哈顿计划的主要目的就是遏制苏联。”格罗夫斯说道。同年 4 月 13 日，伯恩斯对杜鲁门说，原子弹“可以让战争结束后的局势由我们说了算”。

日本人坚持更好的投降条件反而为格罗夫斯和其他人谋取了方便。如果原子弹加速了战争的结束并使美国士兵免去了生命危险，那就是意外之喜了。原子弹现在的首要目的是展示美国力量。

苏联才是美国的真正目标。日本人只不过是被殃及的池鱼。

32

质疑纷起

和平只能靠武器换来吗?

正当洛斯阿拉莫斯的科学家们拼命完成原子弹研制工作的时候，有人开始质疑自己参与制造这个东西是不是明智之举。

1945 年 6 月，芝加哥冶金实验室的科学家们设立了一系列委员会，来探讨原子能在不同方面的影响。社会和政治影响委员会的主席是诺贝尔物理学奖获得者詹姆斯·弗兰克。

该委员会发布了一份报告，即著名的《弗兰克报告》(*Franck Report*)。该报告对在即将结束的战争中使用原子弹的想法提出质疑。在其序文中承认，原子弹必须“与物理学领域的其他所有研究”区别对待，因为“它有可能在和平时期作为一种政治施压手段而使用，在战争中瞬间造成毁灭”。

该报告还提醒，原子弹的使用将引起美国和苏联的核武器竞赛，并指出“核能的基础知识已经是常识”。因为制造原子弹的原理已经不是什么秘密了，苏联很快就会跟上来并研制出自己的原子弹，最终将“两败俱伤、同归于尽”。此外，该报告还称，以原子弹袭击日本将彻底毁掉美国的道德立场。委员会成员建议，应首先在日本进行一次“演示”，以示警醒。

利奥·齐拉特比任何人都明白原子弹的危险。他极度渴望阻止原子弹的使用。他将该报告呈交给实验室的其他科学家，但是安全官员们将这份报告列为高级机密，并禁止其传播。

齐拉特写了一份请愿书，并将其直接寄给了杜鲁门总统。他在请愿书中称：

> 我们现在对原子弹的研制只是万里长征的第一步。在它从图纸变成现实的发展过程中，我们没有对它的破坏性做任何限制。因此，率先将这种新型且威力巨大的武器用作破坏目的的国家，将必须承担开启人类前所未有之大劫难的罪责。

来自芝加哥的冶金实验室和田纳西州橡树岭铀工厂的155位科学家在请愿书上签了名。

然而，在新墨西哥州的洛斯阿拉莫斯，奥本海默截下了这份请愿书。他提醒格罗夫斯将军，要在下令使用原子弹之前，确保这份请愿书不会到达史汀生和杜鲁门的手中。

格罗夫斯不想任何人打乱原子弹的研制计划。在齐拉特传签请愿书之后，格罗夫斯担心科学家们会对他们的原子弹研制工作有所犹豫。他从一开始就担心齐拉特，并给司法部长写了一封信，控告齐拉特“里通外国”。他还请求将齐拉特软禁起来，直到战争结束。幸运的是，康普顿博士说服了格罗夫斯，因为请愿书并没有发出去。

格罗夫斯在科学家之间展开了一次调查，结果令他非常气愤：83%的科学家希望在对日使用原子弹之前先进行一次实验展示。恼羞成怒的格罗夫斯将调查结果隐藏了起来。

其他人也试图阻止原子弹的使用，都以失败而告终。1945年6月27日，临时委员会的海军代表——海军副司令拉尔夫·巴德在给史汀生的备忘录上写道：“近几周来，我有一种异常清晰的感觉，日本政府正在寻找中间人来协调投降事宜。”

巴德建议，美国“作为一个伟大的人道主义国家”，应该提前通知日本，苏联准备参战，并且原子弹已经研制成功。他认为，也许美国应该阐明投降条件。

一些历史学家认为，巴德当面对杜鲁门阐述了他的意见，但是没有相关证据可以对此做出证明。6 月 18 日，战争部长助理约翰·麦克罗伊建议杜鲁门，美国可以通知日本，“他们可以保留天皇并组建新的日本政府”。

麦克罗伊还建议杜鲁门，要告诉日本人“美国已经拥有了可以产生强大破坏力的新型武器，如果日本拒不投降，那么美国将被迫使用这种武器”。

最后一张王牌

1945 年 7 月 17 日，杜鲁门来到德国，参加波茨坦会议。正当他准备与丘吉尔和斯大林的第一次会面时，各种报告如雪片般飞来。

这些报告明确指出，如果允许有条件投降的话，日本迫切希望退出战争。有很多证据表明了日本的态度。在报告中，海军部长福莱斯特写道：“证据显示，日本渴望退出战争。”史汀生直言：“日本正在推动和平进程。”而伯恩斯则认为“日本正在试探和平”。

后来成为中情局局长的战略情报局官员艾伦·杜勒斯在其 1966 年的著作《秘密投降者》（*The Secret Surrender*）中回忆说：“我参加了波茨坦会议，并在会上向史汀生部长报告了我从日本东京获取的信息——如果日本可以保留天皇和宪法，因为这也是保证日本投降后维持国内局势稳定的基础，那么日本希望早日投降。”

在波茨坦会议召开的那一周，《太平洋战略情报摘要》（*Pacific strategic Intelligence Summary*）发表了题为《苏联－日本关系（1945 年 7 月 13—20 日）》（*Russo-Japanese Relations* 13—20 July 1945）的文章。文中称：“据称，虽然日本现在仍没有公开，但日本官方已经承认了他们的失败。

1945 年 7 月，斯大林、杜鲁门、美国国务卿伯恩斯和苏联外长莫洛托夫在波茨坦会议上。

他们放弃了长久以来渴求却不能实现的胜利目标，转而寄希望于两件事情上——一是放下民族自尊心，承认战败；二是寻求找到挽救几近崩溃的民族自信心的最好办法。”

后来，战争部军事行动局政策研究部的查尔斯·巴尼斯蒂尔上校回忆说：“可怜又可恨的日本人四处放风，以试探盟国的反应。”

日本人想要投降，这一点杜鲁门很清楚。他将 7 月 18 日拦截的电报称为“从日本帝国发来的请求和平的电报”。杜鲁门称，他参加波茨坦会议的首要目标就是确保苏联遵守承诺对日作战。杜鲁门知道，苏联的参战将会给日本最后的沉重一击。

当斯大林再次保证对日宣战后，杜鲁门大感欣慰。杜鲁门在日记中写道：“他会在 8 月 15 日对日本宣战，到那时，日本人的末日就要到了。”

第二天，杜鲁门给妻子贝丝写了一封信，信中称：“只需一年，我们就可以结束战争了，不会再有年轻人战死沙场了。”但是，在杜鲁门的手里还握有一张王牌，只是出牌的时机尚未成熟。

他希望在和斯大林开始谈判前试验一下原子弹。奥本海默坦承："我们顶着巨大的压力，一直在争分夺秒进行研究，以求能在波茨坦会议前完成核爆实验。"在杜鲁门看来，他的等待是值得的。

"现在，我成了死神"

1945 年 7 月 16 日，当杜鲁门访问柏林并为次日与斯大林的见面做准备时，远在新墨西哥州的阿拉莫戈多沙漠开始了 20 分钟倒计时。

参加原子弹研制的美国顶级科学家们和军官们聚集在 10 英里以外的基地营里，紧张地观察着代号为"三位一体"的核试验——人类第一颗原子弹的试爆。

原子弹的试爆结果大大超出人们的预料。原子弹巨大的威力使当时试验场的整片天空都耀眼无比，以至于一些科学家担心爆炸将大气层点燃了。

奥本海默是这样评价这次试爆的："我们知道，世界将会因此而改变。有人笑了，有人哭了，大部分人则一语不发。我想起印度教徒在他们的史诗《薄伽梵歌》（*Bhagavad Gita*）中的诗句……'现在，我成了死神，世界的毁灭者。'我猜，不管是谁都有这样的想法。"试验的领导人肯尼斯·班布里奇更是出语惊人："现在，我们都成了婊子养的。"

格罗夫斯将军向史汀生发送电报，汇报初步试验的结果。史汀生第一时间报告给杜鲁门和伯恩斯，两人闻讯立刻欢欣鼓舞起来。

5 天后，即 7 月 21 日，格罗夫斯提交了一份更为全面的报告。"试验的效果比最乐观的预想都要好得多。"格罗夫斯写道。

格罗夫斯在报告中对爆炸时的情景进行了描述：火光照耀天际，半径达 20 英里，相当于正午时分好几个太阳的亮度；一个巨大的火球接着形成，持续了好几秒；球状的蘑菇云腾空而起，高度超过 10 000 英里……浓

◤ 1945年7月16日，世界上第一颗原子弹在新墨西哥州的沙漠试爆，图为从6英里以外的地方拍摄到的蘑菇云。

烟汹涌翻腾，巨大的能量使它在5分钟内涌上距离地面36 000英尺的高空，甚至到达41 000英尺的平流层……核分裂产生的高浓度放射性物质都包含在滚滚的云层里。

对于托马斯·法雷尔将军而言，这是“末日来临前最有力、最持久、最可怕的咆哮”。

杜鲁门、伯恩斯和格罗夫斯相信，现在美国即使没有苏联的帮助，也能加快日本的投降。这意味着他们可以拒绝苏联的领土和经济让步要求。

“这次的报告让总统极为振奋，当我看见他时，他一次又一次地告诉我，核试验的成功给了他前所未有的信心。”史汀生说。

到目前为止，波茨坦会议一直是由丘吉尔和斯大林主导的。现在，杜鲁门终于可以肆无忌惮地挥动指挥的大棒了。

丘吉尔后来写道：“我不明白，收到报告的杜鲁门走进会场后，完全像变了个人似的。他告诉苏联人不要得寸进尺，并且完全控制了整个会议。”但是在公然的强硬态度之后，杜鲁门却陷入对将整个世界带入原子弹时代的深深顾虑。

杜鲁门在波茨坦期间所记的日记中写道：“我们制造出人类历史上最可怕的炸弹，这一事件的意义或许一开始将如传说中拯救世界的诺亚及其巨大的方舟那样，但随后便成了预言中幼发拉底河谷燃起的毁灭之火[①]。”不幸的是，杜鲁门并没有因为这条天启性的预言而改变即将到来的轰炸。

科学怪物

历史记录表明，杜鲁门总统、国务卿伯恩斯和格罗夫斯将军对使用原子弹并没有持保留意见。但是战争部长亨利·史汀生犹豫了。

史汀生用“可怕”“致命”“恐怖”“悲惨”和“残忍”等词语来形容原子弹。他深沉地说，原子弹不仅仅是一种新武器，还是“对人类与自然关系的一种革命性的改变……甚至是人类文明的终结者……是最终将毁掉我们自己的科学怪物”。在波茨坦会议上，史汀生多次尝试说服杜鲁门和伯恩斯保留日本天皇以换取和平。然而他的一切努力最终都化作泡影。

后来，当史汀生向杜鲁门抱怨他在波茨坦没有得到重视时，杜鲁门告诉这位年迈而“脆弱”的战争部长，如果他不乐意，大可以卷起铺盖打道回府。在波茨坦，史汀生通知盟军总司令德怀特·艾森豪威尔将军，原子弹的投掷即将发生。

在《新闻周刊》的采访中，艾森豪威尔描述了他听到史汀生传递的消息时的反应：“史汀生询问我的意见，于是我告诉他两点反对意见。第一，日本已经准备投降，没有必要对其动用如此可怕的武器；第二，我不喜欢看见我的祖国成为第一个使用原子弹的国家。”

不再需要苏联了

既然原子弹试爆已经成功，杜鲁门决定将此事告知斯大林。在波茨坦会议结束前，杜鲁门缓步走向斯大林，不经意地提起美国已经研制出一种

① 出自《圣经》，幼发拉底河燃起大火、河水干涸将预示着世界末日的来临。

“具有超强威力的武器”。

在杜鲁门看来，斯大林似乎对这一消息并不感兴趣，他冷淡的反应令杜鲁门心中一惊。杜鲁门心里嘀咕着，斯大林是否明白了他的意思。

杜鲁门不知道的是，苏联的情报局早已告知了斯大林美国在研制原子弹的消息。斯大林知道美国要进行核试验，但他不确定在什么时候。斯大林知道美国的原子弹已经完成试验并获得成功。对此，他非常生气，立刻严厉斥责了苏联情报局未能知晓美国原子弹试验成功一事。返回国内后，斯大林称，美国将会拿着他们独一无二的核武器在欧洲颐指气使。

毫无疑问，斯大林绝不会屈服于美国的恐吓。为了在这场博弈中击败杜鲁门，斯大林命令苏联军队加快对日作战。同时，他还命令苏联科学家加快研制原子弹的速度。

1945 年 7 月 25 日，在波茨坦，杜鲁门同意了一份由史汀生和马歇尔共同签署的命令：8 月 3 日后，如果天气情况适宜，将对日本投掷原子弹。

杜鲁门知道，日本接受最终的《波茨坦公告》（*Potsdam Declaration*）的概率不大，因为公告并不会对日本的投降条件进行修改，也没有威胁使用原子弹，更没有提到苏联会对日本作战。

杜鲁门没有邀请斯大林签署该公告，即使斯大林正是为此而来并且还带来了一份苏联事先草拟的公告。而斯大林的签名将会提醒日本，苏联即将动兵。但是苏联没有在公告上签字，这使日本人仍然处于苏联可能会从中调和的幻想中，寄希望于苏联帮助他们获得更好的投降条件。他们不知道的是，原子弹投掷的倒计时已经“嘀嗒嘀嗒”地启动了。

杜鲁门在波茨坦的表现使斯大林深信，美国希望快速结束战争，并准备背弃当初的诺言。在会议期间，斯大林告诉杜鲁门，苏联军队准备在 8 月中旬对日作战。8 月 2 日，杜鲁门离开了波茨坦。他想要和平。但要实现这一点，他首先想到的还是使用原子弹。

时任太平洋战区总司令，美国军队二号人物的道格拉斯·麦克阿瑟将军认为，原子弹的使用“从军事观点来看完全没有必要”，当他听闻美国准备使用原子弹时又气又恼。

8 月 6 日，在原子弹投掷的消息发布之前，麦克阿瑟举办了一场新闻发布会。他告诉记者，日本“早已战败”，他认为下一场战争的恐怖程度将是现在的 1 万倍。

地狱一窥

1945 年 8 月 6 日凌晨 2:45，三架 B-29 轰炸机从马里亚纳群岛起飞，目的地为 1 500 英里外的日本广岛。

领头的艾诺拉·盖伊号轰炸机携带着名为“小男孩”的铀原子弹。这枚原子弹重 4 吨，其爆炸威力相当于 15 000 吨[①] TNT 炸药同时爆炸。

轰炸机的目标是广岛市中心附近的 T 字形相生桥。虽然广岛是港口城市，也是日军第 2 陆军总部所在地，但是一直未被美国列入早期的轰炸军事目标。

清晨的广岛宁静、整洁、舒适，天空看不到一片云朵。

7:09，空袭警报响彻整个广岛，警告市民们有敌机正在靠近。7:31 分，空袭警报信号解除了。日本电台广播称，敌机已经折回。

8 点整，广岛居民才刚刚开始新的一天。当时，广岛有近 30 万居民、4.3 万军人、4.5 万朝鲜劳工以及几千名日裔美国人，这些日裔美国人大多还是孩子，他们的父母还被拘禁在美国。

8:15，艾诺拉·盖伊号在目的地广岛上空飞过，并投下了原子弹。爆炸中的幸存者之一凉子沼田回忆起当时的情景：

> 我站在院子中，朝着核爆的震源望去。我清楚地记得那些混合

①原书为 16 000 吨 TNT 炸药，但本书以《辞海》数据为准。——编者注

站在艾诺拉·盖伊号前的保罗·蒂贝茨（居中叼着烟斗者）和他的机组成员们。

在一起的明亮的色彩：红色、黄色、蓝色、绿色和橙色。当然，我当时并不知道那是什么，后来才知道我见证了原子弹爆炸的时刻。

我不知道光芒持续了多久，但下一刻，我就置身于一片黑暗中，被困在一些非常沉重的东西之下。

接着，我再一次失去了意识。虽然我当时站在走廊中，但巨大的外力将我炸到了房间里。房间里所有的东西都倒塌了，我的左脚几乎从脚踝处断开。就在我不省人事的时候，一阵味道奇怪的烟雾在屋子里散开。已经逃到屋外的人注意到了这股烟雾，回到坍塌的房子中找到了我……后来父亲告诉我，火焰犹如闪光的红色帘布一样咆哮着涌出窗户。哪怕救我的人晚来甚至一秒，我都将尸骨无存。我将带着憎恨的泪水，尖叫着痛苦死去。

原子弹使建筑物瞬间化为乌有，方圆近 2 英里的区域完全被毁。目睹整座广岛轰然消失的艾诺拉·盖伊号的飞行员们惊恐不已。其中一架 B-29 轰炸机无线电通讯员安倍·斯皮策描述了他所看见的恐怖场景：

放眼望去，我们的下方尽是一片火海，但这并不像普通的大火。它有着各种不同寻常的颜色，都是那么耀眼夺目。火焰中间是最为明亮的巨大的红色火球，仿佛比太阳还要大。实际看上去，它好像一个划过云层的太阳，落地后飞快地向上运行，垂直着向我们飞来。

与此同时，火球不断地向外膨胀，直到覆盖了整座城市。烈焰张牙舞爪地四处伸展，中间是厚厚的、无法穿透的灰白色烟柱，延伸到城市上方的丘陵地带，然后继续向外流溢，并以不可思议的速度向我们升腾而来。

接着，港口的船只又一次剧烈地摇晃起来，听起来像重机枪的声音。一些大型高射炮和加农炮朝我们开火，炮弹从四面八方向我们疯狂袭来。

这时，紫色的光变成了蓝绿色，边缘微微泛着黄色。底下的火球，那个倒置的太阳，似乎随着向上的烟柱极速地向我们追来，同时，我们也以并不是很快的速度驶离这座城市。

突然间，我们的左边出现了一支烟柱，它在不断地上升，后来我才知道，烟柱高达 5 万英尺。它看起来像巨大的柱子，越高越窄，最后直入云霄。科学家后来告诉我们，他们认为这种烟柱的底部约有 45 英里宽，顶部至少也有 1.5 英里宽。

我呆呆地看着，眼前的景象令我震惊，不知所措。

这时，云柱的颜色变了，从灰白色变成了棕色，最后又变成琥珀色，然后三种颜色瞬间变成了一道明亮、耀眼的彩虹。尽管它的赤焰似乎很快就会消失，但是几乎是在同一时间，一种蘑菇状的云腾空而起，向上奔腾而去，最终到达了距离地面 6 万～ 7 万英尺的高空……整个云柱烟雾翻腾四溢，蘑菇云顶部的云浪向四面八方涌去，犹如海上风暴中的巨浪。紧接着，云柱的顶部突然裂开了，仿佛被一把锋利的巨刀削过一样，但它依然还在向外延伸。谁也不知道它到底延伸了多远，甚至连照片也记录不到，没有一样仪器能够精确测量。有人说有 8 万英尺，有人说是 8.5 万英尺，还有人说甚至更远……

在此之后，云柱中间又炸开另一个蘑菇云，个头比第一个略小。

艾诺拉·盖伊的飞行员保罗·蒂贝茨以他的母亲的名字为飞机命名，据他描述："巨大的紫色蘑菇云……犹如可怕的怪物一样不断地向上蒸腾。地面的情景更为可怕。地面上火光冲天，中间夹杂着大量犹如沸腾的沥青般的腾空而起的烟柱。"

后来蒂贝茨回顾称："如果但丁当时在我们的飞机上，他也会惊恐万分。几分钟前，这座城市还清晰可见，可转眼间已经浓烟滚滚。在可怕的浓烟和烈焰的覆盖下，整座城市完全消失了。"

尾枪手鲍勃·卡隆将当时的场景描述为"地狱一窥"。副驾驶员罗伯特·路易斯在飞行日记中写道："天啊！我们究竟做了什么！"

从地面上看到的情况和空中大为不同，情形更为惨烈。在爆炸中心，温度高达 2 982 摄氏度，火球"瞬间就可以将人烧成焦炭，融化掉所有的内脏"。

数以万计的人立刻命丧火海。到 1945 年底，约有 14 万人因此丧命，到 1950 年，该数字达到 20 万人。

美国官方报道称，只有 3 243 名日本军人死亡。在伤亡人员中，有近 1 000 人是美国公民，大部分是日裔美国人的后代，其中还有 23 名美国战俘，他们中的一些人有幸逃过了这场核爆，却被爆炸中愤怒的幸存者打死。

受伤和烧伤的人承受了极大的痛苦。核爆幸存者将他们的经历描述为

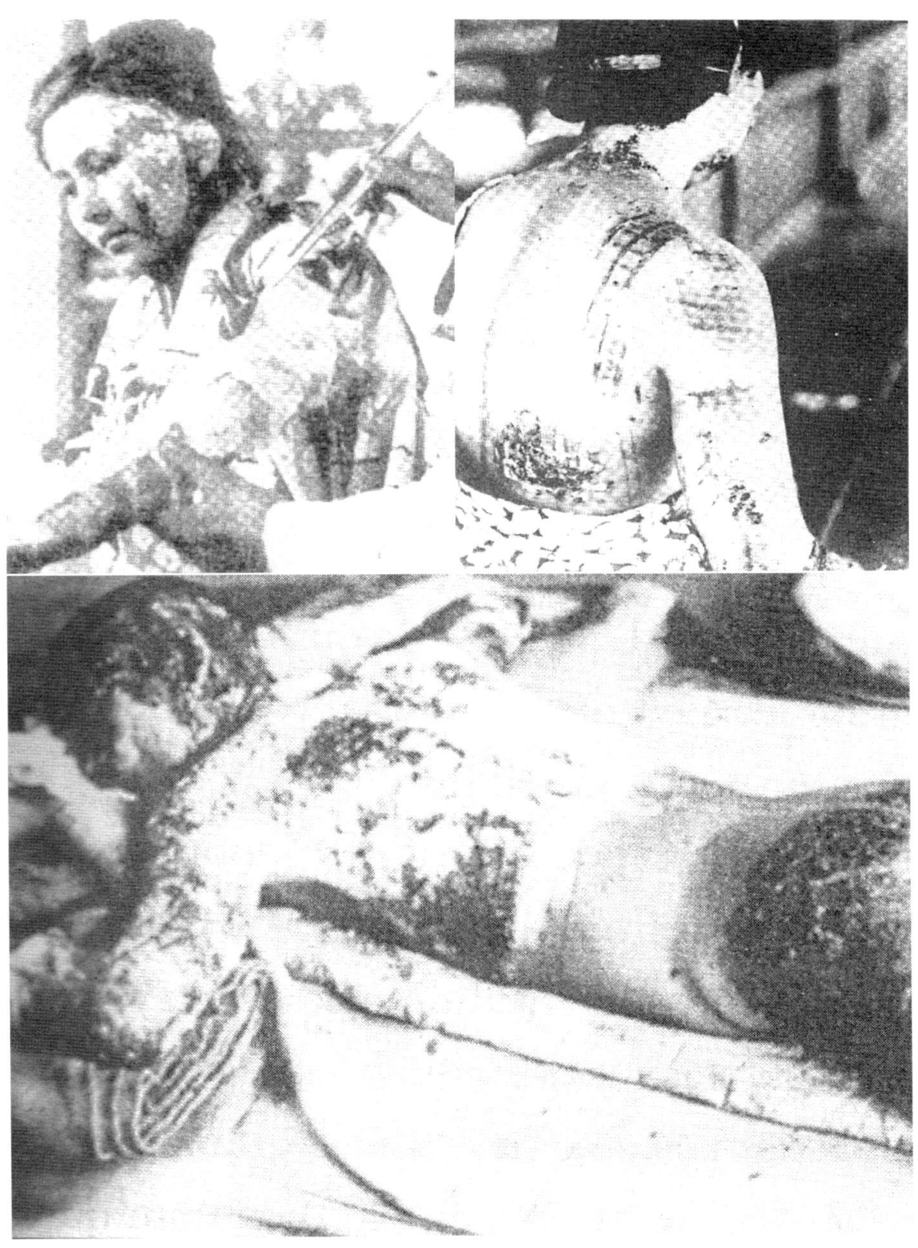

◤ 图为伤情严重的幸存者。这些幸存者称，他们就像到鬼门关走了一遭。

“就像到鬼门关走了一遭”。

街道到处都是像鬼一样的伤者，他们被严重烧伤，身上的衣服被烧光，有的还露出骨头。他们万分绝望，拖着受伤的躯体，或寻求救治，或寻找家人，或试图逃离这片火海，在被烧成焦炭的或已僵硬的尸体堆中跌跌撞撞地行走。

在返回天宁岛的途中，B-29 的全体机组成员都沉默不语。有人开始自我安慰，眼前的情景是如此恐怖，战争肯定很快结束了。

此次任务中的另一位尾枪手阿尔·德哈特说，他真希望自己没有目睹爆炸的场景。“我不会向我的子孙们描述这件事。永远不会。我不认为我看见的情景是一件可以向孩子们讲述的事情。”

33

战争尾声

谁才是结束二战的真正英雄?

广岛的消息传来时，杜鲁门正乘坐奥古斯塔号从波茨坦返回美国。他闻讯跳了起来，大声喊道 :“这是一个历史性的时刻。”

杜鲁门在电台演讲中向全体美国人民宣布了这个消息。他说 :“日本空袭珍珠港,首先挑起了战争,我们已经加倍奉还。然而这还不是终点……我们准备快速并且彻底地消灭日本人在每一座城市建立的每一家生产企业。我们应该摧毁他们的码头，他们的工厂，还有他们的社区。毫无疑问，我们现在应该彻底摧毁日本挑起战争的能力。”

此后不久，杜鲁门称，宣布广岛的消息是他有生以来最开心的时刻。杜鲁门的反应引起一些人的不悦。两天后，一名民主党全国委员会委员发了一封电报告诫总统 :“没有哪一位美国总统会为一个导致无数无辜平民丧命的举动而欢呼雀跃。请再次予以澄清，让大家额手称庆的不是毁灭，而是阻止了进一步的毁灭。”

原子弹投下的警告

苏联人无论如何也高兴不起来。他们知道，美国实际上没有必要对一个羸弱无力的国家使用原子弹。他们明白美国这是在警告苏联：如果他们胆敢阻碍美国统治全球的计划，那么美国将毫不犹疑地对他们使用原子弹。

一位常驻莫斯科的《纽约时报》记者如此写道：

> 来自广岛的消息令所有人万分沮丧。他们清楚地意识到，这是世界强权政治的新力量。原子弹对苏联构成了威胁。那天，与我交谈的苏联人无不悲观地叹息道，苏联拼了命才打败了德国，现在看来，简直是“白费力气”。

美国在没有必要的情况下投掷原子弹的举动令苏联领导人大为震惊。这对朱可夫元帅而言，更是一段挥之不去的记忆。26 年后，朱可夫元帅回忆道：“在没有任何军事必要的情况下，美国在日本和平而且人口密集的广岛和长崎两个港口城市投下了原子弹。”对此，他总结道：“美国政府试图凭借原子弹这一武器，在冷战中实现其帝国主义霸权。”

苏联其他军官同样感到惊骇。苏联后来的外交部长安德烈·葛罗米柯的儿子安纳托利回忆说，他的父亲告诉他，广岛一事“把苏联统帅们都搞蒙了”。克里姆林宫和总参谋部里的气氛顿时紧张起来。一时间，关于保留大量陆军、加强对拓展疆土的控制以减少原子弹攻击风险的建议纷纷涌来。

苏联一位顶尖物理学家认为：“整个苏联政府视广岛事件为美国对苏联的恐吓，是一种更新型、更恐怖、更惨烈的战争威胁。”核物理学家们也被斯大林召集到克里姆林宫，汇报每日的研究进程。不久后，斯大林启动了一项旨在制造苏联自己的原子弹的应急计划。武器竞赛就此拉开帷幕。

与此同时，另一场竞赛也拉开了序幕。广岛事件后不久，日本领导人询问苏联是否愿意出面调解。他们收到了明确的答复。1945 年 8 月 9 日上午，强大的苏联红军向驻扎在中国东北、朝鲜、萨哈林岛（库页岛）和千岛群岛的日军发起全面进攻。苏联红军一路所向披靡，几乎没有遭到日军像样的抵抗。

1945 年 8 月 9 日，日本 4 名外务高官走进铃木首相的办公室，汇报了苏联全面进攻日本的消息。“我们害怕的事情终于发生了。”铃木叹息道。

同样在 8 月 9 日，在苏联向日军发起进攻后，另一架携带着绰号为“胖子”的铀原子弹的美国 B-29 轰炸机“博克之车”朝着日本小仓飞去。由于小仓上空被云层覆盖，能见度低，飞行员查理士·斯文尼三次飞过该城市的上空，仍然不能找到一处突破口。于是他飞向了第二目标长崎。

长崎上空同样被云层覆盖。由于燃油不足，斯文尼差点就折返了。就在此时，云层突然散开，原子弹被投掷下去，地面空袭警报响起。但是由于长崎市民已经对警报习以为常，许多人因此并未予以理会。

11 岁的幸木松尾一直待在城外的临时住房中。她先是看见强光一闪，接着便传来了雷鸣般的爆炸声。这时她才意识到，四周连一片草叶也没有了。她的姐姐被火焰吞噬，四落的碎石掩埋了她的尸体。

“她留下的只有白色的骨灰。”幸木说。她的哥哥也死了，她的爸爸由于辐射中毒在 19 天后也死了。4 万人在爆炸中当场死亡，包括 250 名士兵。到 1945 年底，死亡总人数达到 7 万。5 年后，该数字上升到 14 万。

无线电报报务员斯皮策称，他和其他机组成员简直不敢相信，还会有另一座城市以同样的方式从地球上消失。

斯皮策说 ：“没有必要再进行这样的任务，没有必要再投下另一颗原子弹，没有必要再带来更多的恐惧和死亡。上帝啊，就连傻瓜都知道这个道理。”对此，纽伦堡审判的首席检察官特尔福德·泰勒说道 ：“关于广岛轰炸的是非一直争执不下，但是我从来没有听过有能为长崎事件辩护的理由。”他将长崎受到的原子弹轰炸总结为一次战争罪行。

苏联出兵，日本火速投降

日本官员对苏联的进攻感到十分沮丧。在内阁紧急会议上，他们收到了长崎遭受袭击的消息。

虽然广岛和长崎合计受到的损失不可估量，但原子弹的爆炸并没有让日本官员考虑无条件投降。不管陆军部长错误地报告说美国还有上百颗原子弹，还是说东京将成为下一个目标，都不能让与会者接受无条件投降。他们认为，美国用成百上千架飞机和炸弹将整个城市摧毁，和只用一架飞机和一枚炸弹将城市夷为平地，几乎没什么差别。

苏联的进攻则另当别论。它彻底击垮了日本领导人的意志，尤其是他们在几天前还寻求苏联的帮助，试图获得更好的投降条件。日本的外交努力落空了，以最后的对抗为盟军带来巨大损失的军事策略也支撑不了多久。

对于这些领导人而言，原子弹为他们提供的不过是投降的诱因，而不是决定性因素。苏联才是决定性因素，一如杜鲁门所预测的。最后，裕仁天皇宣布，他愿意投降。他同意接受《波茨坦公告》，唯一的条件是，“决不接受任何有损于天皇作为日本最高统治者施治的要求。”

首相铃木意识到，日本已经别无选择，必须立即投降。铃木称：“苏联不仅会夺取中国的东北三省、朝鲜和萨哈林岛（库页岛），还会占领北海道，这些行动将摧毁日本的根基。我们必须在还能和美国做交涉的时候结束战争。”

天皇的决定已经很明确，但是日本的高层领导仍然坚持他们的三条附加要求：自行解除武装、不做战争审判及不占领日本领土。

随着红军快速逼近日本本土，日本决定向美国投降。他们相信，美国更愿意保留他们的天皇。他们也担心苏联红军的到来会引起日本国内亲共产党力量发动革命，欧洲发生的革命无疑让他们对此警惕万分。

杜鲁门和他的顾问们也在权衡日本投降的提议。伯恩斯再次提醒说，保留天皇可能会使杜鲁门付出政治上的代价。史汀生不同意伯恩斯的意见。他认为，为了促使庞大的日本军队投降，并维持战后日本的秩序，“即使日本没有提出该要求，我们也会在欧洲继续面临皇室问题。”

到目前为止，史汀生已经受够了伯恩斯。“对于那些对日本的了解仅限于吉尔伯特和沙利文的歌剧《日本天皇》（*The Mikado*）的人而言，确实存在对天皇制度深深的仇恨。”他在日记中写道。

经过进一步的讨论后，杜鲁门最终妥协，并达成了一个含义模糊的表述：“根据《波茨坦公告》的精神，日本的最终政权形式将会尊重日本人民的自由意愿来建立。”很多人认为，这是一个无情的讽刺。美国允许日本保留他们的天皇，不正是原子弹投掷数月前日本一直寻求的结果吗？

投掷原子弹是否必要？

战争结束后，日本领导人将日本投降归结为美国使用了原子弹和苏联的进攻。然而，几名日本高官认为，是苏联的进攻，而非美国的原子弹或其他军事行动导致了日本的投降。

日本副参谋长河边虎四郎解释说：“原子弹对广岛的巨大破坏在后来才慢慢显现，相比之下，苏联的宣战是突如其来的。苏军的打击猛烈而集中，递送给东京的报告中称，苏联军队的进攻‘势如破竹’。”

海军上将丰田也同意：“我相信，比起美国的原子弹攻击，苏联的对日宣战更加促成了日本的投降。”日本陆军部对盟军总司令部的回应简单直接：“苏联加入对日作战是导致日本决定投降的最直接原因。”

1946 年 1 月，美国陆军部的一项研究得出了同样的结论：“几乎可以肯定，是苏联的参战迫使日本屈服了。”然而美国人民更愿意相信，广岛和长崎的两颗原子弹才是结束战争的直接原因。怀着这样的信念，85%的美国人支持使用原子弹。将近 23%的人认为，如果不是日本这么快投降，美国可能还会投下更多原子弹。大部分美国人不知道，许多美国高层军事将领都认为，原子弹在军事上其实没有必要，在道义上也遭受谴责。杜鲁门的总参谋长威廉·莱希将军认为，原子弹和生化武器一样，是对“我所

1945 年 8 月，美国关岛的日本战俘在听到裕仁天皇宣布日本无条件投降时，纷纷低下了头。

听说的所有基督教伦理和战争法典”的侵犯。

莱希承认：“日本早已战败，并准备投降，对广岛和长崎使用这种残暴的武器对我们赢得对日作战的胜利没有实质性的帮助。我们首次使用这种武器将使我们的道德标准退回到野蛮而黑暗的中世纪。从来没有人教我将如此残忍的方法投入到战争中，用于屠杀妇女和孩子，从而赢得战争。”

1949 年，莱希义愤填膺地告诉记者：“杜鲁门告诉我，同意使用原子弹仅仅是针对军事目标。当然，后来我才明白，他们脑子里自始至终想的就是要使用它，而对妇女和儿童弃之不顾。”

战争结束后，道格拉斯·麦克阿瑟将军总是提到，如果美国修改了投降条件，那么战争在几个月前就能结束了。其他高层军事将领，包括德怀特·艾森豪威尔将军、亨利·阿诺德将军、李梅将军和卡尔·斯帕茨将军，也同意莱希和麦克阿瑟的看法，日本已经处于投降的边缘，没有必要使用原子弹。陆军准将卡特·克拉克总结日本的情况说："我们通过集中打击他们的商船和围困他们，已经使他们濒临投降，我们实在没有必要这么做。日本人自己也清楚这一点，但我们还是将日本城市作为原子弹的试验场。"

美国7位五星上将中，有6位是在二战中获此授衔的，他们分别是道格拉斯·麦克阿瑟、德怀特·戴维·艾森豪威尔、亨利·哈利·阿诺德、海军上将威廉·丹尼尔·莱希、欧内斯特·约瑟夫·金和切斯特·威廉·尼米兹。他们都不同意为了结束战争而使用原子弹。

令人遗憾的是，鲜有证据表明，他们在原子弹投掷之前曾经向杜鲁门表达过他们的反对意见，尽管艾森豪威尔声称他表达过自己的意见，而莱希对此的担忧也是众人皆知。

与奥本海默和洛斯阿拉莫斯团队联系密切的格罗夫斯将军对这些人的观点再清楚不过。在向广岛投掷原子弹之前，格罗夫斯下了一道命令，要求所有参与行动的指挥官清楚战争部就原子弹所做的任何指示。

格罗夫斯承认，下达这道命令的原因非常简单："我们不想听麦克阿瑟那帮人说，没有原子弹也能获得胜利。"就连杜鲁门最亲近的顾问吉米·伯恩斯也承认没有必要使用原子弹结束战争。

《纽约时报》报道说，伯恩斯引用苏联人的证词说，日本承认，在第一颗原子弹投向广岛之前，他们就已经战败了。

罗马教廷很快就美国对日本使用原子弹一事进行了谴责。《天主教世界》（*Catholic World*）将使用原子弹的行径描述为"一种凶残并且令人厌恶的，是有史以来对基督教文明和道德最沉痛的一击"。

美国基督教协会主席约翰·福斯特·杜勒斯也对未来忧心忡忡，他警

1945 年 8 月 14 日，杜鲁门总统宣布日本投降的消息。

告称：“如果我们这样一个公认的基督教国家，对在战争中使用原子弹感到心安理得，那么世界其他国家也会群起而效之。核武器将被视为战争中的常规武器，这迟早会毁灭整个人类。”杜勒斯后来成为艾森豪威尔总统的国务卿。

许多像保罗·福塞尔[①]一样勇敢的美国青年，与他们的苏联和英国盟友在二战中并肩作战，他们打败了日本，却为之付出了自己宝贵的生命。

很多历史学家认为，将军们都相信，用原子弹轰炸广岛和长崎是没有必要的。杜鲁门、史汀生和其他人却大放厥词，声称是原子弹促成了战争的结束，与苏联的进攻无关。

1991 年，美国前总统老布什还在为杜鲁门做辩护：“正是这个艰难、深思熟虑的决定，拯救了百万美国人的生命。”然而事实恰恰相反。

的确，原子弹的轰炸在一定程度上加快了日本的投降，从侧面支持了

① 保罗·福塞尔（1924—2012），美国宾夕法尼亚大学的文学教授，著名文化批评家，曾任教于德国海德堡大学、美国康涅狄格学院和拉特格斯大学。19 岁时参军入伍，并参加二战对德作战。

美国的跳岛战术、空中轰炸和交通封锁，但对美国而言，原子弹爆炸确实令其蒙羞。正如莱希将军承认的 :“从国家防卫的角度来看，对一个早已被打得稀里哗啦的国家进行这样的轰炸，我看不到一丁点儿正义感。”与此同时，正是苏联猛烈的进攻使日本高层相信，在日本本土进行最后的抵抗已经毫无意义。

原子弹的投掷也未能使苏联屈服。它的出现只是让斯大林相信，美国会不惜一切代价将自己的意志强加给苏联，因此苏联必须加快研制原子弹的进程，以作震慑。

与伯恩斯的警告相反，杜鲁门并没有因此受到政治上的责难。杜鲁门一直声称，他对此从未后悔过，甚至夸耀说，他“从来没有因此耽误任何一个好觉”。

有新闻记者问杜鲁门 :“你后悔投下原子弹吗？”

杜鲁门的回答是 :“没有，一丁点儿也没有。”

另一位新闻记者问杜鲁门，做出这个艰难的决定会不会良心不安。杜鲁门回答 :“没有，做这个决定就像……”他打了个响指。

1945 年 10 月 25 日，原子弹轰炸将近 3 个月后，杜鲁门第一次接见了奥本海默。他询问奥本海默，苏联会在什么时候造出原子弹。奥本海默坦白说他不知道。杜鲁门说出了自己的猜想 :“永远不会。”

杜鲁门的傲慢无知令奥本海默感到气恼。核武器竞赛早已开始，制造原子弹的科学和数学常识早已不是什么秘密，苏联研制出自己的原子弹只不过是时间上的问题。因此，奥本海默说 :“总统先生，我感觉我的双手满是鲜血。”奥本海默的言辞让杜鲁门暴怒不已 :“我告诉他，这些鲜血是沾在我的双手上，而不是他的，还是让我来操心这些事情吧。”

杜鲁门告诉后来成为国务卿的迪安·艾奇逊 :“我不想在这个办公室里再次看见那个婊子养的。”他后来称奥本海默为“一个爱哭鬼科学家”。

改变世界格局的5英尺

二战的恐怖和血腥令很多人变得铁石心肠，对他人所承受的苦难无动于衷，但并不是所有人都变得如此冷漠。许多参与了原子弹计划的科学家成为终身的反核战士。

利奥·齐拉特从物理领域转到了生物领域，并成立了宜居世界委员会。

约瑟夫·罗伯莱特直到96岁去世，一直在为无核化运动不知疲倦地奋斗，他在1995年获得了诺贝尔和平奖。

英国首相丘吉尔承认，为使用原子弹辩护是一件困难的事情。

在杜鲁门卸任前，他举行了一个小型聚会。他的女儿玛格丽特回忆到当时的情景：所有人都热情洋溢，包括他的父亲。突然，丘吉尔转过身来，对杜鲁门说："总统先生，当你和我站在梵蒂冈圣彼得广场上，教皇问起'我已确定你们两位都要对原子弹的投掷负责，你们还有什么要说的吗？'，希望到那时，你已经有了答案。"

和总统只有5英尺之遥和短短82天距离的前副总统亨利·华莱士，几乎快被历史遗忘了。极少有人记得，在1944年7月，他曾经和副总统之位擦肩而过。如果在1945年4月，接任罗斯福总统之位的是华莱士，而非杜鲁门，这个国家又将走向何方？

原子弹还会在二战中被使用吗？核武器竞赛和冷战是否可以被避免？

民权和妇女权利斗争还会在战后迅速取得胜利吗？

殖民主义会不会提前几十年销声匿迹？

科技的成果会不会以更加公正的方式遍及全球？

我们永远都不会知道答案。

美国历史大事记

尽管真相会令人不安，但它终究是最有力的慰藉

1863 年，美国总统林肯签署《利伯守则》，其中规定禁止以任何方式使用毒药，无论是往水井中投放毒药，还是其他有毒食品或者武器。

1866 年，三 K 党在田纳西州成立。

1866—1871 年，三 K 党的第一波暴动浪潮席卷南方。

1871 年，联邦政府成功解散三 K 党。

1877 年，美国铁路工人大罢工，抗议削减工资，要求减少工时。

1878 年，欧洲列强，包括英国、法国和德国及其前殖民地，控制了 67%的世界领土。

1886 年 5 月，在美国伊利诺伊州芝加哥市秣市广场举行的和平抗议活动上发生了爆炸事件，并演变成一场暴乱，造成 7 名警察死亡。警察突袭秣市广场，打死了 3 名工人。当局以此次的抗议活动为借口，发动了一场针对劳工组织的运动。

1889 年，美国吞并太平洋岛屿帕果帕果港口，在此建立了一支海军，为其壮大海军力量提供了后备资源。

1893 年 5 月 5 日，金融恐慌引发了一场持续 5 年的经济大萧条。400 万人失去工作，失业率高达 20%。

1893年11月3日，美国帮助巴拿马从哥伦比亚独立，这使美国得以建造巴拿马运河。

1898年4月25日，美国对西班牙宣战，据称其目的是为了将古巴从西班牙的暴政中拯救出来。国务卿约翰·海伊将这场为时3个月的战争称为“一场辉煌的小战争”。

1898年6月15日，反帝国主义同盟成立，其目的在于反对美国对菲律宾的兼并。参与者包括安德鲁·卡内基、克拉伦斯·丹诺、马克·吐温、简·亚当斯、威廉·詹姆斯、威廉·迪恩·豪威尔斯和塞缪尔·龚帕斯。

1898年12月10日，《巴黎和约》将波多黎各割让给美国，将古巴划归为美国的受保护领地，并声明美国将向西班牙支付2 000万美元，换取对菲律宾的控制权。

1899年1月23日，菲律宾人起草宪法，建立了一个共和国。艾米利奥·阿奎纳多成为菲律宾总统。

1899年2月4日，美国向马尼拉开火。美国报纸报道称，这是因为菲律宾人无缘故攻击手无寸铁的美国士兵。在这场战争中美军有22人死亡，125 ～ 200人受伤，菲律宾的伤亡情况则达千人以上。

1899年7月，根据《海牙宣言》中有关窒息性气体的规定，战时使用以扩散窒息性或有害性气体为唯一目标的投射物是不合法的。

1901年，联合果品公司在古巴以每英亩20美分的价格购买了190万亩土地，种植用作糖类生产的原料。

1901年2月，美国国会通过了《普拉特修正案》，维护美国干预古巴未来事务的权力，并在关塔那摩湾建立了美国的海军基地。

1901年9月6日，麦金莱总统被无政府主义者里昂·乔戈什射中，并在8天后死亡。坚定的帝国主义者、副总统西奥多·罗斯福成为美国第26任总统。

1901年11月，美国媒体开始报道美国士兵对菲律宾人民犯下的罪行，包括水刑、凶杀和强奸。

1902 年 6 月，罗斯福总统宣布菲律宾恢复和平。

1903 年，美国派兵前往洪都拉斯。

1903 年，美国派兵前往多米尼加共和国。

1905 年，世界产业工人组织，即世界产业工人联盟（IWW）成立。IWW 相信，最大冲突存在于资本家和劳动工人之间。联盟成员包括直言不讳的社会主义者尤金·德布斯和组织领导人威廉·海沃德。

1906 年，美国派兵前往古巴。

1907 年，美国派兵前往洪都拉斯。

1907 年，美国派兵前往尼加拉瓜。

1907 年，罗斯福总统成立了中美洲法院，目的在于和平解决地区冲突。美国当局并不理会法院判决，这严重地破坏了法院的权威。

1908 年，美国派军前往巴拿马。

1910 年，诺曼·安吉尔出版了《大幻想》一书。在书中，这位后来的诺贝尔和平奖获得者以这样的语句警醒世人：武器竞赛不仅无法维护世界和平，而且很可能增加不安全性和战争威胁。

1910 年，在斯梅德利·巴特勒将军的指挥下，美国派军队前往尼加拉瓜，并协助建立了一个有利于美国商业利益的政府。

1911 年，由弗兰西斯科·马德罗领导的墨西哥革命推翻了协助美国谋取商业利益的墨西哥独裁者迪亚斯。革命者们义愤填膺，因为他们仅剩的最后一点土地在迪亚斯的同意下，被富裕的帝国主义者控制。

1911 年，美国派兵前往洪都拉斯。

1913 年，伍德罗·威尔逊当选为美国第 28 任总统。

1912 年，美国派兵前往洪都拉斯。

1912 年，美国派兵前往古巴。

1912 年，美国派兵前往尼加拉瓜，并一直驻守至 1933 年。

1912年，美国派兵前往巴拿马。

1913年，美国企业此时已拥有墨西哥近43%的财产，而墨西哥民族企业仅占33%。美国报业大亨威廉·伦道夫·赫斯特拥有1700万英亩的墨西哥土地。

1914年，欧洲列强，包括英国、法国和德国及其前殖民地，控制了84%的世界领土。

1914年，美国派兵前往多米尼加共和国。

1914年，美国派兵前往海地，并在此驻守到1933年。

1914年，小说家H.G.威尔斯出版了预言小说《自由的世界》，描述了德国和奥地利之间，英国、法国和美国之间爆发的原子弹战争。

1914年4月9日，美国水手进入坦皮科——墨西哥湾一处繁荣但禁止进入的石油城市。他们因未经许可擅自进入禁区而遭到逮捕，但后来马上被释放了。

1914年6月28日，奥匈帝国皇储弗朗茨·斐迪南大公遭到塞尔维亚狂热分子的刺杀，这一事件成为使整个世界陷入一系列血腥战争的导火索。

1914年8月，奥匈帝国对塞尔维亚人宣战。第一次世界大战开始。

1914年8月，威尔逊总统发表了《中立宣言》，恳请美国不要选择加入一战中的任何一方。然而，中立原则并没有完全体现在行动上。在经济利益的驱使下，美国站在了协约国的阵营。从1914年战争开始到1917年美国参战，美国银行给协约国的贷款是给同盟国的近1000倍。

1914年8月，德国成了第一个对平民实施空袭的国家。

1915年，威尔逊总统在白宫观看了由D.W.格里菲斯执导的电影《一个国家的诞生》。这部带有严重种族偏见的电影根据南方白人浸信会牧师托马斯·狄克森的流行小说《同族人：三K党的历史传奇》改编而成。

1915年3月3日，《一个国家的诞生》在纽约自由剧院上映。在这部电影的鼓动下，三K党人重新开始暴力活动。这一年，有56名黑人和13

名白人被私刑处死。

1915 年 4 月 22 日，德国破坏 1899 年海牙和平会议的精神，在第二次伊普尔战役中使用了有毒气体，造成超过 600 名士兵的死亡。

1915 年 5 月，德国击沉英国的远洋轮船“卢西塔尼亚号”，造成 1 200 人死亡，其中有 128 人是美国人。尽管美国不承认，但事实上这艘轮船装载了从美国运往英国的武器。

1916 年，美国派兵前往多米尼加共和国，并在此驻守到 1924 年。

1917 年，美国派兵前往古巴，并在此驻守到 1922 年。

1917 年，美国国会通过了《间谍法案》，这是美国历史上最具压制性的立法之一。根据法案，战时妨碍军事作战行动的人将面临 1 万美元的罚款或最高 20 年的监禁。

1917 年，美国社会党候选人在全国各城市获得的选票在增加。10 位社会党人在纽约州立法机构获得席位。

1917 年 3 月 8 日，俄国圣彼得堡爆发了骚乱和罢工。全国范围内的食物短缺引发了人们的强烈抗议，人们走上街头，大声呼喊着要得到面包。一系列的抗议活动不断发酵，最终演变为抗议者对俄国君主制的反抗。

1917 年 4 月 2 日，威尔逊请求国会同意美国参战。只有 56 人投了反对票。参议院中有 6 人投了反对票，包括威斯康星州的罗伯特·拉福莱特。众议院中也有 50 人反对，包括美国第一位入选国会的女性——来自蒙大拿州的珍妮特·兰金。反对者们批评威尔逊是华尔街的工具。

1917 年 4 月 6 日，美国对德国宣战，加入一战。

1917 年 4 月 13 日，公共信息委员会（CPI）成立。CPI 成立了“4 分钟演讲人”队伍，演讲人四处发表激昂的爱国演讲，鼓励美国人民支持战争。

1917 年 11 月 7 日，由弗拉基米尔·列宁和列夫·托洛茨基领导的布尔什维克党掌握了俄国政权，从此极大地改变了世界历史的进程。他们受到 19 世纪德国犹太人知识分子卡尔·马克思的启发，相信阶级斗争最终将带来一个平等的社会主义社会。

1918 年，美国派兵前往巴拿马。

1918 年，联合果品公司在洪都拉斯拥有 14 000 英亩土地。

1918 年，第一次世界大战的士兵佩戴了早期的防毒面具，一种使用木炭和解毒物质的过滤器。化学武器导致的人员伤亡数仍然飞涨，但死亡率已经大大下降。

1918 年 1 月 8 日，威尔逊公布了他的《十四点和平原则》。这项自由、开放、反对帝国主义的和平计划呼吁民族自决、公海航行自由、贸易自由和裁军、成立国际联盟，承诺不再建立任何秘密协议，并从苏俄、比利时和法国撤军。其中小部分条款被写进次年的《凡尔赛和约》中。

1918 年 3 月 3 日，列宁与德国签署了一项和平条约，将苏联军队从战争中撤出。《布列斯特－立托夫斯克和约》表明，苏联放弃了超过 30 万平方英里的领土，包括波兰、芬兰和波罗的海诸国。威尔逊总统派出 1.5 万军队前往苏俄东北部，希望维持对德国的东部战线。

1918 年 5 月，美国《煽动叛乱法案》通过。该法案是美国历史上另一部最具压制性的法案。法案对言论自由进行限制,在国内形成了党同伐异的氛围。

1918 年 6 月 28 日，美国成立了美国毒气部队（CWS）。这个规模庞大的化学战争研究项目由多个不同的部门组成。美国毒气部队将研究作为工作中心，同时将速度凌驾于安全之上。根据美国大学营地负责电机维护的电气工程师乔治·坦普尔所言，为了追求速度而丢掉性命的人不在少数。每天早上，在列队点名的时候，工人们都要被迫忍受有毒实验气体的煎熬。乔治·坦普尔自己也参加了 7 次实验活动。

1918 年 7 月，《张伯伦－卡恩法案》通过。法案赋予当地政府权力，他们可逮捕任何独自经过军事基地附近并被怀疑患有性传播疾病的妇女。

1918 年 7 月，西奥多·罗斯福最小的儿子昆廷·罗斯福在第一次世界大战中牺牲。昆廷在执行飞行任务的时候被敌军击落，永远留在了法国战场上。罗斯福所有的儿子都应募入伍，见证了第一次世界大战。

1918 年 11 月 11 日，德国宣布投降，第一次世界大战结束。在抵达法国的 200 万美国士兵中，总计有 11.6 万士兵死亡，20.4 万士兵受伤。相比之下，欧洲的人员伤亡数字更为惊人：总计约 850 万士兵死亡，1 300 万平民死亡，大部分平民死于疾病或饥荒。

1919 年，贝尼托·墨索里尼在意大利成立了法西斯党。

1919 年，美国派兵前往洪都拉斯。

1919 年，美国超过 500 万工人罢工，抗议微薄的薪水和日益扩大的收入不平等。罢工工人包括 36.5 万钢铁工人、45 万矿工和 12 万纺织工人。

1919 年 1 月 12 日，27 国代表聚集在巴黎郊外的凡尔赛，商定和平条款。胜利者，尤其是英国、法国和日本，分割了以前属于德国的殖民地，以及德国根据 1915 年 4 月秘密签订的《伦敦条约》在亚洲和非洲的投资及资产。

1919 年，越南人胡志明在巴黎和会上发言，对法国控制印度支那的权力提出质疑。

1920 年，美国城市人口数量第一次超过农村人口数量。

1920 年，美国参议院就《凡尔赛和约》和成立国联进行投票。威尔逊眼睁睁地看着和约和国联最终以 7 票之差没有通过。

1920 年，沃伦·哈定被选为美国第 29 任总统。

1920—1922 年，亨利·福特出版了一系列反犹文章，后整理为四卷书籍，命名为《国际犹太人》。

1921 年，美国派兵前往巴拿马。

1921 年，联合果品公司攫取了洪都拉斯 61 000 英亩的土地。

1921—1953 年，苏联秘密警察处死 80 万公然反对共产党的人。

1922 年，委内瑞拉独裁者胡安·比森特·戈麦斯请求美国石油公司参与起草委内瑞拉的石油法。美国石油公司答应并撰写了商业友好的法案，因此赚取了高额利润。但是法案并未包含保护石油公司工人或者环境的内容，井喷和意外事故依然时有发生。同年，委内瑞拉一处油田发生井喷，油污带长达22英里，近100万桶原油流入马拉开波湖。

1923年，哈定总统在一次巡回演讲中意外去世。卡尔文·柯立芝成为美国第30任总统。

1924年，联合果品公司攫取了洪都拉斯88 000英亩的土地。

1924年，美国通过了一项具有歧视性的移民法案，限制移民到美国的人数。

1924年，美国《移民法》规定，凡是在1907年后移民到美国的日本人均不能自然地成为美国公民，同时禁止更多的日本人或者亚洲人移民美国。

1925年，中西部残暴的黑衫军从三K党中分离。10年后，该组织的领导人维吉尔·恩格公开宣扬对美国犹太人进行大屠杀的必要性。

1925年，美国派兵前往洪都拉斯。

1925年，美国派兵前往巴拿马。

1925年，国际联盟接受了海牙会议的早期协议《海牙公约》，该公约禁止在战争中使用化学和生物武器。在接下来的10年中，除美国和日本外，40个国家都签署了这份条约。

1928年，苏联领导人宣布了由约瑟夫·斯大林制定的第一个五年计划，承诺创造一个理性、中央集权的全新经济体制，通过解放科学技术实现物质的极大丰富。实现这一计划需要依赖苏联的快速工业化和农业集体化。

1929年3月4日，赫伯特·胡佛作为美国第31任总统在就职典礼上发表演讲，他描绘了一个“充满希望和光明”的未来。

1929年9月3日，美国国内股票价格在经过一个夏天的攀升后，达到了顶峰。

1929年10月29日，美国股票市场崩溃，成为历史上著名的“黑色星期二”。美国经济陷入历史上最糟糕的萧条时期。很多人因此失去了他们一生的储蓄。

1930—1932 年，美国有 1/5 的银行倒闭。

1930 年，美国退伍军人协会邀请墨索里尼在全国会议上发言。

1931 年，《基督教科学箴言报》报道称，苏联是唯一一个摆脱了经济危机的国家，其工业总产值甚至比去年激增了 25%。

1931 年 9 月，日本关东军入侵中国的东北三省，这里毗邻苏联和朝鲜，资源丰富，战略地位重要。日本军队盘踞于此是进一步侵略亚洲的前兆。

1932 年，美国城市黑人的失业率超过了 50%。

1932 年，美国富翁埃本·拜尔斯因摄入了过多的“镭钍水”——一种含镭的流行药品，最后死于放射性中毒。

1932 年 10 月 31 日，美国内华达州副州长宣布银行放假 12 天。州内的银行纷纷关门，储户无法从银行提取现金。

1933 年，威廉·达德利·佩利成立银衫军，成员数量多达 2.5 万人。

1933 年，美国失业率达到了 25%，全国生产总值下跌 50%，农场收入下跌 60%，工业产量下跌超过了 50%。美国进入经济大萧条时期。

1933 年 1 月 30 日，阿道夫·希特勒被任命为德国总理。

1933 年 2 月，纽约郡地方检察官前助理费迪南德·佩科拉揭露了国内顶尖的银行巨头的诡计和不道德行为，包括赚取高收入、偷税漏税、私下获取额外分红、非法借贷等犯罪行为。杂志开始将银行家称为“银行匪帮”。

1933 年 2 月 14 日，密歇根州宣布银行放假 8 天。马里兰州、田纳西州、肯塔基州、俄克拉何马州、亚拉巴马州的银行随后纷纷效仿。550 家国立和州立银行关闭。

1933 年 3 月 4 日，富兰克林·罗斯福宣誓就职美国第 32 任总统。在演讲中，他就当前国家所面临的问题的重要性作出了解答，并喊出“我们唯一恐惧的事情就是恐惧本身”这一名言。

1933 年 3 月，在罗斯福就任总统的第一天，采取了一种更为保守的方法：他宣布所有银行休假 4 天。国会通过了由罗斯福签署的《紧急银行法》，法案条款大多数都是由银行家自己起草的，在没有经历剧变的情况下，便恢复了银行体系。

1933 年 3 月起，罗斯福在他上任百日内安排了一套雄心勃勃的复兴计划。包括为振兴农业而设置的农业调整管理局；让年轻人到森林和公园里工作的民间资源保护队（CCC）；为各州提供援助的联邦紧急救济署；协调大规模的公共事务工程的公共工程署（PWA）；将投资银行和商业银行分离，设立银行储蓄联邦保险的《格拉斯－斯蒂格尔法案》；以及刺激工业复兴的国家复苏局 (NRA)。

1933 年 3 月 12 日，罗斯福总统通过无线电广播首次向美国人民发表“炉边谈话”，后来他在办公室发表了很多次这样的“炉边谈话”。

1933 年 7 月 3 日，世界各国领导出席了在伦敦举行的世界经济会议，会上罗斯福总统宣布美国将放弃金本位，这一发言令参会人员大吃一惊。

1933 年 10 月，希特勒决定让德国从国际联盟中退出。

1934 年，美国中期选举表明，整个国家朝着左翼的方向前进。民主党赢得了 35 个新增席位中的 26 个席位，从而使参议院中民主党的席位达到了 69 个，与共和党的 25 个席位形成了鲜明对比。在众议院中，民主党以 322 席对 103 席大胜共和党。《纽约时报》称这次选举是“美国政治史上最具压倒性的胜利”。

1934 年，美国主要的工人罢工发生在托莱多、明尼阿波利斯和旧金山等地。全国各地的纺织工人爆发大罢工，工人随之转向支持马斯特派、托洛茨基派和共产党的领导。

1934 年，苏联加入国联。

1934 年 1 月，希特勒与波兰签署了十年互不侵犯条约，确保德国东部边境的安全。

1934 年 2 月，北达科他州的参议院议员杰拉尔德·奈伊要求参议院外事委员会对涉及制造和销售武器、弹药和其他战争用品的公司以及个人进行调查。由奈伊委员会领导的听证会最终揭露了美国军火企业在第一次世界大战中的邪恶行径，包括利用战争谋取巨额利润。

1934 年 8 月 22 日，右翼商人和银行家宣布成立美国自由联盟。他们声称罗斯福的新政改变了政府形态，违背了美国宪法。联盟的宣传宗旨是：与激进主义做斗争，保卫财产权利，捍卫宪法。

1934 年 9 月，奈伊委员会公布了一些文件，文件内容表明，威尔逊总统在 1914 年允许银行家向交战国提供贷款。

1934 年 11 月，退休的海军陆战队斯梅德利·巴特勒将军向国会作证，两名自由联盟成员试图动员他组织一次反抗罗斯福政府的军事政变。

1935 年，美国产业工人联合会（CIO）成立，工人的罢工运动开始向重工业拓展。共产党在联合会中担任了主要角色。

1935 年 2 月，在奈伊委员会的听证会期间，伯利恒钢铁公司及伯利恒造船公司的总裁承认，战争前，公司的利润是 600 万美元，而战争开始后，其利润飙升至 4 800 万美元，他个人两次收到分别为 157.5 万美元和 138.6 万美元的红利。

1935 年 5 月，参议员奈伊提交了战争利润法案，试图将该法案作为另一法案的修正案。然而，该法案被安排给了奈伊最大的批评者领导的委员会处理。

1935 年 10 月，墨索里尼入侵埃塞俄比亚。

1936 年，罗斯福总统竞选连任总统。他以 523：8 的绝对优势击败堪萨斯州州长阿尔夫·兰登，赢得除缅因州和佛蒙特州之外的全部选票。

1936 年，希特勒和墨索里尼结成了轴心国集团。他们开始协助弗朗西斯科·佛朗哥推翻西班牙共和政体。

1936 年 1 月，奈伊委员会听证会继续进行，他们对银行机构和华尔街公司发起质问：是否为了从借给同盟国的巨额款项中获取高额回报而将美国推向战争？

1936 年 3 月，德国军队占领莱茵兰。

1936 年 4 月，奈伊委员会发布了公众期待已久的第三份报告。报告总结称：“尽管委员会之前的证据没有表明：战争仅仅是由军火商们及其代理的运作造成的，但事实上几乎没有任何一场战争是由单个原因触发的。委员会发现，有的组织为了金钱，自私地煽动、恐吓国家加入到军事活动中，破坏了世界和平。”

1936 年 7 月，佛朗哥的军队推翻了民选的西班牙政府，建立了法西斯政府。

1937 年，美国遭遇经济衰退。批评家称之为“罗斯福衰退”。

1937 年，美国 IBM 公司的负责人托马斯·约翰·沃森与希特勒会面。

1938 年，希特勒为了感谢 IBM 提供的帮助，即向纳粹提供可以定位和区分犹太人的打卡表和卡片整理系统，向沃森颁发了德国鹰大十字勋章。

1937 年，日本军队接二连三占领中国城市。12 月，日本士兵残酷地对待南京市民，杀害了 20 万～30 万无辜平民。日本很快控制了中国的东部沿海地区以及该地区的 2 亿中国人。

1938 年，希特勒授予亨利·福特德国鹰大十字勋章。之后他又为通用汽车的海外总经理詹姆斯·D. 穆尼颁发了同样的奖章。

1938 年，德国占领了奥地利。同盟国对希特勒做出妥协，将位于捷克斯洛伐克西北部的苏台德区划分给他。英国首相内维尔·张伯伦寡廉鲜耻地声称，该公约为我们带来了“这个时代里的和平”。

1938 年，两位德国科学家成功分裂了铀原子，该消息震惊了科学界。这意味着制造原子弹成为可能。

1939 年，盖洛普民意测试显示，84%的美国人民希望英国和法国赢得第二次世界大战，只有 2%的人支持德国，94%的人不希望美国卷入战争。

1939 年 2 月，纽约议员罗伯特·瓦格纳提交了一份纽约州政府支持全民医疗计划的提案，但遭到美国医学协会的激烈反对。罗斯福为了避免一场肮脏的政治斗争，最终决定放弃这一努力。

1939 年春，西班牙共和国被推翻。佛朗哥则作为西班牙的独裁者，一直统治西班牙，直到 1975 年去世。

1939 年 3 月，希特勒入侵捷克斯洛伐克。

1939 年 7 月，美国终止了 1911 年和日本签订的贸易协定，这一举动切断了对日本的战争机器而言至关重要的原材料的流通。

1939 年 8 月，希特勒和斯大林签署了互不侵犯条约，令世界震惊。该条约包括划分德苏之间东欧地区的秘密协定。

1939 年 9 月 1 日，希特勒入侵波兰。

1939 年 9 月 17 日，斯大林进军波兰。苏联很快便宣布波罗的海诸国（立陶宛、拉脱维亚、爱沙尼亚）已处于其控制之下。

1939 年 10 月，罗斯福批准了美国的原子弹计划。该计划进展缓慢，直到 1941 年，最新的研究信息表明，制造原子弹所需的铀的数量远比一开始认为的要少。

1940 年，罗斯福决定第 3 次参加总统竞选。他选择农业部长亨利·华莱士作为他的竞选伙伴。

1940 年 4 月，希特勒发动了突然袭击，即“闪电战”。在快速连续的袭击下，丹麦、挪威、荷兰和比利时相继落入纳粹手中。

1940 年夏，德国和英国展开了不列颠空战。

1940 年 6 月 22 日，法国沦陷。

1940 年 7 月，当华莱士的副总统提名即将付之东流之际，罗斯福拒绝了民主党的总统候选人提名。

1940 年 9 月，德国、意大利和日本正式签署了《三国同盟条约》，建立了“轴心国”联盟。匈牙利、罗马尼亚、斯洛伐克和保加利亚随后加入。

1940 年 9 月，罗斯福总统将备受热议的《选择性训练和服务法案》签署进法律。它成为美国历史上第一份和平时期的军事法案。

1941年，战争开始之初，250家美国企业在德国拥有了超过4.5亿美元的资产，其中58.5%由10家顶级公司控制。这些公司包括标准石油公司、伍尔沃斯百货公司、美国国际电话电报公司、辛格公司、国际收割机公司、柯达公司、吉列公司、可口可乐公司、卡夫食品公司、西屋电气公司和联合果品公司。

1941年3月，国会以压倒性票数通过了代号为H.R.1776的《租借法案》，允许罗斯福向危机重重的英国提供一切必要非军事援助。

1941年4月，罗斯福开始允许美国舰船为英国提供有关德军战舰和战机分布的重要情报。随后，他授权美国舰船向北非的英国军队运送补给。

1941年6月22日，德国出卖了苏联，打破了1939年的互不侵犯条约。德国策划了代号为“巴巴罗萨”的计划，发起了对苏联的全面进攻。320万德军很快攻陷了苏联长达2 000英里的防线。

1941年7月，日本入侵法属印度支那（越南），以寻求加强其在该地区地位所需的资源和基地。作为回应，美国封锁了对日本的石油输出。

1941年8月，罗斯福在纽芬兰秘密会见了英国首相温斯顿·丘吉尔。他们起草了《大西洋宪章》，表明了战后世界的理想目标。丘吉尔担心罗斯福的提议会威胁到英国的殖民统治。

1941年8月，罗斯福在会见丘吉尔期间，美国“基尔号”驱逐舰和英国皇家空军飞机侦测到德军在北大西洋的潜艇。英国轰炸机释放了深水炸弹，但没有击中潜艇。罗斯福以此事件为由干预战争，赢得支持。

1941年11月7日，罗斯福宣布美国将增加对苏联的援助。苏联人非常高兴。然而，美国运往苏联的物资与承诺的数量“相去甚远”。美国未能向苏联提供应允的物资援助，由此给苏联造成毁灭性的打击，列宁格勒局势恶化，莫斯科也正被德军重重包围。乌克兰已经失守，红军遭受到前所未有的损失，这对美国赢取苏联的好感和信任没有任何帮助。

1941年12月7日，日本海军突袭美国位于夏威夷珍珠港的海军基地，造成近 2 500 人死亡。

1941 年 12 月 8 日，美国和英国对日本宣战。

1941 年 12 月 11 日，德国和意大利对美国宣战。

1942 年 2 月 19 日，罗斯福签署了第 9066 号行政命令。该命令为加利福尼亚州、俄勒冈州和华盛顿州日本侨民和日裔美国人的迁离和限禁奠定了基础。受影响的日本人有 2/3 都出生在美国。

1942 年 3 月 11 日，罗斯福总统命令麦克阿瑟将军秘密离开菲律宾，前往安全的澳大利亚，近 1.2 万美国士兵和 6.4 万菲律宾士兵被其抛在身后。一个月以后，幸存下来的士兵向日本投降。接下来发生的是臭名昭著的“巴丹死亡行军”，日本强迫战俘在炙热的天气下行军 60 英里。看守们不允许战俘进食和喝水。一路上，他们枪杀、殴打或者用刺刀刺杀战俘。一些士兵甚至被斩首。约 1.65 万菲律宾士兵和 650 名美国士兵在行军途中或后来的拘留中死去。

1942 年 3—10 月，战时民事管制委员会建立了临时性营地，称之为“禁闭中心”。日本囚犯们被关押在此并登记造册。他们之后会被送到当时被称为“集中营”的地方，关押得更久。

1942 年春末，日本控制了荷属东印度群岛，法属印度支那，英国殖民地的马来西亚、缅甸、新几内亚西部、新加坡和英国管制下的香港岛。

1942 年 6 月，美国军队在中途岛战役中击败日本海军，陆续收复被日本占领的太平洋岛屿，这就是著名的“跳岛战术”。

1942 年 6 月，日军想引诱美国航空母舰落入他们的圈套，但是美国成功破译了涉及这场阴谋的电报。之后，美国设下埋伏，击败了日本海军。

1942 年 7 月 17 日，斯大林格勒战役打响。双方的伤亡都在 75 万以上，平民的死亡人数也超过了 4 万人。此次战役后，德国开始全面从东线撤退。

1942 年夏，芝加哥大学冶金实验室的物理团队意识到一个可能发生的恐怖情形：原子弹的爆炸有可能点燃海水中的氧或者大气层中的氮，让整个地球陷入一片火海。

1942 年 9 月 24 日，2.5 万名美国群众齐聚纽约联合广场，要求政府开辟第二战场，缓解苏联在反法西斯斗争中承受的巨大压力。

1942 年 12 月 2 日，冶金实验室里的科学家成功地进行了第一次链式核变反应。

1942 年末，德国放弃了原子弹的研制。

1943 年 1 月，在卡萨布兰卡，罗斯福要求德国、意大利和日本“无条件投降”。日本害怕无条件投降将意味着必须放弃其帝国体制。对于大部分日本人而言，如此糟糕的结果是他们难以接受甚至是难以想象的。自从公元前 660 年神武天皇时代起，天皇就一直像神一样受到日本人的膜拜。

1943 年 3 月 11 日，副总统华莱士开始了为期 47 天的拉丁美洲巡回访问。这次巡回访问取得了压倒性的胜利。到巡回结束，12 个拉丁美洲国家对德国宣战，20 个国家中断了和德国的外交关系。

1943 年 7 月，德国汉堡和德累斯顿经历了破坏最为严重的一次轰炸，总计近 7 万人死亡，超过 5 万人受伤。

1943 年 11 月，斯大林在十月革命庆祝会上，发表了苏联爱国战争一周年的演讲，庆祝苏联顽强生存了下来，转危为安，并由防御转入反攻。

1943 年 11 月 28 日，“三巨头”——罗斯福、丘吉尔和斯大林第一次在伊朗德黑兰的苏联大使馆中会晤。

1944 年 6 月 6 日（诺曼底登陆日），同盟军的伞兵空降德国占领的法国诺曼底，期待已久的第二战场终于拉开了序幕。超过 10 万人数的盟军军队登陆诺曼底海岸，4 000 人在登陆战中死亡。

1944 年 7 月，罗斯福毫不费力地获得了史无前例的第 4 次总统候选人提名。他的竞选伙伴是哈里·杜鲁门，而不是亨利·华莱士。

1944 年 7 月，美国邀请 42 个友好国家的政府代表参加位于新罕布什尔州的布雷顿森林会议。会议建立了布雷顿森林体系和国际货币基金组织。

1944 年 7 月 9 日，美国军队占领了在太平洋具有重要战略意义的塞班岛，也因此付出沉重的代价。3 万名日本士兵和 3 000 名美国士兵在战斗中死亡。

1944 年 7 月 18 日，日本首相东条英机及其内阁引咎辞职。

1944 年夏，美国已经在太平洋部署了近 100 艘航空母舰，相比之下，日本在整场战争中向太平洋部署的航空母舰只有 25 艘。

1944 年 10 月，丘吉尔和斯大林秘密会见。在一张废纸上，他们起草了一份“卑鄙的文件”，明确了双方在战后世界的影响范围。

1944 年末，日本海军遭受重创，12 艘战舰损失 7 艘，25 艘航空母舰损失 19 艘，160 艘潜艇损失 103 艘，158 艘驱逐舰损失 118 艘。

1945 年 2 月，“三巨头”在雅尔塔会面，商量战后计划。他们克服了未来处理波兰和其他欧洲国家问题的困难。

1945 年 3 月 1 日，罗斯福总统在国会上讲话，这是他第一次坐着而不是站着发表演讲。在场的人都能察觉到总统的健康状况正在快速恶化。

1945 年 4 月 12 日，罗斯福总统在遭受一次严重的中风后离世。副总统哈里·杜鲁门继任。

1945 年 4 月 12 日，罗斯福去世后，杜鲁门知道了美国正在秘密进行的原子弹计划。

1945 年 4 月 23 日，杜鲁门总统会见了苏联外交部长莫洛托夫。杜鲁门指责苏联违反了《雅尔塔协定》。一番争吵后,杜鲁门打发走了莫洛托夫，斯大林对此大为恼火。

1945 年 4 月 25 日，联合国关于国际组织的会议在旧金山召开。会议目的是创建联合国宪章，以维护世界各国和平。然而初期的会议却一直受困于苏联和美国之间的紧张关系。

1945 年 4 月 30 日，希特勒及其妻子爱娃·布劳恩自杀。

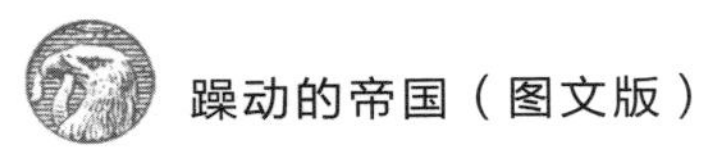

1945 年 5 月 7 日，德国投降。

1945 年 5 月 9 日至 10 日，李梅将军派出 334 架携带燃烧炸弹的飞机轰炸东京。炸弹摧毁了方圆 16 英里的建筑，平民死亡人数多达 10 万人。

1945 年春，在太平洋战场规模最大的战役冲绳岛战役中，日军约有 7 万人死亡，超过 10 万名冲绳岛平民在这场战役中丢了性命。

1945 年 6 月 18 日，联合计划参谋长与杜鲁门见面。他们预计，进攻日本本土将导致 19.35 万名士兵的死亡。有人说这个数字远不止于此，也有人说这个数字要低一些。

1945 年 7 月 16 日，美国在新墨西哥的原子弹试验试爆成功。

1945 年 7 月 17 日—8 月 21 日，杜鲁门、丘吉尔和斯大林在德国召开波茨坦会议。会议期间，杜鲁门告诉斯大林美国已经研制出“一种具有超强威力的武器。”

1945 年 7 月 25 日，杜鲁门在波茨坦签署了一份指令，要求 8 月 3 日后，如天气情况允许，即对日本本土投掷原子弹。

1945 年 8 月 1—2 日，美国轰炸机向日本富山投放燃烧弹，该城市几乎被夷为平地。

1945 年 8 月 6 日，由保罗·蒂贝茨驾驶的美国 B-29 轰炸机艾诺拉·盖伊号向日本广岛投下一枚原子弹，数以万计的人当场死亡。到 1945 年底，约 14 万人因此丧命。到了 1950 年，该数字达到 20 万人。

1945 年 8 月 9 日，美国向日本长崎投下另一枚原子弹。因为第一目标小仓市上空的云层较厚，可见度低，飞行员查理士·斯文尼将目标转向长崎。原子弹落在目标外 2 英里的浦上区，在亚洲最大的天主教大教堂上爆炸，相当于 2.1 万吨 TNT 炸药的爆炸力。4 万人在爆炸中当场死亡，包括 250 名士兵。到 1945 年底，死亡总人数达到了 7 万。5 年后，该数字上升到 14 万。

1945 年夏，冶金实验室的科学家发布了《弗兰克报告》。报告对第二次世界大战中使用原子弹提出质疑，并警告称，原子弹的使用将会引起美国和苏联的核武器竞赛。

1945 年 9 月，日本投降，第二次世界大战结束。此次战争造成了超过 6 000 万人的死亡。

1945 年 10 月 25 日，杜鲁门与罗伯特·奥本海默第一次见面。杜鲁门告诉这位物理学家，苏联永远也研制不出原子弹。

致　谢 

在原版《躁动的帝国》中，奥利弗·斯通和彼得·库茨尼克向提供支持和帮助的研究团队、研究生、档案管理员、历史学家和同事致以了最真诚的感谢。同样，我也衷心地感谢他们的付出。

我还想感谢彼得·库茨尼克、审查者埃里克·辛格、辛迪·B. 尼克松和珍妮·吴的编辑团队，感谢他们的宽容和保护；同样要感谢索尼娅和维奇设计团队，以及产品经理查瓦·沃林。我尤其要感谢本书的编辑露塔·里马斯，她倾注了非凡的耐心、精力、活力和智慧（你配得上“超级英雄”这个称号），同时也对卓越的代理人金杰·诺尔顿致以谢意。

以下机构的档案管理员和图书馆工作人员都值得特别提及和感谢：国会图书馆、美国国家档案馆和记录管理局、德怀特·艾森豪威尔总统图书馆、罗斯福总统图书馆、约翰·肯尼迪总统图书馆以及美国大屠杀纪念馆，感谢他们的慷慨相助。

感谢我的丈夫乔，在我创作本书的过程中，他给予了我极大的帮助和支持。

苏珊·坎贝尔·巴尔托莱利